Business Engineering

Herausgegeben von H. Österle, R. Winter, W. Brenner

Weitere Bände siehe
www.springer.com/series/4436

Peter Rohner • Robert Winter

(Herausgeber)

Patientenidentifikation und Prozessorientierung

Wesentliche Elemente des vernetzten Krankenhauses und der integrierten Versorgung

 Springer

Herausgeber
Dr. Peter Rohner
Prof. Dr. Robert Winter
Universität St. Gallen
Institut für Wirtschaftsinformatik
Müller-Friedberg-Str. 8
9000 St. Gallen
Schweiz
peter.rohner@unisg.ch
robert.winter@unisg.ch

ISSN 1616-0002

ISBN 978-3-642-13086-1   (Hardcover)

ISBN 978-3-642-33769-7   (Softcover)

ISBN 978-3-642-13087-8 (eBook)
DOI 10.1007/978-3-642-13087-8
Springer Heidelberg Dordrecht London New York

Die Deutsche Nationalbibliothek verzeichnet diese Publikation in der Deutschen Nationalbibliografie; detaillierte bibliografische Daten sind im Internet über http://dnb.d-nb.de abrufbar.

Einbandentwurf: WMXDesign GmbH, Heidelberg

Gedruckt auf säurefreiem Papier

Springer ist Teil der Fachverlagsgruppe Springer Science+Business Media (www.springer.com)

Vorwort

Die Auswahl, Gestaltung, Implementierung, Steuerung und kontinuierliche Verbesserung von klinischen Pfaden und anderen patientennahen Prozessen sind zentrale Aktivitäten des Managements von Leistungsprozessen im Krankenhaus. Weil diese Aufgaben im Alltag primär die Arbeit der Behandelnden selbst betreffen, werden sie oft als rein fachliche Themen angesehen. Weil Mittel der Informationstechnik eingesetzt und als Kombination aus Software und Hardware eingekauft werden können, werden die Identifikation von Patienten bzw. bei umfassenderer Betrachtung das gesamte Management von Informationen innerhalb der Patientenpfade ebenso häufig als reine IT-Aufgabe angesehen. Dieses Buch stellt die fachlichen und technischen Sichten auf Leistungsprozessmanagement im Krankenhaus in den breiteren Kontext der Veränderungen des Gesundheitswesens in den kommenden Jahren sowie der sich daraus ergebenden Fragestellungen, welche insbesondere die Leistungserbringer des Gesundheitswesens beschäftigen und fordern werden. Die bereits heute absehbaren Veränderungen werden dazu führen, dass die patientenorientierte Gestaltung von Krankenhausleistungen zu einem wesentlichen Erfolgsfaktor wird. Ein umfassender, modell- und methodenbasierter Ansatz wird neben derjenigen der fachlichen und technischen Spezialisten die Aufmerksamkeit des Krankenhaus-Managements erfordern.

Aufgrund der Kostenentwicklung im Gesundheitswesen und des Kostenanteils der Krankenhäuser ist es politisch gewollt, deren Kosten zu stabilisieren. Zu diesem Zweck werden, bisher vorwiegend für stationäre Behandlungen im akut-somatischen Bereich, sogenannte Fallpauschalen für die Leistungsabgeltung eingesetzt. In Ländern mit hohem medizinischem Versorgungsniveau wie beispielsweise Australien, den USA oder Deutschland sind solche Vergütungsmodelle bereits im Einsatz; In der Schweiz werden sie ab 2012 eingeführt. Einem Krankenhaus werden unter diesem Regime nicht mehr die Aufwände vergütet, welche eine Behandlung beispielsweise für einzelne Diagnosen und Behandlungen sowie dabei verabreichte Medikamente, verbrauchtes Material oder verwendete Infrastrukturen und Ressourcen verursacht. Stattdessen erhält das Krankenhaus seinen Ertrag in Form eines Pauschalbetrags pro Fall aufgrund von im Diagnosis-Related-Groups-(DRG-)Katalog hinterlegten, nach ökonomischen Gesichtspunkten berechneten Kostengewichten. Das DRG-System hält die Krankenhäuser dazu an, ihre Behandlungskosten unter den festgelegten Pauschalen zu halten. Wenn es dem Krankenhaus gelingt, bei solchen

Fallgruppen möglichst hohe Fallzahlen zu erzielen, in denen mit Kosten unter der Fallpauschale gearbeitet werden kann, können damit diejenigen Fälle kompensiert werden, in denen die Kosten nicht unter der Pauschale zu halten sind. Die Einführung von Fallpauschalen führt zu einem Wettbewerb unter den Leistungserbringern und viele Krankenhäuser werden dadurch – politisch gewünscht – in ihrer Existenz bedroht.

Unter solchen Umständen wächst der Prozessorientierung, welche primär der Steuerung der mittleren Verweildauer dient, sowie die Kooperation durch Arbeitsteilung und Vernetzung mit anderen Krankenhäusern und weiteren Leistungserbringern eine existenzsichernde Bedeutung zu. Auf die Krankenhäuser kommen durch Prozess- und Kooperationsorientierung grosse Herausforderungen gleich auf mehreren Ebenen zu. Es geht zum einen um die Entwicklung der Fähigkeit zur Steuerung von Prozessen (beispielsweise Behandlungspfade, Unterstützungsprozesse) anhand von Effektivitäts-, Qualitäts- und Effizienzzielen. Es geht aber auch um die Gestaltung (beispielsweise Standardisierung) und das Management (beispielsweise permanente Optimierung) von Abläufen und Informationen. Schliesslich muss eine sektorenübergreifende Zusammenarbeit („Integrierte Versorgung") mit anderen Leistungserbringern, Zuweisern (prästationär), anderen Spitälern (stationär) sowie Rehabilitation, Spitex usw. (poststationär) aufgebaut und aufrecht erhalten werden. Angesicht der bisherigen Orientierung der Leistungserbringer an ihrer jeweiligen Binnensicht sowie der Gliederung der Krankenhäuser nach Berufsgruppen mit einer entsprechenden Dominanz der Aufbauorganisation stellen sowohl die Entwicklung der Kooperationsfähigkeit wie auch die Prozessorientierung erhebliche Anforderungen für die Betroffenen und Beteiligten dar. Daraus resultieren speziell für das Krankenhaus-Management aufgrund der vielen gleichzeitigen Veränderungen für die Organisation und die Mitarbeitenden grosse Herausforderungen. In diesem Kontext ist die „Prozessorientierte Patientenidentifikation" ein wesentlicher Baustein. Das vorliegende Buch will auf Grundlage des St. Galler Business Engineering-Ansatzes einen Beitrag zu dessen systematischer, methoden- und modellbasierter Entwicklung leisten.

Die Methoden und Modelle, Beispiele und Erfahrungen, welche für dieses Buch die Grundlagen gelegt haben, entstammen den Arbeiten, welche Lars Baacke, André Dubied, René Fitterer, Anke Gericke und Tobias Mettler zusammen mit den Herausgebern im Rahmen des Kompetenzzentrums Health Network Engineering (CC HNE) geleistet haben. Dieses Kompetenzzentrum bildet zusammen mit anderen Kompetenzzentren das Forschungsprogramm „Business Engineering" des Instituts für Wirtschaftsinformatik der Universität St. Gallen. Im Forschungsprogramm bearbeiten Unternehmen, Administration und die Universität gemeinsam aktuelle Fragestellungen des Business Engineering und des Informationsmanagements, um Innovation und Stringenz mit Anwendbarkeit zu verbinden. Durch die enge Zusammenarbeit von Universität, Krankenhäusern und Industrie im CC HNE konnten in den vergangenen Jahren wesentliche Beiträge zur Kooperations- bzw. Vernetzungsfähigkeit von Krankenhäusern sowie zu deren Prozessorientierung geleistet werden.

Dieses Buch besteht aus elf Kapiteln. Im ersten Kapitel wird die Tragweite der Patientenidentifikation im klinischen Alltag dargestellt und es werden verstärkte Anstrengungen gefordert, um der Bedeutung der Identifikationsverfahren für die Sicherheit der Patienten, beispielsweise zur Vermeidung von Verwechslungen, gerecht zu werden.

Das zweite Kapitel stellt die beiden Themen der Prozessorientierung sowie der Patientenidentifikation in den Kontext der Veränderungen im Gesundheitswesen, insbesondere aus Sicht der Krankenhäuser.

Das dritte Kapitel erläutert den St. Galler Business Engineering-Ansatz und legt damit das Fundament für das methoden- und modellbasierte Herangehen an die Gestaltung und Weiterentwicklung des Prozess- und Informationsmanagements in Krankenhäusern und in der Integrierten Versorgung.

Kapitel vier und fünf zeigen die strategischen Ziele der prozessorientierten Patientenidentifikation im Krankenhaus sowie deren Operationalisierung durch das Prozess- und Informationsmanagement auf.

Kapitel sechs ist den Prozessen und Informationssystemen gewidmet, welche das Management der Identitäten der Behandelnden und deren Identifikation unterstützt. Dieses „Identitätsmanagement" für die Behandelnden wird als Grundlage zu deren Möglichkeit für die Steuerung der Patientenprozesse eingeführt.

Kapitel sieben schlägt ein konkretes methodisches Vorgehen für die systematische Umsetzung der Patientenidentifikation vor und behandelt dazu Ziele, Aufgaben, Projekte und Ergebnisse aus Sicht des Krankenhauses.

Kapitel acht und neun spannen den Bogen weiter zu vernetzten Prozessen und Informationen, welche in der Integrierten Versorgung benötigt werden.

Kapitel zehn zeigt am Beispiel der digitalen Langzeitdatenhaltung, welche Voraussetzungen auf der Seite der Informationstechnik für den prozessorientierten Umgang mit Patientenidentifikation geschaffen werden müssen.

Kapitel elf bietet schliesslich einen Überblick über Standards und Verfahren zum elektronischen Austausch von Patientendaten und identitäten.

Die Herausgeber danken den Autoren des CC HNE sowie den Praxispartnern aus Krankenhäusern und aus der Industrie für ihre Beiträge. Es sind dies Vertreter von

ABC Systems AG
Abraxas Informatik AG
BINT GmbH
Gesundheitsdepartement des Kantons St. Gallen
H-NET AG
InterComponentWare AG
Privatklinikgruppe Hirslanden
Schweizerische Post
Siemens Schweiz AG
Spitalverbunde St. Gallen
Universitätsspital Basel

Der Dank der Herausgeber gilt ganz besonders René Fitterer vom CC HNE, ohne dessen zielstrebiges und unermüdliches Wirken dieses Buchprojekt nicht zum Erfolg gekommen wäre.

St. Gallen, im März 2010   Peter Rohner und Robert Winter

Inhaltsverzeichnis

1 Patientenidentifikation – ein Beitrag zur integrierten und prozessorientierten Versorgung

Hansjörg Looser

Gesundheitsdepartement des Kantons St. Gallen

1 Einleitung

Die Identifikation von Personen scheint auf den ersten Blick ein sehr technisches Problem zu sein – allerdings mit möglichen unerwünschten Nebenwirkungen. Die Motivation für eine verlässliche Patientenidentifikation stammt nicht aus der Technik, sondern aus dem übergeordneten Ziel für sämtliche E-Health-Vorhaben, nämlich die Patientensicherheit zu erhöhen. Die Patientensicherheit steht im Zentrum einer qualitätsorientierten Gesundheitsversorgung. Nur wenn die richtige Person die für sie optimale Behandlung erfährt, kann die medizinische Versorgung erfolgreich sein. Oberstes Ziel der Patientensicherheit ist die Vermeidung von unerwünschten Ereignissen, die auf systembedingten Fehlern beruhen. Diese Fehler sind das ungewollte Ereignis einer Behandlung und können die Patientensicherheit gefährden. Viele unerwünschte Ereignisse gehen auf Fehler zurück, die durch Verwechslung von Patientinnen und Patienten entstehen (Joint Commission International Center for Patient Safety 2005).

Mit zunehmender Komplexität der Behandlungsprozesse und der Spezialisierung der Versorgungssysteme nimmt die Gefahr einer Verwechslung zu. Erfahrungsgemäss steigt die Wahrscheinlichkeit eines Fehlers, wenn viele Patientinnen und Patienten gleichzeitig versorgt werden, das Leistungsangebot vielfältig ist, viele Menschen am Behandlungsprozess beteiligt sind oder schnelle Entscheidungen in Krisensituationen zu fällen sind. Der folgende angenommene Anwendungsfall veranschaulicht den Bedarf und die Vision einer integrierten Versorgung sowie entsprechende Probleme einer ungenügenden Identifikation.

Hans Meier macht an einem trüben kalten Wintertag einen Spaziergang. Er hat die Nachricht erhalten, dass ein enger Bekannter verstorben sei, und er möchte sich an der frischen Luft etwas von den traurigen Gedanken ablenken. An einem leichten Anstieg verspürt er plötzlich ein starkes Herzklopfen, Atemnot und ein beklemmendes Angstgefühl. Es wird ihm schwindlig und er stürzt unvermittelt zu Boden. Eine Passantin, die ihren Hund ausführt, beobachtet den Vorgang und alarmiert sofort den Rettungsdienst. Bei der Einlieferung in die Notfallaufnahme des Regionalkrankenhauses A berichtet der Rettungssanitäter, dass der ohnmächtige Patient keine Ausweispapiere mit sich trage. In der Manteltasche habe er nur einen geöffneten handgeschriebenen Brief mit der Anschrift Hannes Meier und eine angebrochene Packung eines Johanniskrautpräparates gefunden. Aufgrund der ersten Laborresultate beauftragt der diensthabende Notfallarzt eine sofortige Abklärung mit Verdacht auf Herzinfarkt. Der genaue Ort des vermuteten Gerinnsels soll identifiziert und innert maximal drei Stunden eine standardmässige Lyse-Therapie eingeleitet werden. Wegen der unleserlichen Briefadresse kamen insgesamt fünf Hans, Hannes oder Johannes Meier aus der gleichen Stadt in Frage, die schon einmal im Krankenhaus A behandelt wurden, drei davon in derselben Alterskategorie. Indessen konnte die Ehefrau kontaktiert werden. Sie erwähnt, dass ihr Mann erst vor zwei Monaten aus dem Krankenhaus B entlassen wurde und seither regelmässig ein Medikament zur Blutverdünnung einnehme. Er sei ausserdem allergisch gegen Desinfektionsmittel, die sie aber nicht genauer beschreiben könne.

Dank der jetzt bestätigten Identität und der verlässlichen Zuordnung zu einer eindeutigen Identifikationsnummer kann die Anfrage an das Register mit den virtuellen Patientenakten aller vertraglich angeschlossenen Krankenhäuser gestellt werden. Das Anfrageergebnis liefert einen Austrittsbericht aus dem Krankenhaus B. Hans Meier wurde dort vor zwei Monaten wegen einer Lungenembolie behandelt, muss fortan Marcumar einnehmen und leidet unter einer Jod-Allergie. Mit diesen Informationen konnte gerade noch rechtzeitig verhindert werden, dass im peripheren Krankenhaus A eine fatale Lyse-Therapie eingeleitet wurde. Nach Gabe von antiallergischen Medikamenten konnte der Patient ins Zentrumkrankenhaus Z transportiert werden. Dort angelangt waren alle behandlungsrelevanten Informationen bereits elektronisch übermittelt. In der spezialisierten Klinik für Kardiologie konnte trotz einer nicht geklärten Jod-Allergie eine komplikationslose Herzkatheter-Untersuchung durchgeführt werden. Das verschlossene Herzkranzgefäss wurde dilatiert und mit einem Stent minimalinvasiv behandelt. Die lebensbedrohliche Durchblutungsstörung des Herzmuskels konnte letztlich erfolgreich behandelt werden.

Aus diesem Beispiel lässt sich schliessen, dass erst durch eine sichere Identifikation die notwendigen medizinischen Informationen aus den verschiedenen Datenablagen aufgefunden, verknüpft und weitergeleitet werden können. Auf diese Weise tragen in kooperativen Behandlungsprozessen alle Behandelnden gemeinsam die Verantwortung für eine sichere Patientenidentifikation. Die korrekte Bereitstellung und Übermittlung von Informationen zwischen verschiedenen Berufsgruppen, Abteilungen, Einrichtungen und unterschiedlichen Informationssystemen wird damit zum kritischen Erfolgsfaktor und folglich vor allem in grösseren Versorgungseinrichtungen auch zu einer Führungsaufgabe. Die anstehenden Herausforderungen weisen hierbei interessante Parallelen zur Sicherheit im Strassenverkehr auf. Die Initiative Via sicura soll deshalb im Folgenden als veranschaulichendes Beispiel für die Wirksamkeit entsprechender Massnahmen zur Schaffung von Rahmenbedingungen und Infrastrukturen für die Sicherheit im Strassenverkehr dienen. Die Ausführungen können somit trotz ihrer inhaltlichen Unterschiedlichkeit interessante Ansatzpunkte und Hinweise für das Schaffen eines entsprechenden Problembewusstseins im Gesundheitswesen aufzeigen.

2 Erfahrungen und Erkenntnisse aus dem Handlungsprogramm Via sicura

2.1 Unfallstatistik im Strassenverkehr

Die Schweizerische Beratungsstelle für Unfallverhütung (bfu) erfasst das Unfallgeschehen in der Schweiz systematisch und blickt im Strassenverkehr auf eine rund 40-jährige statistische Datenerhebung zurück (vgl. Abb. 1). Regelmässig im Spätsommer informieren die Behörden – nicht ohne

Stolz –, dass erneut ein markanter Rückgang in der Anzahl getöteter und verletzter Personen gegenüber dem Vorjahr zu verzeichnen war. Die Zahl der Schwerverletzten sank im Jahr 2008 auf 4'780 (2007: 5'235; -9%). Seit dem Höchststand von 1971 mit 18'785 Schwerverletzten und 1'773 Getöteten sank die Zahl um fast 80% auf den statistischen Tiefstwert von 357 Toten im Jahr 2008 (Bundesamt für Statistik 2008). Die Schweiz hat in der Strassenverkehrssicherheit erhebliche Fortschritte erzielt – und trotzdem stirbt noch immer täglich ein Mensch auf Schweizer Strassen.

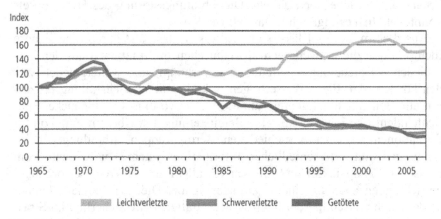

Abb. 1. Verletzte und Getötete im Strassenverkehr, 1965–2007 (Niemann et al. 2008)

2.2 Handlungsprogramm Via sicura

Diese Zahlen belegen den Handlungsbedarf, die Verkehrssicherheit zu verbessern. Das Eidgenössische Departement für Umwelt, Verkehr, Energie und Kommunikation (UVEK) hat daher im Mai 2000 das Bundesamt für Strassen (ASTRA) mit Unterstützung der Schweizerischen Beratungsstelle für Unfallverhütung (bfu) beauftragt, Sicherheitsmassnahmen zu erarbeiten, die als Grundlage einer neuen Verkehrssicherheitspolitik dienen können. So wurde unter dem Namen Via sicura das Handlungsprogramm des Bundes für mehr Sicherheit im Strassenverkehr lanciert. Zentrales Element ist die „Vision Zero"[1]: eine Sicherheitsphilosophie, die auf der Überzeugung beruht, dass Unfälle mit Toten und Schwerverletzten unter keinen Umständen hingenommen werden dürfen.

---

[1]   Das Schwedische Parlament hat 1997 VISION ZERO als Basis für die zukünftige Verkehrssicherheitsarbeit akzeptiert. Die Vision wurde somit zum politischen Thema.

„Mehr Sicherheit auf Strassen ist machbar! Was ist Ihnen Ihre Sicherheit wert?", so beginnt der vom Bundesrat verabschiedete Schlussbericht Via sicura (Bundesamt für Strassen 2005) und definiert als Oberziel, bis 2010 die Zahl der im Strassenverkehr Getöteten auf weniger als 300 und diejenige der Schwerverletzten auf weniger als 3'000 zu senken. 65% der Schweizerinnen und Schweizer erachten Vision Zero als wichtiges politisches Ziel, 53% halten das ambitiöse Vorhaben – bei entsprechenden Bemühungen – für umsetzbar. Dies ergab eine repräsentative Umfrage des Marktforschungsinstituts DemoSCOPE (Demoscope 2003).

Untermauert wird «Vision Zero» auch durch die Schweizerische Bundesverfassung (BV). Der Artikel 10 statuiert das «Recht auf Leben und persönliche Freiheit» und schliesst damit auch das Recht auf körperliche und geistige Unversehrtheit implizit mit ein. Der Staat wird daher zum Handeln verpflichtet, wenn die Existenz eines Menschen akut bedroht erscheint (Müller u. Schefer 2008). Aus ethischer Sicht ist darum die Herausforderung «Vision Zero» verpflichtend und zu akzeptieren. Ob sich eine Gesellschaft diese Vision leisten will, hängt davon ab, wie der Wert des Lebens eingeschätzt wird. Das nüchterne ökonomische Kalkül darf in einem reichen Land aber nicht alleinige Grundlage zur Beurteilung der Lebensgestaltung sein.

3 Notwendigkeit eines Handlungsprogramms „Vita sicura"?

In diesem Kontext drängen sich unweigerlich auch für das Gesundheitswesen unbequeme Fragen auf: Wie steht es in der Gesundheitsversorgung mit der Verhinderung von Getöteten und Schwerverletzten? Wie viel ist jedem Einzelnen die Patientensicherheit wert? Wann gibt es in Anlehnung an Via sicura ein Handlungsprogramm „VITA sicura"?

Für das System der Schweizerischen Gesundheitsversorgung fehlen die genauen Zahlen, geschweige denn publizierte Zahlenreihen über die Entwicklung der letzten Jahre. Das Ausmass der Fehlbehandlungen wird in der Öffentlichkeit noch ungenügend wahrgenommen oder unterschätzt. Aufgrund vergleichbarer Zahlen aus Deutschland müssen wir auch bei konservativer Schätzung davon ausgehen, dass in Schweizer Krankenhäusern jedes Jahr etwa 1'000 Patienten an Behandlungsfehlern sterben. Auf einer Vergleichsbasis von amerikanischen Studien wären es gar 2'000 bis 3'000 Tote jedes Jahr. In den Medien geistern auch ganz andere Grössenordnungen umher: „In der Schweiz gibt es jedes Jahr rund 6'000 Tote, weil verabreichte Medikamente nicht kompatibel sind, 2'000 Tote wegen Pannen und unsorgfältigen Behandlungen in den Krankenhäusern, 50'000 im Krankenhaus aufgelesene Infektionen. Die Qualität muss endlich rigoros erfasst und veröffentlicht werden" (Gasche 2009).

Welche Zahl auch immer stimmt: Das Problem *ist relevant* und verursacht jährlich mutmasslich mehr als doppelt so viele Tote wie der Strassenverkehr. Es sei darum die Frage erlaubt: Wer setzt sich für ein Handlungsprogramm „VITA sicura" ein und wann kommt es?

Mit zunehmender Spezialisierung und Arbeitsteilung in der Patientenbehandlung sowie der wachsenden Mobilität der Patientinnen und Patienten wird die Bedeutung des Austauschs von medizinischen Informationen entlang der Behandlungskette immer grösser. So sieht auch die im Sommer 2007 verabschiedete „Strategie E-Health Schweiz" des Bundes im Ziel A6 vor, dass bis Ende 2012 die elektronische Übermittlung von medizinischen Daten unter den Teilnehmenden im Gesundheitssystem strukturiert, medienbruchfrei und verlustfrei etabliert sein soll. Dies erfordert von den beteiligten Institutionen die Fähigkeit, sich zu vernetzen und kooperative Prozesse mit vor- und nachgelagerten Stellen zu beherrschen. Als Interoperabilität wird die Fähigkeit zweier oder mehrerer unabhängiger, heterogener Systeme bezeichnet, möglichst nahtlos zusammenzuarbeiten, um Informationen auf effiziente und verwertbare Art und Weise auszutauschen. Dabei sollen sowohl maschinenlesbare Daten als auch für Menschen verständliche Informationen und entsprechendes Wissen untereinander austauschbar gemacht werden. Interoperabilität kann nur dann erfolgen, wenn ein Mindestmass an gegenseitiger Verträglichkeit auf fünf verschiedenen Ebenen gegeben ist, nämlich der allgemeinen politischen Ebene, der organisatorischen Ebene, der technischen Ebene, der semantischen Ebene und der Ebene der Aufklärung und Information (Kommission der Europäischen Gemeinschaften 2008). Dabei ermöglichen Standards, die Verfügbarkeit von Informationen zu erhöhen und durch medienbruchfreie Kommunikation Übertragungsfehler zu reduzieren. Höhere Verfügbarkeit und medienbruchfreie Kommunikation führen zu besserer Behandlungsqualität und höherer Effizienz der Prozesse. Einheitlich angewendete technische Standards ermöglichen somit, zumindest von technischer Seite, die Voraussetzungen für eine optimale Nutzung gesundheitsbezogener Informationen zu liefern. Voraussetzung dafür sind eindeutige Identifikatoren für Patienten, Behandelnde und generell für alle Informationsobjekte. Die Patientenidentifikation wird damit zu einem prioritären Schlüsselfeld einer integrierten und prozessorientierten Gesundheitsversorgung.

4   Umsetzung der Strategie E-Health Schweiz

Das Koordinationsorgan eHealth Bund-Kantone „ehealthsuisse" hat basierend auf den Zielen der Strategie E-Health Schweiz einheitliche Grundsätze und Richtlinien für die Umsetzung der Strategie definiert, die im Kapitel 2 des Buches ausführlicher erläutert werden. Die Richtlinien und Grundsätze bilden die Basis für die in Abb. 2 dargestellte E-Health-Architektur und für die ersten Empfehlungen der notwendigen Standards. Um einen institutionenübergreifenden Austausch von Informationen entlang einer Behandlungskette realisieren zu können, müssen auf Seite der Patientinnen und Patienten die zwei fett umrandeten Komponenten als Grundvoraussetzungen erfüllt sein:

1) Alle Personen müssen eindeutig im System identifiziert werden können, z. B. mit der neuen Versichertenkarte und
2) alle Daten im System müssen den Personen eindeutig zugeordnet werden können. Zu diesem Zweck braucht es ein Verzeichnis der registrierten Personen (Komponente „Dezentraler Patienten-Index").

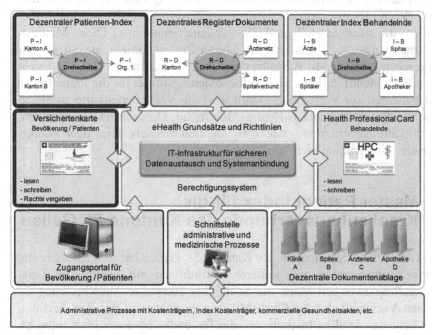

Abb. 2. Basiskomponenten der E-Health-Architektur

Für die Implementierung eines Patientenindex (auch Master Patient Index genannt) sind die Grundsätze zum föderalen Ansatz und der dezentralen Datenhaltung von besonderer Bedeutung.

Die Architektur ermöglicht den Aufbau dezentraler Strukturen, solange diese nach identischen Prinzipien und unter Beachtung der empfohlenen Standards funktionieren. Dies erlaubt sowohl den sofortigen Aufbau in jenen Regionen, die einen ausgewiesenen Bedarf haben, als auch einen zeitlich gestaffelten Aufbau, ohne aber technische Abhängigkeiten von zentralen Elementen zu schaffen. Die Architektur erlaubt ausdrücklich, auch Mischformen und stufenweise Zentralisierungen abzubilden (z. B. zentrale Identifikatoren, wie sie die parlamentarische Initiative Noser „Digitale Identität statt Versichertenkarte" (Noser 2007) fordert). Zur Verknüpfung solcher Verzeichnisse (beispielsweise einerseits von Krankenhausverbunden, andererseits von privaten Anbietern für ambulante Leistungserbringer) dient eine Drehscheibe, an der alle Verzeichnisse registriert werden müssen und welche die Konformität mit den standardisierten Kommunikationsprotokollen überprüft.

Als Identifikationsmerkmale können vorzugsweise die Daten der Versichertenkarte nach Artikel 3 und 4 der Verordnung über die Versichertenkarte (VVK) (Schweizerischer Bundesrat 2009) verwendet werden, insbesondere die neue 13-stellige AHV-Versichertennummer. Diese Mindestmerkmale müssen in zukünftigen Master-Patient-Indizes als Suchfelder vorgesehen werden. Mit Ausgabe der Versichertenkarte per 1.1.2010 steht ein solides Identifikations- und Authentisierungsmittel für die Patientinnen und Patienten zur Verfügung. Damit wird die Versichertenkarte zu einem zentralen Baustein in der E-Health-Architektur. Dies schliesst aber andere Identifikationsinstrumente, wie z. B. Identitätsausweis, Pass oder Führerausweis, ausdrücklich nicht aus.

5   Master Patient Index für die Krankenhausverbunde des Kantons St. Gallen

Das Gesundheitsdepartement des Kantons St. Gallen hat in Vertretung der Krankenhausverbunde und weiterer Institutionen mit kantonalem Leistungsauftrag zwischen März und September 2008 eine Ausschreibung im offenen Verfahren durchgeführt. Mit dem Projekt wird das Ziel verfolgt, dass Patienten in allen Institutionen des Gesundheitswesens im Kanton St. Gallen und weiteren vertraglich angeschlossenen Betrieben durch den Einsatz eines Master Patient Index (MPI) eindeutig identifiziert werden können. Für die Implementierung eines MPI wird durch die Initiative von

Anwendern und Herstellern von IT im Gesundheitswesen (Integrating the Healthcare Enterprise – IHE) das IHE-Integrationsprofil „Patient Identifier Cross-Referencing (PIX)" (IHE 2008a, S. 35 ff.) als Standard definiert (vgl. Kapitel 11). Es beschreibt den Umgang mit Patientenidentifikationen in grossen Gesundheitsinstitutionen. Dort besteht die Möglichkeit, dass ein Patient in mehreren Informationssystemen registriert wird, ohne dass ein zentrales System eine eindeutige Patientenidentifikation vorgibt. Die Ausschreibungsanweisung des Projekts hat bei den Eignungskriterien die Erfüllung der relevanten IHE-Profile als Muss-Kriterien vorgegeben. Das Projekt konnte bis Ende April 2009 unter Einhaltung von Terminen, Kosten und Qualität erfolgreich abgeschlossen und in den Betrieb überführt werden.

Die in den einzelnen Anwendungen verwalteten Personen, die sogenannten Stammdatensätze, haben in jedem System eine eigene Identifikationsnummer und, wie der obige Anwendungsfall aufzeigt, öfters auch unterschiedliche Namensbezeichnungen. Das zugrundeliegende Lösungskonzept beschreibt, wie die MPI-Software all diese Identifikationsnummern zu einer Person aus den verschiedenen IT-Systemen sammelt und für jede erfasste Person einen Referenzdatensatz mit den aktuellen demografischen Daten erstellt. Der MPI vergibt für diesen sogenannten „Referenzpatienten" eine zentrale Patientennummer (MPI ID). Die Patientenstammdatensätze aus den verschiedenen Einrichtungen werden im MPI mit diesem Referenzpatienten verknüpft (vgl. Abb. 3).

Dies ist sowohl für Anwendungen innerhalb eines Krankenhauses als auch zwischen verschiedenen Krankenhäusern oder angeschlossenen Praxen möglich. Da es sich nur um Verknüpfungen respektive logische Zuordnungen handelt, ohne dass Änderungen in einzelnen Stammdatensätzen vorgenommen werden, können auch falsch zusammengeführte Patientendaten korrigiert und neu verknüpft werden.

Der Vorgang zur korrekten Zuordnung von Stammdatensätzen zu einem Referenzpatienten kann nur bedingt automatisch erfolgen, da für die Gesamtheit aller in den Krankenhausverbunden behandelten Patienten derzeit kein eindeutiges Merkmal besteht, das den einzelnen Patienten verlässlich identifiziert. Abhängig vom Grad der Übereinstimmung der einzelnen Feldinhalte werden Patientendaten einem Referenzpatienten automatisch zugeordnet (Abb. 4).

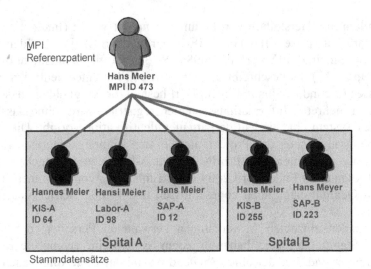

Abb. 3. MPI-Hauptfunktion: Referenzpatient zuordnen

Für die Suche nach übereinstimmenden Patientendaten wird eine gewichtete Bewertung nach dem Fellegi-Sunter-Modell (Fellegi u. Sunter 1969) vorgenommen. Übersteigt die Ähnlichkeit zwischen einem neuen Stammdatensatz und einem vorhandenen Referenzpatienten den konfigurierbaren Schwellenwert (z. B. bei 90% Übereinstimmung), erfolgt die Zuordnung automatisch. Existiert kein Referenzpatient mit einer Ähnlichkeit über einem minimalen Schwellenwert im MPI (z. B. 60% Übereinstimmung), wird automatisch ein neuer Referenzpatient mit den gleichen demografischen Daten wie dem Stammdatensatz angelegt. Ist keine eindeutige Zuordnung eines Patientenstammdatensatzes zu einem Referenzpatienten möglich, muss der Auftrag manuell von einer Patientendaten-Clearingstelle abgearbeitet werden. Mit dem Einsatz der neuen Versichertenkarte, insbesondere durch das elektronische Auslesen der neuen 13-stelligen AHV-Versichertennummer, steht ein valides Identifikationsmittel zur Verfügung, das die Datenqualität markant erhöhen und den Aufwand der Patientendaten-Clearingstelle reduzieren wird.

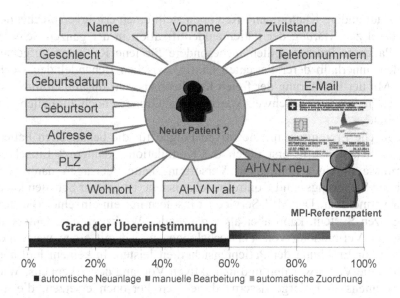

Abb. 4. Prinzip der automatischen Zuordnung

Erste Erkenntnisse aus der Analyse von Altdaten zeigen, dass es bei einigen für die eindeutige Identifikation relevanten Feldern (Wohnadresse, Telefonnummer) sehr unterschiedliche Qualitäten gibt. Vor dem Einlesen der Patientendaten in den MPI erfolgt darum in den anzuschliessenden IT-Systemen eine Datenbereinigung, insbesondere um z. B. Dubletten i.e.S. und unsinnige Feldeinträge zu eliminieren. Damit kann unnötiger Mehraufwand bei den Clearingstellen zur Nachbereinigung im MPI vermieden werden.

6 Fazit

Als Erkenntnis aus diversen Projekten, die den Datenaustausch zwischen Institutionen beabsichtigen, Projekten also, die den Austausch von Patienteninformationen entlang einer Behandlungskette realisieren möchten, muss die Frage nach der eindeutigen Patientenidentifikation als Voraussetzung vordringlich geklärt werden. Die Patientenidentifikation bildet in der Architektur zur Umsetzung der Strategie E-Health Schweiz zwar nur einen von vielen Bausteinen, dafür aber einen mit zentraler Bedeutung. Der Aufbau eines IHE-konformen Master Patient Index dient nicht nur den laufenden E-Health-Projekten im Kanton St. Gallen als wiederverwendbare Servicekomponente. Die konsequente Ausweitung dieses standardisierten Ansatzes auf andere Kantone und Regionen stellt einen erfolgversprechenden Schlüssel zur Klärung der Patientenidentifikation in der ganzen Schweiz dar. Patienten-Indizes sollten insbesondere für jene Regionen aufgebaut werden, innerhalb derer Patienten häufig zwischen Behandelnden wechseln. Mit der Einführung der freien Krankenhauswahl für alle Grundversicherten in der ganzen Schweiz werden diese Grenzen noch zusätzlich ausgeweitet.

Kritische Ereignisse, mit negativen Folgen für die behandelten Patienten, entstehen häufig erst durch die Kumulation „kleinerer" Einzelversäumnisse in einer komplexen Versorgungskette. Versagen dann auch noch die Sicherungs- und Kontrollmechanismen, ist grosser Schaden kaum mehr vermeidbar. Der MPI-Service ist insofern nur ein einzelner Baustein im ganzen System, kann aber als ergänzendes Werkzeug eine Unterstützung zur Vermeidung von Verwechslungen und damit einen wertvollen Beitrag zur Erhöhung der Patientensicherheit leisten. In keinem Fall aber kann er die Verantwortung und den aktiven Vorgang des Erkennens, Wiedererkennens und Vergewisserns derjenigen Personen ersetzen, die am Identifizierungsprozess beteiligt sind und Patientendaten austauschen.

Im Sinne der Sicherheitsphilosophie «Vision Zero» und der ethischen Überzeugung, dass auch im Gesundheitswesen systembedingte Unfälle mit Toten und Schwerverletzten unter keinen Umständen hingenommen werden dürfen, gibt es heute keinen hinreichenden Grund, länger zu warten, um den ersten zentralen Baustein der E-Health-Architektur zu implementieren.

Literatur

Bundesamt für Statistik: Medienmitteilung vom 20.08.2009 – Strassenverkehrsunfälle 2008, Bundesamt für Statistik BFS, Neuchâtel 2008.

Bundesamt für Strassen: Schlussbericht Via sicura, Handlungsprogramm des Bundes für mehr Sicherheit im Strassenverkehr, Bundesamt für Strassen ASTRA, Bern 2005.

Demoscope: Umfrage zu „Vision Zero". Medienmitteilung vom 5.2.2003, http://www.demoscope.ch/upload/docs/PDF/Vision%20Zero_bfu.pdf, 30.10.2009.

Fellegi, I. P.; Sunter, A. B.: A Theory for Record Linkage, in: Journal of the American Statistical Association 64 (1969) 328, S. 1183-1210.

Gasche, U. P.: Es hat in der Schweiz zu viele Ärzte und Spitäler, in: Blick 21.04.2009 (2009), S. 12.

IHE: IHE IT Infrastructure Technical Framework Volume 1 (ITI TF-1) Integration Profiles Revision 5.0 IHE, 2008.

Joint Commission International Center for Patient Safety: Technology in Patient Safety - Using Identification Bands to Reduce Patient Identification Errors, in: Joint Commission Perspectives on Patient Safety 5 (2005), S. 1-10.

Kommission der Europäischen Gemeinschaften: Empfehlung der Kommission vom 2. Juli 2008 zur grenzübergreifenden Interoperabilität elektronischer Patientendatensysteme (bekannt gegeben unter Aktenzeichen K(2008) 3282), Brüssel 2008.

Müller, J. P.; Schefer, M.: Grundrechte in der Schweiz: Im Rahmen der Bundesverfassung, der EMRK und der UNO-Pakte, 4. Aufl., Stämpfli, Bern 2008.

Niemann, S.; Brügger, O.; Dähler-Sturny, C.; Imseng, C.; Siegrist, S.: Unfallgeschehen in der Schweiz: bfu-Statistik 2008, bfu – Beratungsstelle für Unfallverhütung, Bern 2008.

Noser, R.: Parlamentarische Initiative – Digitale Identität statt Versichertenkarte, http://www.parlament.ch/d/suche/seiten/geschaefte.aspx?gesch_id=20070472, 20.12.2009.

Schweizerischer Bundesrat: Verordnung über die Versichertenkarte für die obligatorische Krankenpflegeversicherung, Schweizerischer Bundesrat, Bern 2009.

2 Patientenidentifikation und Prozessorientierung – Problemstellung und Grundlagen

René Fitterer, Peter Rohner

Universität St. Gallen

1 Das Gesundheitswesen im Wandel – steigender Bedarf an Kollaboration und Koordination

Die Aufgabe des Gesundheitswesens liegt in der „Gesamtheit des organisierten gesellschaftlichen Handelns als Antwort auf das Auftreten von Krankheit und Behinderung und zur Abwehr gesundheitlicher Gefahren" (Schwartz u. Busse 2003, S. 519). Als zentraler Teil des Gesundheitswesens umfasst die Gesundheitsversorgung die Erbringung, Organisation, Finanzierung und Steuerung von Leistungen zur Heilung und Linderung von akuten Krankheiten, zur Gesundheitsprävention oder zur dauerhaften Versorgung chronisch kranker Personen. Diese Leistungen werden von verschiedenen, hoch spezialisierten Berufsgruppen, den Wissensträgern des Gesundheitswesens, erbracht. Die Strukturen und Verfahren des Gesundheitswesens kombinieren in Prozessen und Organisationen die ärztlichen Leistungen unterschiedlicher Disziplinen, beispielsweise Chirurgie oder Innerer Medizin, mit denen der Pflege, Physiotherapie etc. und den teilweise hoch spezialisierten Leistungen wie der Intensivpflege oder der Anästhesie sowie den medizinischen Querschnittsleistungen des Labors, der Pharmazie oder der Radiologie.

Die im vorherigen Kapitel dargelegten Entwicklungspotenziale und -bedürfnisse der organisationalen und IT-seitigen Verarbeitung und des Austauschs patientenbezogener Informationen werden durch verschiedene externe Rahmenbedingungen in ihrer Wirkung und Dringlichkeit weiter verstärkt. So sind insbesondere Krankenhäuser, als grösste und komplexeste leistungserbringende Organisationen im Gesundheitswesen, aufgefordert auf die sich aus der alternden Gesellschaft, der steigenden Zahl chronischer Krankheiten, dem zu erwartenden Fachkräftemangel sowie dem steigenden Kostendruck und der Forderung nach einer Patientenzentrierung ergebenden Herausforderungen zu reagieren. Wie in Abb. 1 dargestellt, haben der stetig steigende Umfang medizinischen Wissens und die daraus folgende weitere Spezialisierung des Personals zur Folge, dass eine Zusammenarbeit im Rahmen von organisationsinternen und –übergreifenden Prozessen weiter ausgebaut werden muss, um eine gleichbleibend hohe oder bessere Qualität medizinischer Behandlungen trotz notwendiger Effizienzsteigerungen sicherzustellen.

Die Kosten für die Gesundheitsversorgung in den Ländern der OECD steigen seit Jahren überproportional zu den jeweiligen Bruttoinlandsprodukten (Organisation for Economic Co-operation and Development 2009a, 2009b). Die entsprechenden Anteile der Gesundheitskosten an der wirtschaftlichen Leistung (beispielsweise ca. 11% in der Schweiz und in Deutschland) werden zunehmend zu einer volkswirtschaftlichen Belastung (Herzlinger 2007). Um diesen Umständen entgegenzuwirken, setzen die politischen Verantwortlichen zunehmend wettbewerbliche Elemente, beispielsweise Fallpauschalen für die stationäre Behandlung in den Krankenhäusern, ein. Dieses in Deutschland bereits seit Jahren verwendete Modell wird nun auch in der Schweiz eingeführt und führt bei einem Anteil der Krankenhäuser von rund 35% an den gesamten Kosten des Gesundheitswesens (Bundesamt für Statistik der Schweiz (BFS) 2009) zu erheblichen Veränderungen bei der Erbringung der stationären Leistungen.

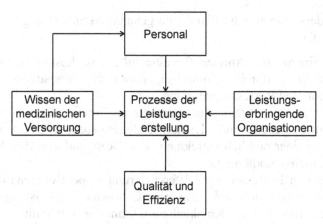

Abb. 1. Komponenten des Gesundheitswesens, in Anlehnung an (Bohmer 2009)

2   Fallpauschalen als Beschleuniger des Wandels in den Krankenhäusern

Vom Gesetzgeber wird angesichts der Kostenentwicklung in den Krankenhäusern das Ziel verfolgt, die Behandlungskosten zu reduzieren oder zumindest zu stabilisieren. Die im Rahmen der KVG Revision zur Krankenhausfinanzierung (vgl. Bundesversammlung der Schweizerischen Eidgenossenschaft 2007) verfügte Abrechnung von stationären Krankenhausleistungen anhand von diagnosebezogenen Fallpauschalen (engl. Diagnosis Related Groups – DRG) in der Schweiz kann als eine dieser Massnahmen angesehen werden. Die Einführung von DRG spätestens bis zum 31.12.2011 bringt den Krankenhäusern anstelle der retrospektiven Abgeltung der durch ihre Leistungen verursachten Kosten nun eine Vergütung pro Fall aufgrund von prospektiv berechneten Pauschalen. Erfahrungen aus dem benachbarten Ausland zeigen, dass die Einführung von DRG sowohl ökonomische, gesundheitspolitische, soziale wie auch ethische Gesichtspunkte und Implikationen hat (Rau et al. 2009).

Eine umfassende Betrachtung dieser Gesichtspunkte würde den Rahmen dieses Kapitels sprengen und kann aus Sicht des Schweizer Gesundheitswesens ohnehin noch nicht abschliessend vorgenommen werden (SwissDRG 2009). In Bezug auf die Prozessorientierung und die im vorherigen Abschnitt zur Strategie E-Health Schweiz dargestellte Anwendung von IKT zur Gestaltung, Unterstützung und Vernetzung aller Prozesse und Teilnehmerinnen und Teilnehmer im Gesundheitswesen können jedoch drei besonders relevante Implikationen genannt werden (Doege u. Martini 2008, S. 1 ff.):

Schaffung finanzieller Anreize für eine möglichst kostengünstige Leistungserstellung durch Vermeidung unnötiger Untersuchungen oder Leistungen und Prozessorientierung.

Ausweitung des Informationsmanagements im Bereich der medizinischen patientenbezogenen und leistungserstellungsbezogenen Daten als Grundlage einer sachlich korrekten und in Bezug auf die erbrachte Leistung optimalen Kodierung.

Etablierung von Prozessen zur Differenzierung respektive Schaffung von Wettbewerbsvorteilen (abhängig vom Charakter des Leistungsauftrags und Spezialisierung des Krankenhauses), um die Rentabilität des Krankenhauses dauerhaft sicherzustellen.

Diese strukturellen und organisatorischen Veränderungsanreize bedürfen einer Optimierung der „Prozesse rund um den Patienten" (Güssow 2007, S. 113) und können dazu führen, dass die klassische Abteilungsstruktur sukzessive aufgelöst wird. Der Vergleich mit den Entwicklungen in Deutschland lässt den Schluss zu, dass die Fähigkeit zur Steuerung von Prozessen (insbesondere klinische Pfade und Supportprozesse) und zur Kooperation mit Partnern (beispielsweise mit Zuweisern, anderen Krankenhäusern und Reha-Einrichtungen) ein zentrales Themenfeld für die zukünftige Entwicklung der einzelnen Betriebe darstellt (Töpfer u. Albrecht 2006). Entsprechend entsteht in der Zukunft verstärkt der Bedarf nach Veränderungen der Organisation und der Informationssysteme (IS) zur Verbesserung der Kollaboration der einzelnen Akteure, d. h. auf Makroebene der leistungserbringenden Organisationen und auf Mikroebene des Personals. Eine entsprechende Koordination der Leistungen der einzelnen Akteure stellt neue Herausforderungen an den Einsatz der Informationssysteme (Interaktion Mensch, Technologie, Aufgabe), insbesondere im Bereich der Nutzung und des Austauschs personenbezogener medizinischer Informationen.

3 Prozessorientierung und Kooperation als Muster der Veränderung

Die wesentlichen Muster dieser Veränderungen sind die Prozessorientierung im Krankenhaus und die Etablierung der integrierten Versorgung. Im Bereich der integrierten Versorgung fokussieren die Ausführungen im Rahmen dieses Buches die prozessuale Sicht der koordinierten Zusammenarbeit verschiedener Leistungserbringer, d. h. niedergelassener Ärzte, Krankenhäuser, Reha-Einrichtungen, Apotheken etc., insbesondere im Zusammenhang mit chronischen Krankheiten, wie beispielsweise rheumatischen Erkrankungen oder Diabetes[2]. Die krankenhausinterne Prozessorientierung basiert primär auf der Etablierung klinischer Behandlungspfade (De Bleser et al. 2006), die im Sinne von Referenzprozessen medizinische und pflegerische Abläufe definieren, um einen effizienten und koordinier-ten Ablauf sicherzustellen (Anderson et al. 1994), und dem Konzept integrierter Behandlungseinheiten (Porter u. Olmsted Teisberg 2006, S. 167 f.), das medizinische Leistungen nach zu adressierenden Krankheiten gruppiert. Beide Ansätze fördern die organisationsinterne prozessuale respektive organisatorische Integration fachlicher Funktionen und resultieren in einer Prozessorientierung von Krankenhäusern. Entscheidend für die Wirkung der Prozesskonzepte und -modelle im Krankenhausalltag sind deren Operationalisierung durch pro Fall laufende Pfade und deren kontinuierliche Weiterentwicklung mittels einer regelmässigen Varianzanalyse zur Erkennung von Veränderungsbedarf aufgrund erkannter Hindernisse in den Prozessen selbst oder bei der Zuweisung von Ressourcen (Palm u. Paula 2008).

4   Einsatz der Infrastruktur für die aktuellen Herausforderungen der Leistungserbringung und Beitrag einer prozessorientierten Patientenidentifikation

Im Rahmen einer jeden medizinischen Leistungserbringung werden medizinische und administrative patientenbezogene Informationen produziert und konsumiert. Die Verfügbarkeit der richtigen Information, zur richtigen Zeit, in der richtigen Qualität, adressatengerecht am Ort der Leistungserstellung (vgl. Ausführungen zur Informationslogistik in Dinter u. Winter 2008) beeinflusst die Qualität und Effizienz der Prozesse der Leistungserstellung. Eine eindeutige, konsistente Patientenidentifikation, die an unterschiedlichen Identifikationspunkten Patienten und patientenbezogene Informationen zusammenführt (vgl. Abb. 2), ist Voraussetzung für die

---

[2]   Auf integrierte Versorgungsmodelle (Managed-Care-Modelle) als ein Steuerungsmodell des Gesundheitswesens sowie entsprechende Versicherungsmodelle und dedizierte leistungserbringende Organisationen (Health Maintenance Organisations – HMO) soll hierbei nicht im Detail eingegangen werden. Weitergehende Literatur hierzu findet sich beispielsweise in (Amelung et al. 2008; Finsterwald 2004).

Vermeidung von Verwechslungen von Personen, Material, Dokumenten oder Medikamenten sowie den effizienten Einsatz der involvierten Akteure, die Vermeidung von Redundanzen und die Koordination der verteilten Leistungserstellung. Die korrekte Patientenidentifikation ist somit unerlässlich für die effiziente und sichere Behandlung von Patienten und die organisationsübergreifende Zusammenarbeit. Der in Tab. 1 dargestellte Überblick zentraler Begriffe und Funktionen der Patientenidentifikation bildet die begriffliche Grundlage für die weiteren Ausführungen im Rahmen dieses Buches und soll die teils ähnlichen Begriffe differenzieren.

Tab. 1. Begriffsklärung Patientenidentifikation

Digitale Identität	Digitale Identität beschreibt die Summe der digital erfassbaren Merkmale, anhand derer ein Individuum von anderen unterschieden werden kann (Mezler-Andelberg 2008, S. 9). Dies umfasst in der Regel die als gleichbleibenden Attribute eines Individuums bezeichneten Merkmale wie Geschlecht, Geburtsdatum, Name, Heimatort etc.
Identifikator	Als Identifikator wird ein künstlich zugewiesenes Merkmal zur eindeutigen Identifizierung eines Individuums/Objekts bezeichnet. Für die Patientenidentifikation wird häufig der Einsatz der neuen Versichertennummer der Alters- und Hinterlassenenversicherung (AHV-Nummer) diskutiert. Weitere Ausführung hierzu finden sich im Kapitel 8 des Buches.
Identifikationsträger	Das technische Mittel, um die Identität einer Person oder eines Systems bekannt zu geben, wird als Identifikationsträger bezeichnet. Vgl. Versichertenkarte, Health Professional Card etc.
Identifikation	Als Identifikation wird der Vorgang verstanden, der zum eindeutigen Erkennen einer Person oder eines Objekts dient. Entsprechend umfasst Identifikation die Zuordnung respektive das Vorweisen von Merkmalen eines Objekts oder Individuums.
Authentifizierung	Authentifizierung ist der Vorgang der Überprüfung einer behaupteten Identität. Dies kann unter anderem durch Passwort-Eingabe, Chipkarte oder mit Hilfe von Biometrie erfolgen (Oppliger 1997, S. 173).
Autorisation	Autorisation bezeichnet die Verwaltung und Überprüfung von Zugriffsrechten (Kersten 1995, S. 91) und steuert somit das Erteilen eines Zugriffsrechts nach Bekanntgabe der Identität und deren Authentizität.

Mit der Komplexität der Behandlungsprozesse und Versorgungssysteme (Involvierung externer Leistungserbringer und Patienteninformationen) steigt das Risiko von Verwechslungen, denen mit einer integrierten und prozessorientierten Patientenidentifikation entgegengewirkt werden soll.

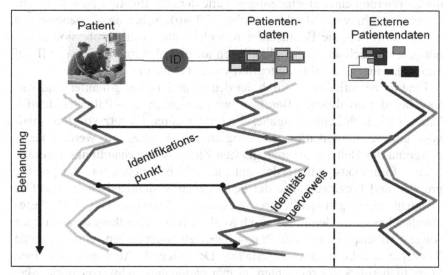

Abb. 2. Identifikationspunkte und -querverweise der prozessorientierten Patientenidentifikation

Durch die Berufsgruppenspezialisierung und wegen der unterschiedlichen Einführungszeitpunkte und Lebenszyklen der Software- und Hardwarekomponenten besteht ein hoher Grad an Heterogenität der IT-Architekturen (d. h. der Gesamtheit der betriebenen Softwaresysteme) in Krankenhäusern. Administrative Applikationen, beispielsweise für die Patientenadministration, sind eher langlebig. Dagegen sind klinische Applikationen, beispielsweise für die ärztliche Dokumentation, aufgrund ihrer Schnittstellen zur Medizininformatik und damit zur Medizintechnik, die einen hohen Innovationsrhythmus aufweist (vgl. Braun von Reinersdorff 2007), kürzeren Zyklen unterworfen (vgl. Connell u. Young 2007).

Für die Nutzung der unterschiedlichen Applikationen des Informationssystems entlang dem Patientenpfad ist deshalb die Integration von zwei Arten von Personendaten erforderlich. Es handelt sich hierbei einerseits um die Patientendaten, die von den Health Professionals bearbeitet werden, und andererseits um deren eigene Benutzerdaten. Patienten- und Benutzerdaten sind zwei verwandte Datentypen, für deren Haltung, Bearbeitung und Austausch jedoch ganz unterschiedliche Konzepte benötigt werden (Apitzsch 2007). Für die Integration der Patientendaten stehen unterschiedliche Mechanismen zur Verfügung (Winter et al. 2005). Für die dabei sicherzustellende eineindeutige Patientenidentifikation kann den Applikationen ein gemeinsamer Index, der sogenannte Master Patient Index, dienen (vgl. Kapitel 4 des Buches).

Im Kontext der Vernetzung existieren unterschiedliche Strategien für die Etablierung einer eineindeutigen Patientenidentifikation über Krankenhausgrenzen hinweg (Mettler u. Rohner 2008b). Neben den Patientendaten müssen ebenfalls die Benutzerdaten, welche die Health Professionals benötigen, um sich an den Applikationen anzumelden und darin Zugriff auf Patientendaten zu erhalten, integriert werden (Münz et al. 2007).

Eine prozessorientierte – d. h. an den medizinischen Abläufen und Ansprüchen der involvierten Berufsgruppen ausgerichtete – Patientenidentifikation ist jedoch keine Aufgabe, die primär durch Einsatz von Informations- und Kommunikationstechnologien (IKT) adressiert werden kann. Aufgrund des Beitrags zu strategischen Zielen, wie Behandlungssicherheit oder Informationsqualität, der unterschiedlich involvierten Anspruchsgruppen und Prozesse sowie der heterogenen Systemlandschaft bedarf es vielmehr eines ganzheitlichen, integrierten Ansatzes. Das Ziel dieses Handbuches ist es, den Leser durch Methoden und Handlungsanweisungen sowie Fallbeispiele aus der Praxis dabei zu unterstützen, entsprechende Konzepte und Lösungen zu gestalten. Der folgende Abschnitt gibt einen kurzen Überblick der relevanten, primär nationalen, Schweizer Initiativen, die darauf abzielen, entsprechende Anreize zu setzen und konkrete Veränderungsprojekte umzusetzen.

5   Rahmenbedingungen/Treiber/ Veränderungsanreize durch die Strategie E-Health Schweiz und assoziierte Initiativen des Koordinationsorgans E-Health Bund-Kantone

Im Rahmen der Revision der Strategie für die Schweizer Informationsgesellschaft wurde im Jahre 2006 der Bereich „Gesundheit und Gesundheitswesen" neu aufgenommen. Einem entsprechenden Auftrag zur Formulierung einer nationalen E-Health-Strategie folgend, wurde durch das Eidgenössische Department des Inneren die Strategie E-Health Schweiz erarbeitet. Diese bildet seit Juni 2007 die Grundlage der nationalen und kantonalen Initiativen zur Umsetzung eines integrierten Einsatzes von IKT mit dem Ziel der Gestaltung, Unterstützung und Vernetzung aller Prozesse und Akteure im Gesundheitswesen.

Aufgrund der steigenden Zahl elektronischer Dienste im Gesundheits-wesen und eines entsprechend erhöhten Aufkommens elektronischer Daten soll die Strategie hierbei die Leitlinien des Einsatzes von IKT im Gesund-heitswesen unter Berücksichtigung von vier fundamentalen, übergeordne-ten Zielen vorgeben (Bundesamt für Gesundheit (BAG) 2007):

„Effizienz: E-Health ermöglicht einen Mehrwert, weil das Gesundheitswe-sen durch die Koordination der Akteure und der Prozesse effizienter wird.

Qualität: Die Prozesse und Abläufe im komplexen System Gesundheitswe-sen sind aufgrund der föderalen und teilweise kleingewerblichen Struk-turen fragmentiert und damit fehleranfällig.

Sicherheit: Durchgängige elektronische Prozesse können mithelfen, die Fehler zu reduzieren und Leben zu retten. [...]

Förderung der Wirtschaft: E-Health wird zu einem Wirtschaftsfaktor, in-dem die Lebens- und Standortqualität verbessert wird."

Die Umsetzung der Ziele ist dabei ausdrücklich nicht auf technische In-novationen beschränkt, die lediglich bestehende Strukturen und Abläufe elektronisch abbilden und unterstützen. Stattdessen wird E-Health als Ka-talysator für grundsätzliche Überlegungen über die Struktur des Schweizer Gesundheitswesens verstanden. Die in drei zentrale Handlungsbereiche unterteilten Massnahmen der Strategie E-Health Schweiz – „Elektroni-sches Patientendossier", „Online-Dienste" und die operative „Umsetzung der Strategie" – stellen somit einen relevanten Bezugsrahmen für den Ein-satz von IKT im Schweizer Gesundheitswesen dar. Sie beeinflussen mass-geblich den Bedarf und die Ausgestaltung von IS und entsprechender technischer Infrastruktur zum sinnvollen und Nutzen stiftenden Einsatz von patientenbezogenen Informationen. Jedoch dürfen eine Planung und Umsetzung insbesondere der zentralen technischen Bausteine nicht auf die in der Strategie definierten Aspekte E-Health-Architektur, Standardisie-rung der Patientendaten und Interoperabilität, Infrastruktur zur sicheren Identifikation und Authentifikation von Patientinnen und Patienten sowie Leistungserbringern beschränkt sein.

Der Umsetzung dieser Bausteine darf zwar aufgrund der Erfahrungen in anderen Ländern und diversen Pilotprojekten (Dobrev et al. 2008; Jones et al. 2009) ein, im Netzwerkeffekt begründeter, gesundheitsökonomischer Nutzen zugewiesen werden. Aus Sicht der einzelnen Akteure stehen einem teilweise hohen Investitionsbedarf jedoch nur bedingt direkte Differenzie-rungspotenziale respektive mögliche Wettbewerbsvorteile gegenüber (vgl. Abb. 3). Im Zuge eines steigenden Wettbewerbs im Schweizer Gesund-heitswesen besteht somit einerseits für die Leistungserbringer die Heraus-forderung, die anstehenden Investitionen und anschliessend verfügbare

IKT-Infrastruktur bestmöglich in die Prozesse der Leistungserstellung zu integrieren (von der Pflicht zur Kür), um auch krankenhausintern die Potenziale auszuschöpfen. Andererseits sollte das Interesse der verantwortlichen kantonalen und nationalen Behörden/Organe darin liegen, notwendige finanzielle und organisatorische Anreize für die potenziellen Teilnehmer sowie die notwendigen Rahmenbedingungen (Ausbildung, Rechtslage etc.) zu schaffen, um den in Abb. 3 angedeuteten möglichen Netzwerkeffekt des Einsatzes von E-Health-Technologie zu realisieren.

Die Strategie E-Health Schweiz definiert die erforderlichen Bausteine zur Erreichung einer kritischen Masse der notwendigen IKT-Infrastruktur und deren fachlichen Anwendungen in Prozessen und Aktivitäten der Akteure des Gesundheitswesens. Als zentrale Bausteine der Umsetzung der Strategie wurden definiert (Bundesamt für Gesundheit (BAG) 2007):

die Schaffung rechtlicher Rahmenbedingungen,
die Entwicklung einer „E-Health-Architektur",
die Standardisierung der Patientendaten und Interoperabilität,
eine Infrastruktur zur sicheren Identifikation und Authentifikation von Patientinnen und Patienten sowie Leistungserbringern, und
die Definition von Qualitätskriterien und Gesundheitsinformationen und Gesundheitsdiensten.

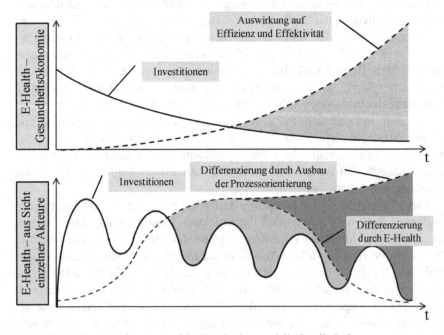

Abb. 3. E-Health – Auswirkungen auf das Krankenhaus und die Gesellschaft

Entsprechende Aufträge zur Erarbeitung von Empfehlungen wurden im April 2008 an einzelne Teilprojekte erteilt. Diese Teilprojekte zu den Themen rechtliche Grundlagen, Bildung, Standards und Architektur, Online-Dienste und Befähigung, Modellversuche und PPP sowie Finanzierung und Anreizsysteme beschäftigen sich mit der konkreten Ausgestaltung der Strategie und definieren somit Leitlinien für die Umsetzung. Die folgenden Abschnitte beschreiben verschiedene für die prozessorientierte Patientenidentifikation als besonders relevant erachtete Aspekte der Teilprojekte.

5.1 Standards und Architektur

Die für diesen Teilbereich durch die entsprechende Arbeitsgruppe erarbeiteten Grundsätze vom August 2009 (Koordinationsorgan E-Health Bund-Kantone 2009a) verdeutlichen, welch zentrale Rolle eine in IT und Prozessen etablierte prozessorientierte und durch entsprechende Rahmenbedingungen geleitete Patientenidentifikation für E-Health spielt. E-Health wird als eine Dienstleistung für die Akteure des Gesundheitswesens verstanden (IT follows business), die Ausgestaltung und der Einsatz der notwendigen IKT werden entsprechend den einzelnen Akteuren überlassen.

Ein minimales Rahmenwerk definiert technische Standards, die einen „Investitionsschutz" der in der Verantwortung der Akteure liegenden IKT-Investitionen sicherstellen. Die Basiskomponenten der Architektur, die schrittweise durch die Akteure abzubilden sind, umfassen eine Infrastruktur für den sicheren Datenaustausch, einen Patientenindex, einen Index der Behandelnden, Dokumentenregister, Berechtigungssystem, Zugangsportale zum Abruf von Informationen durch Patienten und einheitliche Systemübergabepunkte für den Austausch über Organisationsgrenzen hinweg. Diese Komponenten sollen mit der Massgabe der Wahrung von Privatsphäre, Sicherheit und Vertrauen der Akteure und unter Berücksichtigung der informationellen Selbstbestimmung in Form von dezentralen Strukturen realisiert werden.

5.2 Identifikationsträger und ihr Einsatz

Die neue elektronische Versichertenkarte wird im Rahmen der Strategie E-Health Schweiz als Identifikationsträger für die in der Schweiz versicherten Patientinnen und Patienten eingeführt. Die Versichertenkarte enthält verpflichtend administrative personenbezogene und nichtpersonenbezogene Daten, die einerseits sichtbar auf der Karte abgedruckt und andererseits auch elektronisch auf der Karte gespeichert sind. Darüber hinaus können fakultativ durch die Leistungserbringer im Auftrag der Patientinnen und Patienten medizinische Informationen abgespeichert werden. Es ist davon auszugehen, dass die auf der Karte hinterlegte digitale Identität unter Verwendung der neuen AHV-Nummer als Identifikator mit der graduellen Umsetzung der im vorherigen Paragrafen genannten Architekturkomponenten ein Mittel der übergreifenden Patientenidentifikation wird. Der Einsatz wird hierbei jedoch primär in der Erst-(Re-)Identifikation beim Eintritt in einen Behandlungsprozess liegen. Die zum Zeitpunkt der Erstellung dieses Buches aktuelle Rechtslage schliesst eine Verwendung der AHV-Nummer als organisationsinternen Identifikator mangels notwendiger, über das Bundesgesetz über die Alters- und Hinterlassenenversicherung (AHVG) (Bundesversammlung der Schweizerischen Eidgenossenschaft 2006) hinausgehender, gesetzlicher Regelungen aus. Der Einsatz der AHV-Nummer als einziger Patientenidentifikator erscheint jedoch aufgrund der Notwendigkeit zum IKT-seitigen Umgang mit Personen, die nicht in der Lage sind, sich zu identifizieren (Verlust, Notfall), oder über keine digitale Identität in Form der elektronischen Daten einer Schweizer Versichertenkarte verfügen (ausländische Patienten), und aufgrund der organisatorisch und systemseitig bedingten dezentralen Verwaltung von Identitäten ohnehin nur bedingt praxistauglich. Entsprechende Lösungsansätze zum Umgang mit dezentralen Patientenidentifikatoren werden primär in den Kapiteln 4 und 5 des Buches unter dem Schlagwort Master Patient Index (MPI) diskutiert.

Für die Leistungserbringer des Schweizer Gesundheitswesens wird eine sogenannte „Health Professional Card" (HPC), also ein Heilberufsausweis, der sich im jeweiligen persönlichen Besitz einer medizinischen Fachperson befindet, vorgesehen. Die HPC dient als Identifikations- und Authentisierungsmittel für Behandelnde (aktuell begrenzt auf Ärztinnen und Ärzte, Apothekerinnen und Apotheker). Durch die Möglichkeit der Installation einer qualifizierten Signatur auf der HPC gemäss ZertES (Bundesversammlung der Schweizerischen Eidgenossenschaft 2003) kann diese zur Verschlüsselung und Signierung von Dokumenten sowie für das Berechtigungsmanagement für den Zugriff und die Manipulation personenbezogener, medizinischer Informationen im elektronischen Patientendossier sowie der im Auftrag des Patienten auf der elektronischen Versichertenkarte hinterlegten medizinischen Informationen genutzt werden.

5.3 Elektronisches Patientendossier

Die E-Health-Strategie sieht einen schrittweisen Ausbau des elektronischen Patientendossiers als patientenmoderierte, lebenslang fortschreibbare Sammlung aller verfügbaren persönlichen medizinischen, präventiven, pflegerischen und administrativen Daten vor (Bundesamt für Gesundheit (BAG) 2007, S. 26 ff.). Es ist das Ziel, bis 2015 alle Menschen in der Schweiz in die Lage zu versetzen, durch das elektronische Patientendossier den Leistungserbringern ihrer Wahl den elektronischen Zugriff auf behandlungsrelevante Informationen zu ermöglichen. So schlägt die Empfehlung der Arbeitsgruppe „Standards und Architektur" einen schrittweisen Ausbau von einer sicheren Übertragung unstrukturierter Daten zur Verfügbarkeit von Registern elektronischer, personenbezogener, medizinischer Informationen und eine anschliessende Erweiterung des Anteils strukturierter Informationen und der Standardisierung der Semantik vor (Koordinationsorgan E-Health Bund-Kantone 2009c, S. 5 f.).

Das elektronische Patientendossier soll die Grundlage für andere Anwendungen auf Seiten der einzelnen Akteure des Gesundheitswesens schaffen, indem es eine verbesserte Informationsbasis realisiert. Dies kann beispielsweise in akut-somatischen Fällen die Anamnese- und Diagnosezeit verkürzen und darüber hinaus breiter abgestützte Therapieentscheidungen ermöglichen. Aus Sicht der einzelnen Leistungserbringer ist somit eine Berücksichtigung der Vorgaben und Leitlinien zum elektronischen Patientendossier (vgl. z. B. Koordinationsorgan E-Health Bund-Kantone 2009b) im Rahmen von internen Investitionsentscheidungen im Bereich der medizinischen Dokumentation respektive der elektronischen Verwaltung von medizinischen Fallakten notwendig. Als Quell- und Empfängersysteme der Daten eines elektronischen Patientendossiers sind die Berücksichtigung der definierten Standards (IHE, HL7) und eine vorausschauende Planung der durch die Strategie E-Health Schweiz vorgegebenen Fähigkeiten beispielsweise zur Etablierung einer elektronischen, strukturierten, medienbruchfreien und verlustfreien Übermittlung medizinischer Daten unter den Teilnehmern im Gesundheitssystem im Rahmen der krankenhausinternen Projekte erforderlich.

5.4 Finanzierung und Betriebsmodelle

Die Strategie E-Health Schweiz definiert inhaltliche, technische, organisatorische und im Rahmen der Zuständigkeit auch rechtliche Handlungsfelder (Datenschutz etc.). Entsprechend dem föderalen Schweizer Gesundheitssystem wird jedoch bei der Trägerschaft und der Finanzierung der einzelnen Projekte das Zuständigkeitsprinzip gewahrt (Bundesamt für Gesundheit (BAG) 2007, S. 48). Die grundsätzliche Herausforderung bei der Umsetzung der Strategie liegt in der Schaffung adäquater Anreize für die Realisierung der zuvor beschriebenen Netzwerkeffekte, deren primäre Profiteure die Leistungsempfänger sowie die mit der Sicherstellung und Finanzierung der Gesundheitsversorgung beauftragten Organe (Bund, Kantone, Gemeinden, Versicherer) sind.

Für die Realisierung verschiedener Vernetzungsinstrumente (technisch, organisatorisch) wie des zuvor beschriebenen elektronischen Patientendossiers müssen entsprechende Akteure/Rollen, Finanzierungsmodelle und/oder Betreibermodelle gefunden werden. Die Gebühren für den Gebrauch solcher Vernetzungsinstrumente werden von den Akteuren, die diese Infrastrukturen nutzen, zu tragen sein. Diesen Gebühren stehen Ersparnisse für die Akteure durch die effektive und effiziente Koordination von Prozessen und Informationsflüssen gegenüber (beispielsweise durch die Reduktion von Doppelarbeiten, redundanten Informationen usw.). Aufgrund des absehbaren Drucks auf die Akteure, kostenbewusster zu arbeiten, finden zurzeit Public-Private-Partnership-Modelle, bei denen private Investoren die notwendigen Infrastrukturen bereitstellen und über die Erhebung von Transaktionsgebühren finanzieren, besondere Beachtung (Pfisterer u. Gut 2009).

6 Prozessorientierte Patientenidentifikation benötigt Führung und Methode

Die dargestellten Entwicklungen des Gesundheitswesens und die Eigenschaften bestehender IT-Landschaften in Krankenhäusern machen deutlich, dass eine prozessorientierte Patientenidentifikation eine Voraussetzung für die sichere, effiziente und effektive Behandlung darstellt. Weder rein fachliche noch rein technische Ansätze können die bestehenden Herausforderungen adäquat adressieren. Vielmehr braucht es einen ganzheitlichen Ansatz, im Rahmen dessen die Fachseite die Ausgestaltung der Prozesse bestimmt und IT die Voraussetzungen für deren Umsetzung schafft.

Business Engineering als betriebswirtschaftliche Konstruktionslehre der Organisation stellt die methodische Grundlage für eine solche Herausforderung dar und bildet auch den methodischen Rahmen für dieses Handbuch. Die Grundlagen und eine beispielhafte Beschreibung der Anwendung des Business Engineering im Gesundheitswesen werden im folgenden Kapitel erläutert, das die speziellen Anforderungen der Unternehmensentwicklung adressiert. Es stellt diese den typischen Aufgaben des Betriebs von Informationssystemen gegenüber – „Run the Business" vs. „Change the Business". Die Aufgabenstrukturierung als Grundlage eines ingenieurmässigen Vorgehens ermöglicht den Einsatz einer Modell- und Methodenunterstützung der Veränderung. Das Kapitel beschreibt entsprechende Ziele und Ergebnisse von Veränderungen auf strategischer, organisationaler und systemseitiger Ebene und setzt diese in den Kontext typischer Veränderungsprozesse im Gesundheitswesen.

Literatur

Anderson, K. N.; Anderson, L. E.; Glanze, W. D.: Mosby's medical, nursing, and allied health dictionary, 4. Aufl., Mosby, St. Louis, MO 1994.

Apitzsch, F.: Digital Rights Management for Electronic Health Records, in: Blobel, B. et al. (Hrsg.): Proceedings of the CeHR 2007 International Conference, IOS Press, Regensburg 2007.

Bohmer, R. M. J.: Designing Care - Aligning the Nature and Management of Health Care, Harvard Business Press, Boston, MA 2009.

Braun von Reinersdorff, A.: Strategische Krankenhausführung – Vom Lean Management zum Balanced Hospital Management, Verlag Hans Huber, Bern 2007.

Bundesamt für Gesundheit (BAG): Strategie E-Health Schweiz, http://www.bag.admin.ch/ ehealth/index.html?lang=de, 01.12.2009.

Bundesamt für Statistik der Schweiz (BFS): Kosten des Gesundheitswesens nach Leistungserbringern, http://www.bfs.admin.ch/bfs/portal/de/index/themen/14/05/blank/key/ leistungserbringer.html, 01.12.2009.

Bundesversammlung der Schweizerischen Eidgenossenschaft: Bundesgesetz über die Alters- und Hinterlassenenversicherung, http://www.admin.ch/ch/d/as/2007/5259.pdf, 24.10.2009.

Bundesversammlung der Schweizerischen Eidgenossenschaft: Bundesgesetz über Zertifizierungsdienste im Bereich der elektronischen Signatur (Bundesgesetz über die elektronische Signatur, ZertES), www.admin.ch/ch/d/ff/2003/8221.pdf, 17.10.2009.

Bundesversammlung der Schweizerischen Eidgenossenschaft: Bundesgesetz über die Krankenversicherung (KVG) (Spitalfinanzierung) – Änderung vom 21. Dezember 2007, http://www.admin.ch/ch/d/as/2008/2049.pdf, 23.03.2006.

Connell, N. A. D.; Young, T. P.: Evaluating Healthcare Information Systems Through an "Enterprise" Perspective, in: Journal of Information & Management 44 (2007) 4, S. 433-440.

De Bleser, L.; Depreitere, R.; De Waele, K.; Vanhaecht, K.; Vlayen, J.; Sermeus, W.: Defining pathways, in: Journal of Nursing Management 14 (2006) 7, S. 553-563.

Dinter, B.; Winter, R. (Hrsg..): Integrierte Informationslogistik, Springer, Berlin et al. 2008.

Dobrev, A.; Jones, T.; Lovis, C.; Vatter, Y.: Report on the socio-economic impact of the computerised patient record systems at the University Hospitals of Geneva, Final Draft Version 0.9, Empirica, Bonn 2008.

Doege, V.; Martini, S.: Krankenhäuser auf dem Weg in den Wettbewerb: Der Implementierungsprozess der Diagnosis Related Groups, Gabler, Wiesbaden 2008.

Güssow, J.: Vergütung Integrierter Versorgungsstrukturen im Gesundheitswesen, Gabler, Wiesbaden 2007.

Herzlinger, R. E.: Who killed health care? America's $2 trillion medical problem - and the consumer-driven cure, McGraw Hill, New York 2007.

Jones, T.; Dobrev, A.; Zegners, D.; Stroetmann, V. N.: Qualitative report on the socio-economic impact of the electronic health records and health information network in Israel, Final DRAFT Version 0.12, Empirica, Bonn 2009.

Kersten, H.: Sicherheit in der Informationstechnik: Einführung in Probleme, Konzepte und Lösungen, 2. Aufl., Oldenbourg Verlag, München 1995.

Koordinationsorgan E-Health Bund-Kantone: E-Health Schweiz – Empfehlungen der Teilprojekte, Koordinationsorgan E-Health Bund-Kantone, Bern 2009a.

Koordinationsorgan E-Health Bund-Kantone: E-Health Schweiz – Leitlinien, Koordinationsorgan E-Health Bund-Kantone, Bern 2009b.

Koordinationsorgan E-Health Bund-Kantone: E-Health Schweiz – Standards und Architektur – Erste Empfehlungen, Koordinationsorgan E-Health Bund-Kantone, Bern 2009c.

Mettler, T.; Rohner, P.: Lösungsstrategien für eine systematische Patientenidentifikation, in: Blobel, B. et al. (Hrsg.): eHealth: Combining Health Telematics, Telemedicine, Biomedical

Engineering and Bioinformatics to the Edge, Akademische Verlagsgesellschaft, Berlin 2008, S. 323-328.

Mezler-Andelberg, C.: Identity Management – eine Einführung, dpunkt.verlag, Heidelberg 2008.

Münz, J. O.; Müller, L.; Behavka, P.: Integration and Management of Large Heterogeneous Healthcare Information Systems, in: Blobel, B. et al. (Hrsg.): eHealth: Combining Health Telematics, Telemedicine, Biomedical Engineering and Bioinformatics to the Edge, IOS Press, Regensburg 2007.

Oppliger, R.: IT-Sicherheit – Grundlagen und Umsetzung in der Praxis, Vieweg, Braunschweig 1997.

Organisation for Economic Co-operation and Development: OECD Health Data 2009, http://www.oecd.org/document/16/0,3343,en_2649_34631_2085200_1_1_1_1,00.html, 01.12.2009.

Organisation for Economic Co-operation and Development: OECD Stat Extracts, http://stats.oecd.org/Index.aspx?QueryId=350, 01.12.2009.

Palm, J.; Paula, H.: Die Varianzanalyse, ein Instrument zur Ableitung von Verbesserungspotentialen auf der Grundlage Klinischer Behandlungspfade, in: Professional Process 1 (2008) November, S. 25-20.

Pfisterer, T.; Gut, H.: PPP-Modelle im Gesundheitsmarkt mit Zukunftspotenzial, http://www.ppp-schweiz.ch/contents/193-ppp-modelle-im-gesundheitsmarkt-mit-zukunfts-potenzial, 01.12.2009.

Porter, M. E.; Olmsted Teisberg, E.: Redefining Health Care: Creating Value-Based Competition on Results, Harvard Business School Press, Boston, MA 2006.

Rau, F.; Roeder, N.; Hensen, P. (Hrsg.): Auswirkungen der DRG-Einführung in Deutschland – Standortbestimmung und Perspektiven, Kohlhammer, Stuttgart 2009.

Schwartz, F. W.; Busse, R.: Denken in Zusammenhängen – Gesundheitssystemforschung, in: Schwartz, F. W. et al. (Hrsg.): Das Public Health Buch, Urban & Vogel, München 2003, S. 518-545.

SwissDRG: Schätzungen über die Auswirkungen der Anwendung des Tarifs auf Leistungsvolumen und Kosten, Version 1.1, Swiss DRG, Bern 2009.

Töpfer, A.; Albrecht, D. M.: Erfolgreiches Changemanagement im Krankenhaus, Springer Medizin Verlag, Heidelberg 2006.

Winter, A.; Ammenwerth, E.; Brigl, B.; Haux, R.: Krankenhausinformationssysteme, in: Lehmann, M. (Hrsg.): Handbuch der Medizinischen Informatik, Hanser, München 2005, S. 549-623.

3 Business Engineering – betriebswirtschaftliche Konstruktionslehre und ihre Anwendung im Gesundheitswesen

Robert Winter

Universität St. Gallen

1 Change the Business vs. Run the Business

Das Unternehmensmodell des neuen St. Galler Managementmodells begreift Organisationen als komplexe soziale Systeme, die unter den verschiedensten Blickwinkeln verstanden und gestaltet werden müssen. Einige dieser Blickwinkel sind einfach verständlich. So ist z. B. naheliegend, dass sich Anspruchsgruppen wie Kapitalgeber, Kunden, Mitarbeitende, Öffentlichkeit, Staat, Lieferanten und Mitbewerber jeweils für spezifische Aspekte von „Unternehmen" interessieren (z. B. Ertrag, Risiko, gesellschaftlicher Nutzen, ökologische Nachhaltigkeit). Auch die Sicht auf „Unternehmung" als System vernetzter Führungs-, Leistungs- und Unterstützungsprozesse ist naheliegend. Hinsichtlich anderer Blickwinkel wie z. B. der Interaktionsthemen „Ressourcen", „Normen/Werte" und „Anliegen/Interessen" oder die Ordnungsmomente „Strategie", „Strukturen" und „Kultur" sei auf die entsprechende Literatur verwiesen (Dubs et al. 2004).

Für das Business Engineering ist ein weiterer Blickwinkel entscheidend, nämlich der sogenannte Entwicklungsmodus. Als grundlegende Entwicklungsmodi werden im St. Galler Managementmodell „Optimierung" und „Erneuerung" unterschieden (in Anlehnung an Rüegg-Stürm 2002). Das heisst, dass für die Dokumentation, Analyse und Veränderung von Organisationen grundsätzlich andere Modelle und Methoden in Abhängigkeit davon zu entwickeln und zu nutzen sind, ob bestehende Strukturen und Prozesse optimiert werden oder ob die grundlegende Erneuerung von Strukturen und Prozessen im Mittelpunkt der Betrachtung steht. Die Unterscheidung von Optimierung und Erneuerung findet sich in der Wirtschaftspraxis auch im Begriffspaar „Run the Business" vs. „Change the Business".

Während die meisten Modelle und Methoden betriebswirtschaftlicher Funktionallehren (wie z. B. Marketing und Vertrieb, Finanzmanagement, HR-Management, Operations etc.) nicht dediziert auf Veränderungsvorhaben zugeschnitten sind und damit dem Entwicklungsmodus „Optimierung" zugeordnet werden können („Run the Business"), versteht sich Business Engineering als „betriebswirtschaftliche Konstruktionslehre", d. h. entwickelt und nutzt Modelle und Methoden für die Veränderung („Change the Business").

Der Übergang zwischen „massiven" Optimierungen und „kleinen" Transformationen ist fliessend. Insofern sollten die Modelle und Methoden der betriebswirtschaftlichen Funktionallehren und des Business Engineering nicht als sich gegenseitig ausschliessend betrachtet werden, sondern werden sich in vielen Projekten ergänzen. Während die permanente Optimierung dauerhaft angelegt sein sollte und deshalb im Grundsatz Prozesscharakter aufweist, hat die Veränderung immer Projektcharakter: Jedes Veränderungsvorhaben ist einmalig und erfordert, die durch Business Engineering verfügbar gemachten Modelle und Methoden kontext- und zielspezifisch anzupassen. Als wichtigste Typen von Veränderungsprojekten können fachlich getriebene Transformationen (z. B. Strategieänderung, Prozessveränderung), technisch getriebene Transformationen (z. B. Standardsoftwareeinführung, Selbstbedienung über elektronische Kanäle), sogenannte Alignment-Projekte (z. B. gegenseitige Anpassung von fachlichen und IT-Strukturen), Potenzialschaffungsprojekte (z. B. Einführung serviceorientierter Strukturierung) oder Vernetzungsfähigkeitsprojekte (z. B. Transformation von monolithischer zu vernetzter Leistungserstellung) unterschieden werden.

In den Krankenhäusern lag das Innovationsschwergewicht in den vergangenen Jahrzehnten auf klinischen Aspekten. Durch die wirtschaftlichen Herausforderungen, denen sich Krankenhäuser vermehrt gegenübersehen (unter anderem die Einführung von Fallpauschalen mit allen damit verbundenen Veränderungen innerhalb und ausserhalb der Krankenhausorganisation), hat die Fähigkeit zu Innovation und Transformationsmanagement auch im nichtklinischen Bereich massiv an Bedeutung gewonnen (Braun von Reinersdorff 2007). Diese Veränderungen decken das gesamte Spektrum von Business-Engineering-Projekttypen ab:

Fachlich getriebene Veränderungsvorhaben wie z. B.z. B. Evidence-based Medicine und Case Management,
Technisch getriebene Veränderungsvorhaben wie z. B. digitale Bildgebung,
Alignment-Projekte wie z. B. eine institutionsübergreifende elektronische Fall- und Krankenakte,
Potenzialschaffungsprojekte wie z. B. die Standardisierung von Versorgungsprozessen zwecks Bildung von Einkaufsgemeinschaften,
Vorhaben zur Steigerung der Vernetzungsfähigkeit wie z. B. Zuweiserbindung.

Transformationen unterscheiden sich von Optimierung auch dadurch, dass, wie in den obigen Beispielen, fast nie gut isolierbare funktionale Bereiche oder Kompetenzen betroffen sind, sondern verschiedene Funktionen und vor allem verschiedene Kompetenzen zusammenwirken müssen.

Ein gutes Beispiel für dieses Zusammenwirken ist die Schaffung von Vernetzungsfähigkeit. Die Fähigkeit, Kooperationen innerhalb von Organisationen und vor allem zwischen Organisationen einzugehen und dynamisch weiterzuentwickeln, erscheint immer wichtiger (integrierte Versorgung und E-Health). Das Informationszeitalter ist *marktseitig* durch Leistungsnetzwerke geprägt, die Kundenprozesse ganzheitlich unterstützen (Kagermann u. Österle 2006). Die im vorigen Kapitel des Buches beschriebenen Entwicklungstendenzen des Schweizerischen Gesundheitswesens machen deutlich, dass sich auch unter den Bedingungen eines kontrollierten Marktes Leistungsnetzwerke entwickeln. Die Informatisierung ist *produktionsseitig* dagegen auf industrielle Strukturen angewiesen, die Effizienz durch Arbeitsteilung und Standardisierung erreichen. Vernetzungsfähigkeit erfordert, Kooperation nicht nur auf softwaretechnischer Umsetzungsebene (z. B. Datenstandards, Abwicklungsprotokolle), sondern auch auf Organisationsebene (z. B. Gestaltung organisationsübergreifender Prozesse), auf Strategieebene (z. B. Entwicklung kompatibler strategischer Positionierung, Kompatibilität von Leistungen) und insbesondere auch auf Verhaltens-/Kulturebene (z. B. Schaffung von Vernetzungsanreizen, kulturelle Verankerung von Zusammenarbeit) zu adressieren. Darüber hinaus müssen Datenschnittstellen, interorganisationale Prozesse, eine Netzwerkstrategie und die Kooperationsbereitschaft der Mitarbeitenden konsistent verstanden und weiterentwickelt werden. Ein Vernetzungskonzept ist erst dann erfolgversprechend, wenn Strategie, Organisation (d. h. Prozesse und

Strukturen), Softwaresysteme, Verhalten und Kultur aufeinander abgestimmt („konsistent") sind und bleiben (Fleisch 2000).

Die vielen Beteiligten, die Unterschiedlichkeit der Perspektiven und Ansprüche, die hohe Komplexität und die finanzielle Bedeutung vieler Transformationen verbieten gerade im hoch regulierten Gesundheitswesen ein intuitives oder einseitiges (z. B. allein technologieorientiertes) Vorgehen. Um komplexe Zusammenhänge systematisch abzubilden, die verschiedensten Perspektiven miteinander zu verknüpfen, mit den unterschiedlichen Anspruchsgruppen zu kommunizieren, arbeitsteilig vorzugehen und genügend Planungs-/Steuerungssicherheit zu erreichen, bedarf es eines systematischen und gleichwohl ganzheitlichen Ansatzes. Systematisch bedeutet dabei, dass der Ansatz modell- und methodenbasiert ist („ingenieurmässiges Vorgehen") (Österle u. Winter 2003). Als Nebeneffekte der Modell- und Methodenbasierung wird das Vorgehen transparent, werden Ergebnisse dokumentiert und werden Grundlagen für die spätere Implementierung und Optimierung der Konzepte geschaffen.

Business Engineering versteht sich als betriebswirtschaftliche Konstruktionslehre für Veränderungsvorhaben. Dazu werden Modell- und Methodenkomponenten aus Betriebswirtschaftslehre, Change Management, Wirtschaftsinformatik und Innovationsmanagement integriert (Österle u. Winter 2003). Business Engineering setzt damit unmittelbar die Tradition fort, die mit Software Engineering als Konstruktionslehre für Software (Balzert 2000) oder Information Engineering als Konstruktionslehre für Informationsflüsse und -nutzung (Martin 1989) begonnen hat. Mittelbar steht es in der Tradition klassischer Konstruktionsdisziplinen wie Baukunst oder Maschinenbau. Der Gegenstand des Business Engineering beschränkt sich nicht auf Softwaresysteme und Daten, sondern umfasst Organisationen wie Unternehmen, öffentliche Dienste und Verwaltung sowie nichtstaatliche Institutionen – in Teilen, als Ganzes oder als Netzwerke. Ähnlich ausgerichtete, aber andere Schwerpunkte setzende Konstruktionsansätze für Organisationen finden sich unter Bezeichnungen wie Organizational Engineering oder Enterprise Engineering.

Die hohe Zahl gescheiterter Veränderungsprojekte hat zu vielen Untersuchungen geführt, die immer wieder mangelnde Veränderungswilligkeit und/oder mangelnde Veränderungsfähigkeit bei Betroffenen und Beteiligten als wichtigen Einflussfaktor identifizieren (Beuck 2005). Neben den verschiedenen fachlichen Fragen müssen deshalb auch Aspekte betrachtet werden, die mit der Motivation, den Ansprüchen und dem Verhalten der Betroffenen bzw. Beteiligten, der Unternehmenskultur, der Unternehmensführung oder den Machtverhältnissen zusammenhängen. Es ist das Ziel des Business Engineering, auch diese sogenannten „weichen" Aspekte so weit wie möglich in die Methodik einzubeziehen. Dies ist gerade im Gesundheitswesen sehr bedeutsam, das traditionell durch eine hohe Spezialisierung und Abschottung der Berufsgruppen geprägt ist (Glouberman u. Mintzberg 2001).

2   Aufgabenstrukturierung der Transformation

Die Vielzahl der in Abschnitt 1 skizzierten Sichten des St. Galler Unternehmensmodells macht deutlich, dass die Gestaltung aller wichtigen Aspekte einer Unternehmung oder selbst einer einzelnen Geschäftseinheit nicht simultan erfolgen kann. Deshalb ist es wichtig, eine sinnvolle Strukturierung der Aufgaben in der Veränderung zu finden, wobei jedoch die notwendige Ganzheitlichkeit des Transformationsverständnisses durch geeignete konsistenzsichernde Mechanismen gewährleistet werden muss.

Die Aufgabenstrukturierung muss ausreichend generisch sein, um der Vielgestaltigkeit von Veränderungsvorhaben gerecht zu werden. Beispiele für Veränderungsvorhaben sind:

die Umgestaltung oder der radikale Neuentwurf von Leistungs-, Unterstützungs- und/oder Führungsprozessen (z. B. Prozess- anstelle von Funktionszentrierung bei der Einführung von klinischen Pfaden),

die Überführung monolithischer in vernetzte Leistungsmodelle (z. B. Arbeitsteilung und Spezialisierung des Leistungsangebots bei der Bildung von interdisziplinären Zentren),

die Umstellung von hierarchischer auf marktliche Koordination (z. B. Verselbstständigung bisher integrierter Organisationsteile),

die Aus- oder Einlagerung von Teilprozessen oder Aufgaben zwischen Organisationen (z. B. Out-/Insourcing von medizinischen Querschnittsleistungen wie Labor oder Radiologie),

die Integration oder Aufspaltung von Organisationen (z. B. die Bildung regionaler Versorgungsverbünde mit einheitlicher Rechtspersönlichkeit),

der systematische Aufbau und die systematische Nutzung von Informationen (z. B. zentralisiertes Management von Patienteninformationen),

die Herstellung von Orts-, Zeit- und Kanalunabhängigkeit von Leistungen sowie deren Nutzung über elektronische Zugangskanäle (z. B. durch Telemedizin),

die Verwendung elektronischer Marktplätze für Beschaffung, Handel und Vertrieb (z. B. Supply-Management-Plattformen für medizinisches Verbrauchsmaterial),

die Digitalisierung und Integration von Kommunikationsmedien (z. B. in der Radiologie) oder die Standardisierung/Konsolidierung von IT-Infrastrukturen oder Softwarekomponenten (z. B. Einführung integrierter Krankenhausinformationssysteme).

In Anlehnung an die Ordnungsmomente des St. Galler Managementmodells lassen sich die verschiedenen Aufgaben in der Veränderung in erster Näherung den folgenden Betrachtungsebenen zuordnen:

Strategieebene: Hier werden für die betrachtete Einheit (Gruppe, Unternehmen/Organisation oder Geschäftseinheit/Teilorganisation) die Positionierung im Markt und hinsichtlich Kompetenzen, die daraus folgende Positionierung in Leistungsnetzwerken, das Leistungsprogramm und das Zielsystem betrachtet. Diese Gestaltungsfragen lassen sich auch als WAS-Fragen bezeichnen.

Organisationsebene: Hier werden für die jeweilige Einheit Aktivitäten, Abläufe, Verantwortlichkeiten und Berichtswege, operative Führung, organisatorische Einheiten sowie Informationsbedarfe und -flüsse betrachtet. Diese Gestaltungsfragen lassen sich auch als WIE-Fragen bezeichnen, da sie die Umsetzung der strategischen Festlegungen behandeln.

IT-Ebene: Hier werden für die jeweilige Einheit Softwaresysteme, Datenstrukturen sowie IT-Infrastrukturkomponenten betrachtet. Diese Gestaltungsfragen lassen sich auch als WOMIT-Fragen bezeichnen, da sie die Unterstützung der Organisation durch IT behandeln.

Verhaltens-/Kulturebene: Hier werden für die jeweilige Einheit Motivation und Verhalten der Betroffenen bzw. Beteiligten, Organisationskultur, Führungspraxis und Machtverhältnisse betrachtet. Diese Gestaltungsfragen lassen sich auch als WARUM-Fragen bezeichnen, weil es hier um die Ursachen und Hintergründe für die Unterstützung oder Verhinderung von Veränderungen geht.

„Change the Business" wird im Business Engineering als Prozess verstanden, der durch verschiedene Ursachen ausgelöst werden kann und in dessen Verlauf auf allen genannten Ebenen Veränderungen konsistent geplant und umgesetzt werden müssen. Die sogenannte Business-Engineering-Landkarte umfasst deshalb neben den vier Betrachtungsebenen für Aufgaben in der Veränderung zwei Prozessteile:

1. Veränderungsauslöser und -ermöglicher erkennen und bewerten.
2. Transformation konsistent planen und umsetzen.

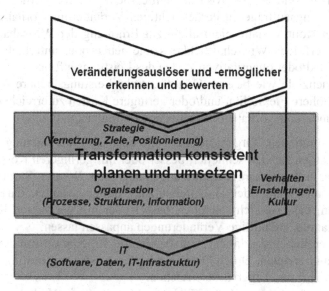

Abb. 1. Business-Engineering-Landkarte (in Anlehnung an Österle u. Winter 2003)

Abb. 1 stellt die Business-Engineering-Landkarte dar. Um die Notwendigkeit einer ganzheitlichen Planung und Umsetzung von Veränderungen über alle Betrachtungsebenen hinweg zu verdeutlichen, umfasst in Abb. 1 der als „Transformation konsistent planen und umsetzen" bezeichnete Prozessteil alle Betrachtungsebenen des Business Engineering.

3   Ziele und Ergebnisse der Transformation

Um die Effektivität und Effizienz der Planung und Umsetzung der Transformation sicherstellen zu können, müssen die Ergebnisse der Veränderung und die im Veränderungsprozess zu beachtenden Zielsetzungen spezifiziert sein. Effektivität heisst, dass spezifizierte Ergebnisse erzielt werden („das Richtige tun"); Effizienz bedeutet, bei der Erzeugung der Ergebnisse die spezifizierten Ziele zu beachten („es richtig tun").

Auch hinsichtlich Zielen und Ergebnissen der Veränderung lassen sich – wie bei der Systematisierung der Aufgaben in der Veränderung – trotz der Vielgestaltigkeit von Veränderungsvorhaben bestimmte grundsätzliche Strukturierungen feststellen. Da sich das Ergebnis an den zu erreichenden Zielen orientiert, werden zunächst die Ziele der Veränderung betrachtet.

Wenn nicht Unternehmen, sondern öffentliche Dienste oder nichtstaatliche Institutionen wie das Gesundheitswesen im Mittelpunkt der Betrachtung stehen, sind anstelle von ausschliesslichen Wirtschaftlichkeitszielen auch Leistungsaufträge zu berücksichtigen Veränderungsvorhaben dienen in diesem Kontext dann nicht allein zur Erhöhung der Wirtschaftlichkeit, sondern verfolgen Wirtschaftlichkeitsziele neben oder unterhalb von qualitativen und/oder quantitativen Zielen des Leistungsauftrags.

Um Sachziele wie bessere Qualität, mehr Leistung, höhere Geschwindigkeit, höhere Flexibilität und/oder geringere Kosten zu erreichen, verfolgen Veränderungsvorhaben verschiedene Formalziele:

Werden Strategien, Organisationen und/oder IT-Unterstützung flexibilisiert, lassen sie sich schneller, besser oder mit geringeren Kosten an bekannte, antizipierbare Veränderungen anpassen. Werden Strategien, Organisationen und/oder IT-Unterstützung agiler gestaltet, darf erwartet werden, dass sie sich schneller, besser oder mit geringeren Kosten an unbekannte, zukünftige Veränderungen anpassen lassen.

Durch Vereinfachung lassen sich bestimmte Ergebnisse mit geringerem Aufwand erzielen. Durch Optimierung lassen sich mit bestimmten Aufwänden bessere Ergebnisse erreichen.

Sind Strategie, Organisation, IT-Unterstützung sowie Verhalten, Einstellungen und Kultur konsistent, lässt sich die Zielerreichung besser steuern, werden weniger Ressourcen verschwendet und lassen sich Strukturen einfacher, schneller bzw. mit geringeren Kosten ändern.

Eine wichtige Voraussetzung für die systematische Veränderung ist Transparenz. Nur Strukturen und Prozesse, die transparent sind, können analysiert, kommuniziert und konstruktiv verändert werden.

Die vier Formalziel-Dimensionen Flexibilität/Agilität, Einfachheit, Konsistenz und Transparenz sind nicht unabhängig voneinander: Transparente Strukturen und Prozesse sind eine wichtige Grundlage für die systematische Herstellung bzw. Aufrechterhaltung von Konsistenz. Konsistente Strukturen und Prozesse sind eine wichtige Grundlage für systematische Vereinfachung bzw. Optimierung. Einfache bzw. optimierte Strukturen und Prozesse sind eine wichtige Grundlage für die systematische Herstellung bzw. Aufrechterhaltung von Flexibilität bzw. Agilität.

Daneben gibt es verschiedene Unter-Formalziele, welche die Erreichung der Ober-Formalziele Transparenz, Konsistenz, Vereinfachung/Optimierung und Flexibilität/Agilität unterstützen. In diese Kategorie fallen z. B. Vernetzungsfähigkeit, Modularisierung/Wiederverwendung, lose Kopplung oder Offenheit. Durch Ersetzen von 1:1-Kopplungen durch M:N-Kopplungen werden z. B. Strukturen nicht nur vereinfacht, sondern auch flexibilisiert. Durch lose Kopplung werden z. B. Strukturen nicht nur flexibilisiert, sondern auch vereinfacht.

Die Diskussion der (generischen) Ziele von Transformationen liefert auch Hinweise für deren (generische) Ergebnisse: Die Vision des Business Engineering sind generell offene, lose gekoppelte, aus wiederverwendbaren Komponenten bestehende Strukturen und Prozesse. Die „Geschäftsarchitektur des Informationszeitalters" (Kagermann u. Österle 2006) entspricht dieser Vision auf Strategieebene. Auf Organisationsebene sind prozessorientierte, funktionsübergreifende und arbeitsteilige Strukturen das Ziel, die nicht nur den Leistungsaufträgen entsprechende Outputs erzeugen, sondern dabei auch hinsichtlich der definierten Führungsziele steuerbar sind. Auf IT-Umsetzungsebene sollen transparente, konsequent an den jeweiligen Unterstützungszielen (z. B. Flexibilität, Konsistenz, Performanz) ausgerichtete Anwendungssystemlandschaften entstehen.

4 Gegenstand der Transformation

Neben den Aufgaben, Zielen und Ergebnissen sind die Gestaltungsobjekte der Transformation zu betrachten. Da die Aufgabenstrukturierung von rein betriebswirtschaftlich orientierten Aufgaben (Strategiebildung, Organisationsgestaltung) bis zu stark IT-bezogenen Aufgaben (Software- und IT-Infrastrukturgestaltung) reicht, müssen die Gestaltungsobjekte des Business Engineering „Business-to-IT"-Charakter haben, d. h. die ganze Bandbreite von rein fachlichen Gestaltungsobjekten bis zu IT-spezifischen Gestaltungsobjekten umfassen.

Die Gestaltungsobjekte lassen sich zunächst entsprechend der Strukturierung der Aufgaben unterscheiden, d. h. es gibt Gestaltungsobjekte auf Strategieebene, auf Organisationsebene, auf IT-Ebene und auf der Ebene „Verhalten, Einstellungen, Kultur" (siehe Abschnitt 2). Auf dieser Grundlage lässt sich der Gegenstand des Business Engineering (also das betrachtete Leistungsnetzwerk, die betrachtete Organisation oder der betrachtete Organisationsteil) in verschiedene Beschreibungsebenen zerlegen.

Da die Komplexität von Transformationen eine simultane Festlegung aller oder einer Vielzahl von Gestaltungsobjekten im Normalfall verunmöglicht, unterstützen Veränderungsmethoden die Festlegung der verschiedenen Gestaltungsobjekte und ihrer Zusammenhänge in einer bestimmten Reihenfolge, die dem jeweiligen Projekttyp und dem jeweiligen Kontext entspricht. Auf diese Szenarien wird in Abschnitt 5 näher eingegangen.

Im Normalfall unterscheidet sich die Änderungskadenz der Gestaltungsobjekte auf Strategie- und Organisationsebene vom Lebenszyklus der

Gestaltungsobjekte auf IT-Ebene. Weil fachlich-organisatorische Veränderungen und IT-Veränderungsprojekte andere Auslöser haben und anderen Gestaltungsmethoden folgen, darf nicht von einer Transformation „im Gleichschritt" ausgegangen werden. Das dadurch entstehende Problem des automatischen „Disalignment", d. h. der Entstehung von Strukturbrüchen zwischen Organisation und IT-Unterstützung, wird durch Abb. 2 illustriert.

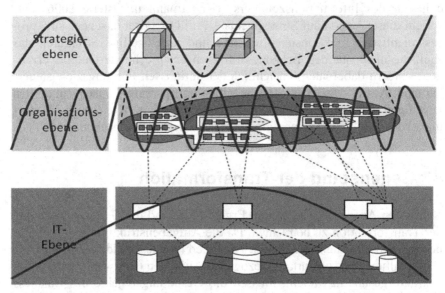

Abb. 2. Unterschiedliche Kadenzen grundlegender Lösungsarchitekturen auf Strategie-, Organisations- und IT-Ebene (idealisierte Darstellung)

Es ist nicht in jedem „lokalen" Veränderungsprojekt möglich, alle notwendigen Anpassungen auf den betroffenen Ebenen und insbesondere auf anderen Ebenen vorzunehmen. Deshalb ist ein Entkopplungsmechanismus notwendig. Dazu wird eine spezielle Architekturebene, die Alignment-Ebene, eingeführt. Die Gestaltungsobjekte der Alignment-Ebene sind weder allein fachlicher Natur noch allein IT-bezogen. Sie repräsentieren Strukturen und Abhängigkeiten, die zur Entkopplung fachlicher und IT-Artefakte dienen. Beispiele für solche logischen Strukturen „zwischen" Fachlichkeit und IT sind Domänen, Applikationen und fachliche Services (Aier u. Winter 2009).

Die wichtigsten Modelltypen des Business Engineering auf den verschiedenen Architekturebenen werden in Abb. 3 aufgezählt. Ein Modelltyp repräsentiert dabei einen Zusammenhang zwischen verschiedenen Gestaltungsobjekten. So werden z. B. Zusammenhänge zwischen Geschäftseinheiten, Kunden und Lieferanten in Modellen des Typs „Geschäftsnetzwerkmodell", Zusammenhänge zwischen Prozessen und Leistungen in

Modellen des Typs „Prozesslandkarte", Zusammenhänge zwischen Organisationseinheiten, Rollen und Stellen in Modellen des Typs „Aufbauorganisationsmodell" oder Zusammenhänge zwischen Datenstrukturen in Modellen des Typs „Datenmodell" abgebildet. Der Begriff „Gestaltung" in Abb. 3 umfasst nicht allein den Erstentwurf, sondern auch die Weiterentwicklung der entsprechenden Modelle.

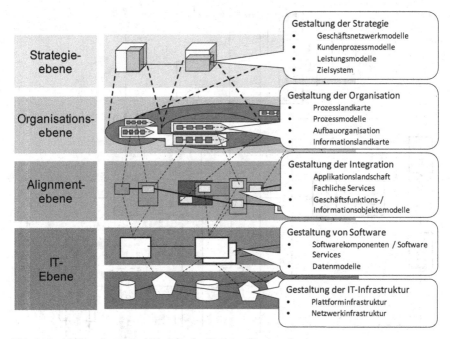

Abb. 3. Architekturebenen und Modelle des Business Engineering

Während die verschiedenen Modelltypen Zusammenhänge zwischen einer jeweils kleinen Zahl von Gestaltungsobjekten beschreiben, definiert das Business-Metamodell den Gesamtzusammenhang aller Gestaltungsobjekte. Abb. 4 stellt eine stark vereinfachte Version des Business-Metamodells dar – eine vollständige Darstellung findet sich in (Österle et al. 2007). Auf diesem generellen Modell aufbauend gibt es eine Erweiterung für öffentliche Dienste und Verwaltung (Baacke et al. 2008) sowie eine spezifische Adaption für Leistungserbringer im Gesundheitswesen (Mettler et al. 2008). In Abb. 4 zeigen die Umrandungen der Gestaltungsobjekte die Architekturebene an, zu der sie primär gehören: Mit durchgezogenen Linien werden Gestaltungsobjekte der Strategieebene, mit durchbrochenen Linien Gestaltungsobjekte der Organisationsebene und mit gepunkteten Linien Gestaltungsobjekte der IT-Ebene dargestellt.

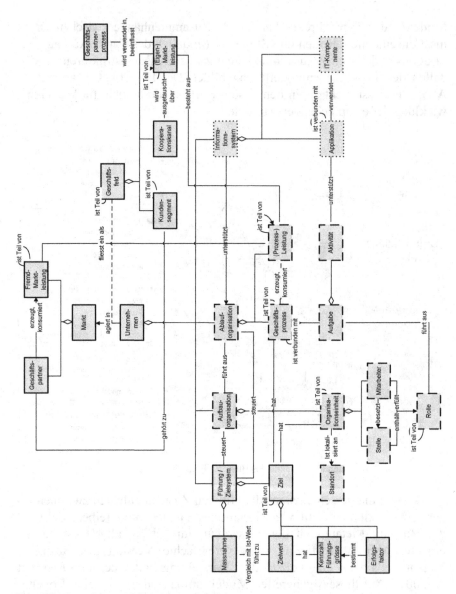

Abb. 4. Business-Metamodell (stark vereinfacht)

5 Grundlegende Transformationsprojekttypen

Business Engineering versteht sich als methoden- und modellbasierte Konstruktionslehre (Österle u. Winter 2003). Die durch Methoden und (Referenz-)Modelle zu unterstützenden Veränderungen sind dabei sehr vielfältig. Die Unterscheidung von Transformationsprojekttypen erlaubt, Methodenunterstützung und Referenzmodelle mit Anpassungsmechanismen für einen bestimmten Projekttyp zu versehen und die Projektunterstützung dadurch nicht auf generische Lösungskomponenten zu beschränken, sondern das jeweilige Veränderungsprojekt spezifischer zu unterstützen.

Als wesentliche Transformationsprojekttypen im Business Engineering wurden bereits in Abschnitt 1 (1) fachlich getriebene Transformationen, (2) technisch getriebene Transformationen, (3) Alignment-Projekte, (4) Potenzialschaffungsprojekte und (5) Vorhaben zur Schaffung bzw. Erhöhung der Vernetzungsfähigkeit erwähnt. Diese Projekttypen werden im Folgenden näher charakterisiert und durch Abb. 5 illustriert:

1. Fachlich getriebene Veränderungen durchlaufen die Gestaltungsebenen „top-down". So setzt z. B. die (Neu-)Formulierung der strategischen Positionierung die Rahmenbedingungen für die (Um-)Gestaltung der Organisation (sowohl in Bezug auf die Aufbau- wie die Ablauforganisation) und führt schliesslich zu entsprechenden Anpassungen von Softwaresystemen und Daten sowie möglicherweise sogar der IT-Infrastruktur. Begleitet werden solche Veränderungsvorhaben auf allen Ebenen durch geeignete Massnahmen im Bereich „Verhalten, Einstellungen, Kultur".

2. Innovationen der Informations- und Kommunikationstechnik ermöglichen neue fachliche Lösungen und erlauben in seltenen Fällen sogar eine neue oder veränderte strategische Positionierung. So werden z. B. individualisierte Tarife im Versicherungsbereich erst durch Innovationen von Datenerhebung/-übertragung, durch Realtime-Informations-logistik und durch entsprechende IT-Abrechnungssysteme möglich. Elektronische Marktplätze bzw. Einkaufs-/Verkaufsplattformen sind Beispiele für Geschäftsinnovationen auf Strategieebene. In diesen Fällen werden wie auch bei der Einführung innovativer Softwarelösungen oder innovativer IT-Infrastrukturen die Gestaltungsebenen „bottom-up" durchlaufen.

3a. Die unterschiedlichen Lebenszyklen der grundlegenden Architekturen von fachlichen Lösungen und von IT-Lösungen führen zum sukzessiven Auseinanderklaffen der jeweils realisierten Strukturen (Winter 2004), so dass immer wieder Alignment-Projekte notwendig werden. Das heisst, dass die Strukturen der Alignment-Ebene so weiterzuentwickeln sind, dass veränderte Prozesse (oder Organisationsstrukturen) mit bestehenden oder nur leicht angepassten IT-Lösungen arbeiten können oder dass Veränderungen auf IT-Ebene (z. B. Wechsel einer Standard-softwarelösung) nur begrenzte Anpassungen der Organisation erfordern.

3b.Eine Variante des Alignment-Szenarios ergibt sich aus der Notwendigkeit, Strukturen auf allen Beschreibungsebenen nicht nur „vertikal", sondern auch „horizontal" abzugleichen. Dies ist z. B. der Fall, wenn zwei Partner eines Wertschöpfungsnetzwerks ihre strategische Positionierung, ihre Prozesse/Organisation und ihre IT-Systeme koordinieren müssen. Horizontale Abgleiche sind auch innerhalb von Unternehmungen (z. B. klinische, administrative und medizintechnische IT) sowie – z. B. bei Outsourcing – zwischen auslagernden Unternehmen und Dienstleistern notwendig.

4. Neben Transparenz und Konsistenz können Veränderungsprojekte auch das Ziel verfolgen, Betriebskosten durch Vereinfachung und/oder zukünftige Projektkosten durch Flexibilisierung zu senken (siehe Abschnitt 3). In diesem Fall werden auf einer oder mehreren Gestaltungsebenen durch Restrukturierung Potenziale geschaffen, die auf der jeweils darüber liegenden Ebene genutzt werden können. So wird es z. B. durch serviceorientierte (Re-)Strukturierung auf Alignment-Ebene möglich, Prozesse (auf Organisationsebene) leichter zu verändern.

5. Die Bedeutung von Vernetzungsfähigkeit wurde bereits in Abschnitt 1 angesprochen. Vernetzungsfähigkeit bezieht sich auf Gestaltungsobjekte der Strategie-, der Organisations-, der Alignment- oder der IT-Ebene. Ziel ist jeweils, Punkt-zu-Punkt-Verknüpfungen durch m:m-fähige, offene Kopplungen zu ersetzen. Auf Strategieebene bedeutet dies z. B., die Leistungen der betrachteten Organisation so zu definieren, dass sie zusammen mit Leistungen anderer Organisationen kombiniert werden können und gesamthaft ein umfassendes, arbeitsteilig erstelltes Leistungsangebot darstellen. Auf Organisationsebene heisst dies z. B., die Prozesse der betrachteten Organisation mit Prozessen anderer Organisationen so koppeln zu können, dass die Gesamtleistungserstellung die spezifizierten Outputs erzeugt und operativ gesteuert werden kann. Auf IT-Ebene bedeutet dies, dass z. B. die Softwaresysteme und Datenbestände der betrachteten Organisation mit den Softwaresystemen und Datenbeständen anderer Organisationen verknüpft werden können, weil z. B. gemeinsame Referenzdaten genutzt oder gemeinsame Austauschstandards umgesetzt werden. Die Beschreibung von Vernetzungsfähigkeit macht deutlich, dass nur eine abgestimmte (Weiter-)Entwicklung über alle Gestaltungsebenen hinweg sinnvoll ist.

Je feiner Veränderungsprojekttypen differenziert werden, desto gezielter können Methoden und (Referenz-)Modelle das Business Engineering unterstützen.

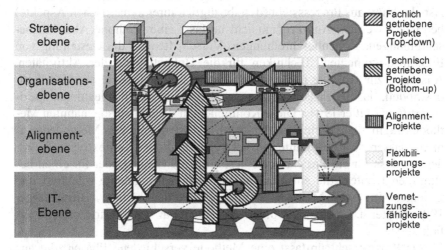

Abb. 5. Veränderungsprojekttypen

6 Methodik der Unterstützung von Transformationsprojekten

Ein hoher Anteil von Veränderungsprojekten scheitert (Capgemini 2005; Marchand u. Hykes 2006). Von den verschiedenen Gründen, die für diese hohe Fehlschlagquote verantwortlich sind, adressiert das Business Engineering unmittelbar die fehlende oder mangelnde Methodenunterstützung. Mittelbar wird durch die Bereitstellung geeigneter Transformationsmethoden angestrebt, die Perspektiven der verschiedenen Stakeholder sowie die verschiedenen Facetten des Problems systematisch zu erfassen und bei der Problemlösung Arbeitsteiligkeit, Qualitätssicherung, Skalierbarkeit und Transparenz zu gewährleisten. Damit adressiert Business Engineering indirekt weitere Gründe, die häufig zum Scheitern von Veränderungsprojekten beitragen.

Die Forschungsdisziplin, die sich mit der Konstruktion von Methoden beschäftigt, wird als Methoden-Engineering bezeichnet. Da keine Methode „immer und überall" sinnvoll anwendbar ist, berücksichtigt das Methoden-Engineering situative Aspekte („situatives Methoden-Engineering" (Brinkkemper 1996)), d. h. stellt Methoden bereit, die auf den jeweiligen

Projekttyp zugeschnitten sind bzw. zugeschnitten werden können und die idealerweise zusätzlich auch an wichtige Kontextfaktoren angepasst sind bzw. angepasst werden können.

Methoden können aus Produktsicht (d. h. hinsichtlich ihrer strukturellen Aspekte) und aus Prozesssicht (d. h. bezüglich ihrer dynamischen Aspekte) betrachtet werden. Aus Produktsicht umfasst eine Methode Aktivitätsbeschreibungen, Rollenbeschreibungen, Vorschriften für die Gestaltung von Ergebnisdokumenten, Techniken für die Unterstützung der Aktivitäten, Aussagen zur Abfolge und Struktur der Aktivitäten sowie ein Informationsmodell, das die Zusammenhänge aller erarbeiteten Festlegungen spezifiziert (Gutzwiller 1994). Diese Komponenten werden zu sogenannten Methodenfragmenten (Brinkkemper et al. 1998) aggregiert. Methodenfragmente lassen sich bestimmten Projekttypen und/oder Kontexttypen zuordnen, so dass für ein Projekt eines bestimmten Typs und/oder für einen bestimmten Kontext die entsprechenden Methodenfragmente selektiert und zu einer situativen Methode komponiert werden können (Brinkkemper 1996; Punter u. Lemmen 1996; Brinkkemper et al. 1998; Karlsson u. Ågerfalk 2004).

Aus Prozesssicht umfasst eine Methode verschiedene Phasen, die aus einzelnen Gestaltungsschritten bestehen, die wiederum selbst aus Sub-Gestaltungsschritten bestehen können usw. Jedem Gestaltungsschritt (oder Teil davon) können einzelne Methodenfragmente zugeordnet werden (Punter u. Lemmen 1996).

Die Charakterisierung von Transformationssituationen durch Projekttyp und Kontexttyp basiert auf dem Vorschlag von (Bucher et al. 2007):

Aspekte, die einen Einfluss auf die Konzeption und Umsetzung des Veränderungsprojekts haben, durch das Projekt selbst aber nicht beeinflussbar sind, werden als Kontextfaktoren bezeichnet. Beispiele für Kontextfaktoren von Veränderungsvorhaben sind Unternehmensgrösse, Branche oder Reifegrad in der Anwendung bestimmter Konzepte. Diese Kontextfaktoren führen dazu, dass gleichartige Veränderungsvorhaben unterschiedlich konzipiert oder umgesetzt werden müssen, bleiben aber durch die Vorhaben unverändert.

Aspekte, die einen Einfluss auf die Konzeption und Umsetzung des Veränderungsprojekts haben, gleichzeitig aber auch im Rahmen der Projektdefinition beeinflussbar sind, werden als Projektfaktoren bezeichnet. Das wichtigste Beispiel für Projektfaktoren sind die Projektziele. Je nachdem, welchen Zielvektor hinsichtlich der Dimensionen Transparenz, Konsistenz, Einfachheit und Flexibilität/Agilität ein Projekt definiert, ist das Veränderungsprojekt anders zu konzipieren und umzusetzen. Beispiele für Projekttypen sind die fünf in (Baumöl 2005) identifizierten Klassen fachlich getriebener Transformationen.

7 Business Engineering im Gesundheitswesen – ein Praxisfall

Im Folgenden wird anhand eines überschaubaren, aber durchaus typischen Falls[3] gezeigt, wie Business Engineering Transformationen im Gesundheitswesen in besserer Weise unterstützen kann als intuitive Ansätze oder solche, die die Organisationsentwicklung oder IT-Entwicklung fokussieren. Im Mittelpunkt stehen also die Ganzheitlichkeit sowie das modell- und methodengestützte Vorgehen des Business Engineering, nicht dagegen die spezifische Problemlösung im betrachteten Fall.

Es handelt sich um ein Leistungserbringernetzwerk, das vor dem Hintergrund eines gezielteren Managements von Gesundheitskosten eine Wachstumsstrategie verfolgt. Teil der Wachstumsstrategie ist die Digitalisierung der angeschlossenen Arztpraxen, die eine effektivere und effizientere Leistungserbringung ermöglichen soll. Ausgangspunkt ist allerdings das faktische Ausbleiben der erwarteten Nutzeffekte im Projekt „Digitalisierung der Arztpraxen". Kern des Projekts war die Einführung einer Software zur Führung einer elektronischen Patientenakte (inklusive technisch eleganter Integration mit der Medizintechnik sowie der Patientenadministration) in einigen Pilot-Praxen. Als erste Reaktion auf das Ausbleiben der erwarteten Nutzeffekte sollte eine Projektgruppe damit beauftragt werden, eine alternative Softwarelösung zu evaluieren, da man vermutete, die „falsche" Software ausgewählt zu haben, und mit „richtiger" IT-Unterstützung die erwünschten Effektivitäts- und Effizienzeffekte zu erreichen hoffte.

Transformationen können nur systematisch konzipiert und umgesetzt werden, wenn neben dem Zielzustand auch der Ist-Zustand von Strategie, Organisation, IT-Unterstützung sowie Verhalten, Führung und Kultur analysiert werden. Die Analyse des Projekts „Digitalisierung der Arztpraxen" macht dies schnell deutlich. Wenn zwar intensiv über Softwarelösungen nachgedacht worden ist, jedoch nur sehr oberflächlich über die organisatorische Fundierung einer derart tiefgreifenden technischen Innovation, besteht ein grosses Risiko des Misserfolgs von Transformationen. Das Business-Engineering-Modell macht deutlich, dass so viele und so wichtige Beziehungen zwischen einerseits den IT-Lösungen sowie andererseits den

---

[3] Aus der Praxis von BEG & Partners AG.

unterstützten Geschäftsprozessen bzw. -funktionen, den Einstellungen der Mitarbeitenden, der Organisationskultur, den etablierten Informationsflüssen usw. bestehen, dass in diesem Fall eine Trennung zwischen „umfassendem Reorganisationsvorhaben" und „Softwareeinführungsprojekt" nicht möglich ist. Anstelle eines „lokalen" IT-Projekts hätte ein fachlich getriebenes und verankertes Reorganisationsprojekt aufgesetzt werden müssen, zu dessen Umsetzung die neue Softwarelösung hervorragend geeignet wäre.

Stellt man dem Sollbild eines ganzheitlichen Transformationsprojekts die Ist-Situation der faktisch uneingebetteten Einführung einer – im Vergleich zum Status quo – ziemlich revolutionären Software zur Führung einer elektronischen Patientenakte (inklusive technisch eleganter Integration mit der Medizintechnik sowie der Patientenadministration) in einigen Pilot-Praxen gegenüber, wird klar, dass die erhofften Effektivitäts- und Effizienzwirkungen nicht mit einer alternativen Softwarelösung erreicht werden können, sondern vielmehr mit einer besseren organisatorischen Einbettung der – für sich betrachtet sehr gut geeignet scheinenden – Softwarelösung. Deshalb muss auch der Projektauftrag (Evaluation einer alternativen Softwarelösung zur vermeintlichen Lösung der Probleme ausbleibenden Nutzens) aus Sicht des Business Engineering kritisch hinterfragt werden.

Im ersten Schritt müssen Business Engineers bei den Verantwortlichen das Bewusstsein schärfen, dass isolierte Veränderungsvorhaben – egal ob organisatorisch oder in der IT-Unterstützung – nicht funktionieren können. Es ist deutlich zu machen, wie Strategie, Organisation und IT zusammenhängen und dass Veränderungen deshalb koordiniert gestaltet werden müssen. Die Bewusstseinsschärfung sollte im Business Engineering natürlich modell- und methodenbasiert erfolgen. So kann z. B. ein Assessmentverfahren zum IT/Business Alignment zeigen, wie hoch hinsichtlich etablierter und operationalisierter Kriterien der Reifegrad des Zusammenspiels zwischen Fachbereichen und IT ist und wo gegebenenfalls grosser Nachholbedarf besteht.

Abb. 6 zeigt ein Teilergebnis eines solchen Assessments, nämlich die Reifegrad-Aggregation aus IT-Sicht. Die durchgezogene Linie visualisiert den Gesamt-Benchmark, die gestrichelte Linie den Branchen-Benchmark und die gepunktete Linie die Bewertung des analysierten Falls. Es wird deutlich, dass die betrachtete Organisation hinsichtlich weniger Kriterien sehr gut aufgestellt ist, in vielerlei Hinsicht aber massiven Nachholbedarf im Hinblick auf IT/Business Alignment hat.

Abb. 6. Assessment-Auswertung (Beispiel)

Im zweiten Schritt dienen Interviews als Grundlage für eine Analyse des Ist- sowie des Soll-Zustands von strategischer Positionierung, organisatorischer Umsetzung und IT-Unterstützung. Die Analyse des – bereits in Form von Projekten oder Zielbildern – bestehenden Soll-Zustands wird dabei durch Erkenntnisse angereichert, die sich aus der Analyse der Schwächen ergeben, welche die wichtigen Anspruchsgruppen (z. B. Unternehmensleitung, Ärzte, Patienten, Administrativpersonal, IT-Management) in den Interviews beschreiben. Neben Stärken und Schwächen der Organisation bzw. der IT können auf diese Weise auch der Wertbeitrag der IT, der Grad der Unterstützung fachlicher Anforderungen der IT sowie Erwartungen über Geschäftsmodell, Organisation, Kultur, Leistungsspektrum usw. erhoben werden.

Im dritten Schritt sollten Business Engineers auf Grundlage der Analyseergebnisse Sofortmassnahmen und Handlungsvarianten ableiten. „Ableiten" ist dabei wörtlich zu nehmen: Es sollte weniger kreatives Kunsthandwerk im Vordergrund stehen als die Auswahl und problemspezifische Adaption bewährter Referenzlösungen bzw. die Anwendung bewährter Gestaltungsmethoden. Diese bilden die Wissensbasis der Business Engineers. Aus dem Spektrum der generellen Business-Engineering-Projekt-typen kommen im betrachteten Fall z. B. die folgenden Handlungsvarianten in Frage:

1. „Lokales" Projekt: Ersatz der unglücklich eingeführten Softwarelösung durch eine „bessere" (bei gleichen Rahmenbedingungen) – verbunden mit der Hoffnung, dass es damit „besser klappt".
2. Aufsetzen eines umfassenden, fachlich getriebenen Reorganisationsprojekts mit anschliessender Neubewertung, ob die unglücklich eingeführte oder eine andere Softwarelösung besser geeignet ist.
3. Aufsetzen eines begrenzten Organisationsprojekts zur nachträglichen „Einbettung" der vormals uneingebettet eingeführten Softwarelösung.

Auf Grundlage des Entscheids für eine dieser Handlungsvarianten erfolgt dann im vierten Schritt die Detailplanung der Transformation. Da in dieser Phase die Ergebnisse (d. h. konkrete Projektpläne, Bewertungen und Teilergebnisse) offen sind, aber die zur Erarbeitung der Ergebnisse durchzuführenden Aktivitäten durchaus bekannt sind, kommen bewährte Business-Engineering-Methoden zum Einsatz. So gibt es für jeden der mit den Handlungsvarianten verbundenen Projekttypen eine Engineering-Methode, welche Phasen und Aktivitätsreihenfolgen ebenso definiert wie Empfehlungen für Rollenzuweisungen, Dokumentationstechniken und Hilfsmittel zur Ausführung der jeweiligen Aktivitäten. Ein Teilergebnis dieses Schritts ist der Transformationsprojektplan. Abb. 7 stellt einen solchen Plan für Handlungsvariante (3) dar.

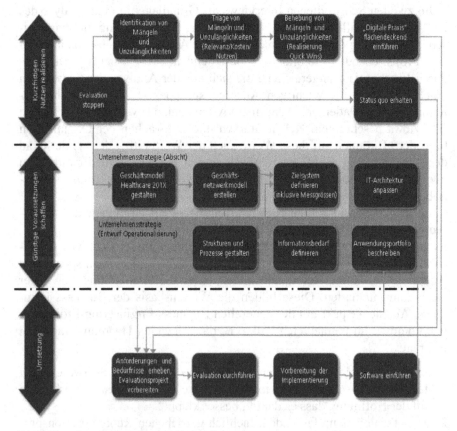

Abb. 7. Transformationsprojektplan (Beispiel)

Die Transformationsplanung definiert neben den Hauptphasen des Veränderungsprojekts Meilensteine, Zwischenziele (z. B. schnelle Beseitigung drängender Probleme der Softwarenutzung, Klärung der strategischen Positionierung und ihrer Weiterentwicklung, Schaffung günstiger Voraussetzungen innerhalb der bestehenden Organisation), Verantwortlichkeiten und zu treffende Entscheide (z. B. Ausrollen des Geschäftsmodells, Evaluation der Softwarelösung).

Transformationsmanagement umfasst neben der Planung der Transformation deren Umsetzung sowie die Steuerung des Umsetzungsprozesses. In diesen Schritten arbeiten Business Engineers sehr eng mit Fach- und Führungskräften zusammen: Während Fach- und Führungskräfte die Veränderung inhaltlich definieren, agieren Business Engineers als „Konstruktions- und Umsetzungshelfer" – ähnlich der bewährten Aufgabenteilung zwischen Bauherr/-in (Input- und Feedbackgebende zum Entwurf), Architekt/-in (Entwurf und Detailpläne) und Bauhandwerkern/-innen (Realisierung gemäss Detailplänen, Feedback zu den Entwürfen).

Literatur

Aier, S.; Winter, R.: Virtuelle Entkopplung von fachlichen und IT-Strukturen für das IT/Business Alignment – Grundlagen, Architekturgestaltung und Umsetzung am Beispiel der Domänenbildung, in: Wirtschaftsinformatik 51 (2009) 2, S. 175-191.
Baacke, L.; Fitterer, R.; Mettler, T.; Rohner, P.: Transformational Government – A Conceptual Foundation for Innovation in Public Administrations, in: Remenyi, D. (Hrsg.): Proceedings of the 8th European Conference on e-Government, Academic Conferences Limited, Reading, UK 2008, S. 43-50.
Balzert, H.: Lehrbuch der Software-Technik – Software-Entwicklung, Spektrum Akademischer Verlag, Heidelberg 2000.
Baumöl, U.: Strategic Agility through Situational Method Construction, in: Reichwald, R. et al. (Hrsg.): The European Academy of Management Annual Conference (EURAM 2005), München 2005.
Beuck, K. A.: Widerstand von Mitarbeitern bei organisatorischen Veränderungen in Kreditinstituten, Dissertation, Universität Flensburg, Flensburg 2005.
Braun von Reinersdorff, A.: Strategische Krankenhausführung – Vom Lean Management zum Balanced Hospital Management, Verlag Hans Huber, Bern 2007.
Brinkkemper, S.: Method engineering: engineering of information systems development methods and tools, in: Information and Software Technology 38 (1996) 4, S. 275-280.
Brinkkemper, S.; Saeki, M.; Harmsen, F.: Assembly Techniques for Method Engineering, in: Advanced Information Systems Engineering: 10th International Conference, CAiSE'98, Pisa, Italy, June 1998, Springer, Berlin et al. 1998.
Bucher, T.; Klesse, M.; Kurpjuweit, S.; Winter, R.: Situational Method Engineering - On the Differentiation of "Context" and "Project Type", in: Proceedings of the IFIP WG8.1 Working Conference on Situational Method Engineering (ME07), Springer, Geneva 2007.
Capgemini: Veränderungen erfolgreich gestalten: Change Management 2005 – Bedeutung, Strategien, Trends, http://www.de.capgemini.com/presse/pressemitteilungen/archiv_2005/change_mgt/?d=211A5124-757F-7FAC-D807-4A0D0C4A0267, 04.06.2007.
Dubs, R.; Euler, D.; Rüegg-Stürm, J.; Wyss, C. E. H.: Einführung in die Managementlehre, 1. Aufl., Haupt, Bern 2004.
Fleisch, E.: Das Netzwerkunternehmen, Springer Verlag AG, St. Gallen 2000.
Glouberman, S.; Mintzberg, H.: Managing the Care of Health and the Cure of Disease-Part I: Differentiation, in: Health Care Management Review 26 (2001) 1, S. 56-69.
Gutzwiller, T.: Das CC RIM-Referenzmodell für den Entwurf von betrieblichen, transaktionsorientierten Informationssystemen, Physica, Heidelberg 1994.
Kagermann, H.; Österle, H.: Geschäftsmodelle 2010 – Wie CEOs Unternehmen transformieren, F.A.Z.-Institut für Management-, Markt- und Medieninformationen, Frankfurt am Main 2006.
Karlsson, F.; Ågerfalk, P. J.: Method configuration: adapting to situational characteristics while creating reusable assets, in: Information and Software Technology 46 (2004) 9, S. 619-633.
Marchand, D. A.; Hykes, A.: Designed to Fail: Why IT-Enabled Business Projects Underachieve, 138, IMD, Lausanne 2006.
Martin, J.: Information Engineering Vol. 1: Introduction, Prentice-Hall, Englewood Cliffs 1989.
Mettler, T.; Rohner, P.; Baacke, L.: Improving Data Quality in Health Information Systems - A Holistic Design-oriented Approach, in: Golden, W. et al. (Hrsg.): Proceedings of the 16th European Conference on Information Systems, Galway 2008, S. 1883-1893.
Österle, H.; Winter, R.: Business Engineering, 2. Aufl., Springer, Berlin, Heidelberg, New York 2003.
Österle, H.; Winter, R.; Höning, F.; Kurpjuweit, S.; Osl, P.: Business Engineering - Core-Business-Metamodell, in: WISU – Das Wirtschaftsstudium 36 (2007) 2, S. 191-194.

Punter, T.; Lemmen, K.: The MEMA-model: towards a new approach for Method Engineering, in: Information and Software Technology 38 (1996) 4, S. 161-266.
Rüegg-Stürm, J.: Das neue St. Galler Management-Modell, in: Dubs, R. et al. (Hrsg.): Einführung in die Managementlehre, Haupt, Bern, Stuttgart, Wien 2002, S. 33-106.
Winter, R.: Architektur braucht Management, in: Wirtschaftsinformatik 46 (2004), S. 317-319.

4 Patientenidentifikation im Krankenhaus – Strategie und Vision einer prozessorientierten Patientenidentifikation

Herbert Jucken, Diana Wickinghoff
Abraxas Informatik AG

Hansjörg Looser
Gesundheitsdepartement Kanton St. Gallen

Kurt Och
Shared Service Center für die Informatik der Spitalverbunde und der Geriatrischen Klinik, St. Gallen

1 Einleitung

Die eindeutige Patientenidentifikation ist eine wichtige Basisfunktion für die elektronische Datenverarbeitung im Krankenhaus und darüber hinaus eine fundamentale Voraussetzung für den elektronischen Datenaustausch. Wenn Daten erfasst und abgespeichert werden, muss zuverlässig sichergestellt sein, dass sie immer der richtigen Person zugeordnet werden und auch bei Suchaufträgen nach Daten zur Person oder zum Patienten im Behandlungsprozess oder bei Administrativprozessen korrekt in den IT-Systemen wiedergefunden und richtig zugeordnet werden können. Zu diesem Zweck erhält jeder Patient einen Patientenidentifikator. Wie im Kapitel 2 des Buches beschrieben, kann eine mangelhafte Patientenidentifikation zu unvollständigen Patientendossiers, Doppelerfassungen, Inkon-sistenzen im Datenmanagement und schlimmstenfalls auch zu Fehlern im Behandlungsprozess führen.

Im Beitrag wird beschrieben, welche Probleme sich mit der Patientenidentifikation im heutigen Lösungsumfeld ergeben und welche technische Konzeption die Strategie E-Health Schweiz, angelehnt an internationale Standards, empfiehlt, um den elektronischen Datenaustausch sowie die Erstellung und die Pflege von elektronischen Patientendossiers auf Basis einer gesicherten, eindeutigen Patientenidentifikation zu gewährleisten. Die Funktion des Master Patient Index (MPI) wird erläutert und es wird aufgezeigt, wann ein MPI zur Sicherstellung der eindeutigen Patientenidentifikation im Krankenhaus oder im Krankenhausverbund die beste Lösung darstellt. Das Praxisbeispiel der St. Galler Krankenhausverbunde macht deutlich, weshalb ein MPI als Basiselement der neuen IT-System-architektur des Krankenhausverbunds eingerichtet wurde. Der MPI ist ein fundamentaler Baustein der Integrationsarchitektur des St. Galler Patientenmanagementsystems (PMS) und eine notwendige Voraussetzung für das gemeinsame elektronische Patientendossier der Krankenhausverbunde. Die externe Vernetzungslösung für die Gesamtregion rund um St. Gallen sieht vor, die Patientenidentifikation auch nach aussen über die Verknüpfung mit anderen MPI-Systemen sicherzustellen, dies ganz im Sinne und unter Einhaltung der Roadmap der Strategie E-Health Schweiz.

2   Die Bedeutung der Patientenidentifikation

Im Gesundheitswesen zeichnet sich ein Wandel hin zu patientenzentrierten Versorgungs- und Behandlungsprozessen ab (vgl. Kapitel 2 des Buches). Entsprechend besteht der Bedarf, die Versorgung sowohl gesamthaft gesehen als auch im einzelnen Behandlungsfall besser zu koordinieren und effizienter und wirtschaftlicher zu gestalten. Die Förderung integrierter Versorgungsmodelle und der Managed-Care-Modelle deuten Tendenzen auf der Makroebene an, die den Leistungserbringern Anlass zu weitergehender Spezialisierung und Positionierung in einem partnerschaftlich funktionierenden Netzwerk geben (vertikale Kooperation). Die einzelnen Abschnitte eines Behandlungsfalls, von der Diagnose beim Hausarzt, über die Behandlungen im Krankenhaus bis zur Rehabilitation oder kontinuierlichen Behandlung chronisch kranker Menschen, sollen künftig als ein zusammenhängender Prozess aller Beteiligten in einem integrierten Verbund nahtlos integriert erfolgen. Die Einführung der Fallpauschalen „Swiss DRG" erhöht zudem den wirtschaftlichen Druck auf die Krankenhäuser. Eine vorgelagerte Diagnostik, die Verkürzung der Liegezeiten im Krankenhaus und die integrierte Nachbehandlung sind daher wesentliche Prozessanforderungen auf der Mikroebene. Zusätzlich werden für die meisten Krankenhäuser horizontale Kooperationsformen relevant. Erfahrungen aus dem benachbarten Ausland und aus anderen Branchen deuten darauf hin, dass sie in Ermangelung einer eigenen kritischen Grösse systematisch Supportfunktionen an einen gemeinsamen oder zentralen Servicepartner z. B. in der Logistik oder etwa in der IT auslagern und sich auf ihre Kernfunktionen in Medizin und Pflege konzentrieren. Sie bilden Radiologieverbunde und arbeiten mit grösseren externen Labors oder anderen Instituten wie z. B. für die Pathologie zusammen oder sie gehen ganz in Krankenhausverbunden oder zusammengeschlossenen Krankenhäusern unter einer gemeinsamen Managementgesellschaft auf. Bei einer immer ausgeprägteren Arbeitsteilung und gleichzeitig höheren Sicherheits-, Komfort- und Effizienzanforderungen kommt der IT eine entscheidende Rolle zu. Diese ist mehr denn je gefordert, den Informationsfluss optimal und sicher bereitzustellen. Damit die Versorgung im modernen Gesundheitssystem patientenzentriert erfolgen kann, muss die IT ebenfalls patientenzentriert organisiert werden.

Leistungserbringer aus Medizin, Pflege und Therapieberufen, Kostenträger, Patientenorganisationen, Politiker und staatliche Gesundheitsdienste oder Ämter erhoffen sich vom Einsatz der modernen und vernetzten Informations- und Kommunikationstechnologie eine starke Unterstützung und Arbeitserleichterung. In der Umsetzung von E-Health werden sowohl für interne als auch externe Prozessoptimierung grosse Potenziale erkannt. Gemäss der Strategie E-Health Schweiz sollen bis ins Jahr 2015 elektronische Patientendossiers für alle Bürger angelegt werden und die enthaltenen Informationen nach Autorisierung durch den Patienten den jeweiligen Behandelnden oder die Behandlung koordinierenden Stellen zur Verfügung stehen. Bis 2012 sollen Leistungserbringer die Patientendaten in elektronischer Form über gesicherte Datenverbindungen austauschen können. Nirgendwo fallen so viele medizinische Daten an wie im Krankenhaus. Krankenhäuser stehen im Zentrum der Behandlungskette und generieren eigene Patientendossiers. Dabei handelt es sich um Fallakten oder ganze Sammlungen von Falldossiers. Diese sollten mit den elektronischen Dossiers der Hausärzte und zuweisenden Ärzte sowie der nachbehandelnden Stellen wie Rehabilitationskliniken, Spitex-Organisationen und Langzeitpflegeeinrichtungen verknüpft werden können. Elektronische Überweisungen und Anmeldungen, E-Rezepte und E-Verordnungen, elektronisch übermittelte Laborbefunde, E-Konsilien, elektronische Austrittsberichte, Bilddatenübermittlung und Weiterverarbeitung sowie teleradiologische Befundung und telemedizinische Anwendungen sind bereits heute vereinzelt realisierte Services im Rahmen von E-Health-Lösungen. In wenigen Jahren sollen solche Services in der Schweiz flächendeckend für alle Patienten zur Verfügung stehen. Fallsteuerungen und Disease-Managementprogramme sowie Care-Modelle z. B. von Hausarztnetzen und Versicherungen setzen die Verwendung der elektronischen Patientendossiers für Auswertungen und Steuerungen voraus. Die Behandlungs- und Versorgungsprozesse verteilen sich, bedingt durch die weitergehende Spezialisierung, auf immer mehr Institutionen und Partner. Die jeweiligen Prozessschritte müssen gut vorbereitet und effizient durchgeführt werden. Die Daten des Patienten sollten vor der Behandlung, d. h. bereits vor dem Eintreffen, des Patienten bereitstehen, damit der Aufenthalt und der gesamte Behandlungsablauf korrekt geplant und gut vorbereitet werden können. In einem idealisierten Szenario steht somit beim physischen Eintritt des Patienten alles bereit, das Zimmer, das Team, das Material für die OP, die Medikamente etc. Die Behandlungsschritte im Krankenhaus werden systematisch dokumentiert, damit beim Austritt des Patienten ein aktualisiertes Dossier existiert und die relevanten Daten in elektronischer Form für den Hausarzt oder für die nachbehandelnden Partner verteilt werden können. Die Daten müssen folglich dem Patienten vorauseilen, damit die einzelnen Leistungen richtig vorbereitet werden können und der Patientenprozess reibungslos und ohne Verzögerungen abgewickelt werden kann. Eine essenzielle Grundlage hierfür bildet die Fähigkeit, Daten absolut sicher und konsistent dem richtigen Patienten zuordnen zu können, sowie, dass alle Beteiligten den Patienten bei jeder Datenoperation eindeutig und richtig identifizieren können. Wenn dies nicht sichergestellt werden kann, können diverse Sicherheitsrisiken für die Behandlung des Patienten entstehen.

Unter dem Begriff der Patientenidentifikation wird der Vorgang verstanden, der zum eindeutigen Erkennen einer Person oder eines Objekts dient (vgl. Kapitel 2 des Buches). Dabei ermöglicht die Identifikation im engeren Sinn die eineindeutige Erkennung des Patienten und die Identifikation im weiteren Sinn die Steuerung der Verfügbarkeit der Informationen im Rahmen des Behandlungsprozesses für die richtige Person zur richtigen Zeit, am richtigen Ort, im richtigen Format und durch das richtige Medium. Eine eindeutige, konsistente Patientenidentifikation, die an unterschiedlichen Identifikationspunkten Patienten und Patienteninformationen zusammenführt, ist Voraussetzung für die Vermeidung von Verwechslungen von Personen, Material, Dokumenten oder Medikamenten (Mettler u. Rohner 2008a).

Mit zunehmender Spezialisierung und Arbeitsteilung in der Patientenbehandlung sowie der wachsenden Mobilität der Patienten wird die Bedeutung des Austauschs administrativer, aber auch medizinischer Informationen im Gesundheitswesen sowohl für Leistungserbringer als auch für Patienten immer grösser (Koordinationsorgan E-Health Bund-Kantone 2009c). Obwohl heute bereits zu einem grossen Teil Dokumente elektronisch erstellt werden, findet der Datenaustausch medizinischer und administrativer Informationen noch immer häufig in Papierform statt (Fax oder Brief). Diese Medienbrüche führen in der Regel zu Ineffizienzen und stellen darüber hinaus auch Fehlerpotenziale dar. Namen, Adressen oder andere Stammdaten wie Versicherungsnummern können falsch eingegeben, Zusatzangaben nicht eingetragen werden und schon werden beispielsweise Patienten doppelt angelegt oder Daten falsch zugeordnet. Folgefehler im Prozess können die Sicherheit des Patienten gefährden, da sie beispielsweise falsche Medikation, Übersehen von Nebendiagnosen oder Unverträglichkeiten verursachen können. Der Patient ist in den meisten Fällen der Dateneingaben nicht präsent und kann die Führung seines Dossiers oder den Austausch seiner Daten im Einzelschritt nicht kontrollieren oder überprüfen. Entsprechend müssen sich alle Beteiligten vollumfänglich darauf verlassen können, dass die Patientenidentität in komplexen arbeitsteiligen Prozessen und in komplexen System- und Applikationsbetrieben der Krankenhaus-IT sowie im gesamten Behandlungssystem eindeutig sichergestellt und bei jedem Schritt konsequent geprüft wird.[4]

Die Bedeutung der Patientenidentifikation im Krankenhausbetrieb spiegelt sich insbesondere in folgenden zentralen Funktionen des Managements patientenbezogener Information wider:

• Möglichkeit zur Überprüfung, ob es sich bei der Datenbearbeitung oder Transaktion (Verordnung z. B. von Medikamenten, Erfassung von erbrachten Leistungen, Behandlungsplanung etc.) um den richtigen Patienten handelt.

---

[4] Zur Bedeutung der Versichertenkarte in diesem Zusammenhang siehe Abschnitt 4.

- Sichere Zuordnung aller Informationen und Objekte wie Proben, Bilder, Befunde auf den richtigen Patienten.
- Verfügbarkeit der richtigen Daten zum richtigen Zeitpunkt für die berechtigten Personen.
- Integration aller Daten und Dokumente eines Patienten aus verschiedenen Applikationen zu einem Patientendossier (Integrationsthematik).
- Nicht ausschliesslicher Bezug der Daten auf einen administrativen Fall.
- Verfügbarkeit der wesentlichen Daten in anderem Kontext.

Die heute noch im Krankenhaus zum Zweck der Leistungserfassung und Abrechnung für die IT-Systeme vorherrschende Sicht des administrativen Fallbezugs muss sich hin zu einer patientenorientierten Sicht verändern (Schmid u. Wang 2003). Die medizinischen Daten zum Patienten müssen strukturiert, organisiert gespeichert und verfügbar gemacht sowie in die jeweiligen Patientenprozesse bedarfsgerecht einbezogen werden. Kontinuität und Sicherheit in der Behandlung sowie Effizienz und Kosten im Leistungsprozess hängen nicht zuletzt auch von einer zuverlässigen Patientenidentifikation in den elektronischen Unterstützungssystemen ab. Somit geht es auch um die Einsparung von mit Patientenadministration unnötig verbrachter Zeit, um die Vermeidung von Doppeluntersuchungen und anderen Doppelspurigkeiten im Prozess, um die aktuelle Bekanntheit von Unverträglichkeiten und wichtigen Diagnosen bei einer Notfallbehandlung oder bei Verordnungen generell. Neben der Sicherheit ist die Effizienzsteigerung im gesamten Versorgungssystem ein entscheidendes Nutzenargument für E-Health, und die Patientenidentifikation ist dabei eine elementare Basisfunktion.

3 Patientenidentifikation im Krankenhaus und Krankenhausverbund

3.1 Stammdatenmanagement mit PID/FID – die gängige Lösung

Krankenhäuser arbeiten heute in der Regel mit einem sogenannten Stammdaten-führenden System – dieses ist zumeist das Patientenadministrationssystem. Wie bereits erwähnt, wird hier der Patientenstamm erfasst und werden die Patientenstammdaten verwaltet. Die Stammdaten entsprechen der digitalen Patientenidentität. Jeder Patient erhält eine Kennnummer als Identifikator, kurz PID. Diese ermöglicht die eindeutige Identifikation. Die Patientenidentität ist somit an die Patientenstammdaten geknüpft. Erfasst werden unter anderem Nachname, Vorname, Geschlecht und Geburtsdatum sowie der Zivilstand, die Adresse, die Nationalität und die Krankenversicherung oder die Unfallversicherung. Der Identifikator wird bei der ersten Falleröffnung zusammen mit einer Fallnummer (FID) vergeben. Jeder Fall wird somit mit einer doppelten Kennung PID/FID in den EDV-Systemen des Krankenhauses geführt. Wenn bereits eine Patientenkennummer PID für den Patienten existiert, wird diese wieder verwendet. Dieser Vorgang, Überprüfen, ob der Patient bereits existiert – Vergleichen der Patientenstammdaten – Zuordnen der bestehenden PID zum neuen Fall oder Vergeben einer neuen PID und Anlegen des neuen Patienten im Patientenadministrationssystem, ist häufig nicht durch das heutige System automatisiert. Er wird zumeist vom Personal der Patientenadministration bei der Anmeldung oder bei der Patientenaufnahme durchgeführt. Dann werden in der Regel auch Aktualisierungen der Stammdaten im Stammdaten-führenden System vorgenommen.

Bei der Stammdatenadministration ergeben sich sowohl im Laufe des Krankenhausprozesses als auch über die Zeit, d. h. infolge verschiedener Eintritte und Fälle desselben Patienten, diverse Schwierigkeiten. Die Erfahrung zeigt, dass in den meisten Krankenhäusern für einen Patienten mehrere digitale Identitäten existieren, die irgendwann einmal doppelt angelegt wurden. Zu vermeiden ist, dass Patienten fälschlicherweise eine bereits bestehende PID zugeordnet erhalten und so Daten von verschiedenen Patienten miteinander vermischt werden. Das Personal der Patientenadministration hat in der Praxis allerdings weitaus mehr mit nachträglichen Fallzusammenführungen zu tun als mit Falltrennungen. Wie viele Patientendoubletten in einem Patientenadministrationssystem vorkommen, kann jedoch nicht genau bestimmt werden. Ärzte und Pflegende arbeiten in der Regel nicht mit dem Administrationssystem, sondern mit dem Klinikinformationssystem (KIS), in dem sie ihre Tätigkeiten dokumentieren (Diagnosen, Verordnungen etc.), oder mit anderen Abteilungssystemen wie z. B. den Radiologiesystemen. Bei regulären Eintritten mit vorausgehender Anmeldung wird der Fall wie beschrieben mit PID/FID eröffnet. Die Patientenstammdaten werden anschliessend in der Regel über eine entsprechende Schnittstelle ins KIS und gegebenenfalls auch in weitere Systeme übertragen. Bei Eintritt findet das pflegerische und medizinische Personal die Patientendaten bereits in seinem System angelegt und kann damit arbeiten. Im Notfall können die Patienten zumeist auch direkt im KIS aufgenommen werden – dies geschieht z. B. nachts oder an Wochenenden, wenn die Patientenadministration nicht besetzt ist. Die aufnehmende Person legt dann aus Zeitgründen oftmals einen neuen Patienten an, wenn sie den Patienten nicht sofort im KIS findet oder nicht die Zeit hat, den Patienten zu

suchen und die Daten zu überprüfen. Das Personal der Patientenadministration arbeitet diese Aufnahmen dann nachträglich ab. Dabei können sich
ebenfalls Fehler einschleichen oder Doubletten entstehen.

Oft ist die Stammdatenerfassung durch die administrativen Stellen des
Krankenhauses auch unter Einbezug des Patienten erschwert, wenn es sich
z. B. um fremdsprachige oder um demente, wahrnehmungseingeschränkte,
geistig behinderte Patienten oder um Kinder handelt. In solchen Fällen
werden Angehörige hinzugezogen, die oft die notwendigen Informationen
erst beschaffen müssen. Die Administration muss die Stammdaten- und
Garantenerfassung, d. h. das Feststellen der zuständigen Kostenträger wie
Kranken- oder Unfallversicherung, mehrfach bearbeiten. Bei Wohnungs-
und Namenswechsel oder Wechsel der Krankenversicherung fordert die
Patientenadministration des Krankenhauses den Patienten auf, die Daten-
änderungen der Administration mitzuteilen. Der Patient wird als Trans-
portmedium für Stammdatenmutationen genutzt. Zurzeit existieren keine
Systeme, in denen der Patient selbst seine Stammdaten elektronisch verwalten kann (Australian Commission on Safety and Quality in Health Care
2008).

3.2 Patientenidentifikation im Krankenhausprozess

Patienten werden heute im Behandlungsprozess immer wieder nach ihren
Stammdaten gefragt oder gebeten, bei ihrer Identifikation mitzuhelfen.
Dies wird angesichts der zunehmenden Informatikunterstützung und IT-
Vernetzung in anderen Lebensbereichen als Symptom mangelnder Kun-
denorientierung und schlechter Organisation gewertet. Es wird insbeson-
dere als unprofessionell empfunden, wenn die Zeit drängt wie z. B. im
Notfall oder wenn nach Wartezeiten die knapp bemessene Gesprächs- und
Behandlungszeit zunächst für unnötige Identifikations- und wiederholte
Dateneingabeprozeduren verwendet wird.

Die Identifikationspunkte im Krankenhausprozess sind zahlreich: zeitlich vom Erstkontakt bei der Anmeldung oder Einweisung über Folgekon-
takte bei nachfolgenden Terminen bis zur medizinischen und administrativen Entlassung oder Überweisung; räumlich in der Patientenadministration, am Notfall, auf der Poliklinik oder auf der Bettenstation bis zum Ort
der Diagnostik oder Behandlung (Operationssaal, Physiotherapie, Labor,
MRI etc.).

Der Patient wird im Verlauf des Prozesses aber auch bewusst in die eigene Identifikation einbezogen, um sicherzugehen, dass es sich um den
richtigen Patienten handelt bzw. dass die entsprechende Person mit dem im
EDV-System vorgegebenen Patienten übereinstimmt. Fehleinträge werden

vermieden und Fehlbehandlungen präventiv ausgeschlossen. Weitere Technologien werden eingesetzt, um in Bezug auf Patientenkennung systemunterstützt sicherzugehen: Laborproben bekommen einen Barcode mit der verschlüsselten PID/FID-Kennung. RFID-Techniken (Patientenkennzeichnung mit Code und Scanning) werden z. B. bei Essens- und Medikamentenverteilung oder in der OP-Logistik zur Patientenidentifikation eingesetzt, Babys beispielsweise erhalten ein Armbändchen mit ihrem Namen. Ohne sorgfältig gewährleistete Patientenidentifikation kann es zu den sogenannten Critical Incidents, d.h. zu fatalen Fehlern und Sicherheitsrisiken für den Patienten, kommen. Das Risiko von Patientenschäden und Haftpflichtfolgen für Ärzte und Krankenhaus kann durch systematisch gelöste Patientenidentifikation deutlich reduziert werden.

Demzufolge ist es wichtig, die Patientenidentifikation und die Patientenidentität durchgängig, d. h. medienbruchfrei und konsistent, über alle IT-Systeme sicherzustellen. Dies stellt enorme Anforderungen an die Integration der verschiedenen Applikationen im IT-Gesamtsystem eines Krankenhauses oder eines Krankenhausverbunds.

3.3 Integrationsanforderungen bedingen eine neue Systemarchitektur

Die meisten Arbeitsschritte im Behandlungsprozess sind heute in IT-Systemen zu dokumentieren oder zu bearbeiten. Diese Systeme funktionieren allerdings meist noch isoliert, d. h. es gibt erst wenige eingerichtete Workflows. Die Mitarbeiter müssen häufig den Patienten erst in einem anderen IT-System suchen, den richtigen Patienten bei nicht eindeutigen Suchtreffern auswählen oder die Patientendaten gegebenenfalls neu eingeben. Die Güte des Suchvorgangs hängt einerseits von der Sorgfalt, Ausbildung und Erfahrung des Suchenden ab, andererseits von den Fähigkeiten des Systems. Oft wird bei negativem Suchergebnis aus Zeitgründen ein neuer Patient angelegt, was zu den bereits beschriebenen Sicherheitsrisiken und Ineffizienzen führen kann. *Die Anforderung an die IT besteht darin, eine konzeptionell überzeugende und praktikable Lösung für Patientenidentifikation und für das Stammdatenmanagement im Rahmen eines Gesamtintegrationskonzepts zu finden und einzurichten!*

Die Integrationsthematik kann sich angesichts der Vielfalt der Systeme (Labor, Radiologie, gegebenenfalls separate dispositive Systeme, logistische Systeme etc.) als grosse Herausforderung erweisen. Die vielfältigen Schnittstellen zwischen allen Applikationen werden ohne systematischen Ansatz immer mehr und schwerer überblickbar – insbesondere wenn ambulante Zentren oder einzelne Kliniken separate Stammdatensysteme pflegen, was in manchen Grosskrankenhäusern oder neu gebildeten Krankenhausverbunden vorkommt. Der Bereinigungsaufwand im Stammdaten-führenden System ist für ein Grossklinikum oder für einen Krankenhausverbund erheblich. Solche Projekte hängen meist mit der Ablösung durch ein neues gemeinsames Administrationssystem zusammen, erfordern oft siebenstellige Budgets und beschäftigen die Administration und die IT-Abteilung über Monate. Das Zusammenführungsproblem kann zudem wiederholt auftreten, immer dann wenn eine neue Klinik oder ein weiteres Krankenhaus mit einem eigenen Stammdaten-führenden System und neuen Integrationsanforderungen in den Verbund hinzukommt.

Für Krankenhausverbunde mit heterogenen Systemvoraussetzungen oder für Klinikgruppen mit Expansionsbestrebungen liegt es daher auf der Hand, eine Integrationskonzeption zu suchen, die Mehrfachidentitäten handhaben kann und das Stammdaten-führende System entlastet. Die Lösung ist ein Register aller Identitäten, unter denen der Patient respektive seine Daten in den verschiedenen Systemen abgelegt sind. Die Patientenidentifikation wird mit einer eigens dafür bestimmten Prozedur unterstützt, die auf das Register zugreift, die Stammdaten vergleicht und die Identifikation vornimmt. Der sogenannte *Master Patient Index (MPI)* übernimmt den Check der Patientenidentität auf Basis der Stammdaten (Matching) und verteilt die aktuellen Stammdaten an die verschiedenen angeschlossenen Systeme (vgl. Abschnitt 5).

Eine *moderne Systemarchitektur* sieht darüber hinaus ein *Dokumentenmanagementsystem (DMS)* vor. Die Dokumente zu einem Patienten werden strukturiert in einem zentralen Register erfasst und die Daten werden dann zentral gespeichert und archiviert. Datenredundanzen, wie sie heute in den vielen Applikationen mit getrennten Daten bestehen, werden auf diese Weise abgebaut. Diese neuen Architekturkomponenten (DMS und MPI) sind in einen geordneten Integrationsverbund mit den Administrations- und klinischen Dokumentationssystemen (KIS, RIS/PACS usw.) zu bringen. Die verschiedenen Systeme werden über einen zentralen Integrations-Layer, den Servicebus, miteinander verknüpft. Jedes System hat dann nur eine Schnittstelle zum Bus. Der Bus organisiert die Workflows, d. h. er bringt die benötigten Daten zu den Applikationen. Diese Lösung entspricht der gängigen EAI-Integrationsphilosophie.

Erst bei der Einführung eines MPI zeigt sich das Ausmass der Schwachstellen im bisherigen Patientenadministrationssystem, da nun alle Doppelidentitäten erkannt werden. Der MPI als Baustein einer modernen Systemarchitektur eines Zentrumskrankenhauses oder eines Krankenhausverbunds ermöglicht auch den konsistenten Umgang mit Fremdidentifikatoren.

3.4 Umgang mit Fremdidentifikatoren

Insbesondere im Rahmen der Zusammenarbeit mit zuweisenden Ärzten, Belegärzten, externen Labors und Instituten im Zusammenhang zunehmender Integrationsbestrebungen (Integrierte Versorgung) mit den Zielen der Qualitäts- und der Effizienzsteigerung im gesamten Versorgungsprozess muss die Patientenidentifikation auch an den Schnittstellen zur Aussenwelt unterstützt werden und überprüfbar sein.

Für die Vernetzung mit Partnern ausserhalb des Verbunds ist es notwendig, dass Krankenhaussysteme die digitale Patientenidentifikation der Partner übernehmen und weiterleiten oder entsprechend mit der eigenen Patientenidentifikation zusammenführen können. Wenn ein zuweisender Arzt bei der Überweisung seines Patienten die eigene PID des Praxisinformationssystems mitsendet, kann diese nicht in das Patientenadministrationssystem des Krankenhauses übernommen werden. Die IT kann nicht sicherstellen, dass der Zuweiser später alle relevanten Daten zu seinem Patienten im elektronischen Austausch wieder mit seiner ursprünglichen PID aus einer Praxis erhält. Der Zuweiser muss die übermittelten Daten dem Patientendossier im Praxisinformationssystem selbst zuführen. Ein MPI dagegen kann beliebig viele Fremdidentifikatoren des Patienten erkennen, registrieren und mitführen und zu jedem gewünschten Zeitpunkt der Interaktion mit dem Partner die für ihn richtige PID zuordnen (vgl. Abschnitt 6). Beim Export des Patientendossiers an den Zuweiser kann somit auch die PID des Zuweisers angegeben werden und die Daten können automatisiert ins Patientendossier der zuweisenden Institution übermittelt werden.

Das nationale Koordinationsorgan eHealth Bund-Kantone „ehealthsuisse" hat daher für den externen strukturierten Datenaustausch die Empfehlung zur Nutzung eines MPI ausgegeben (vgl. Abschnitt 5).

3.5 Fazit: strategische Bedeutung der Patientenidentifikation

Zusammengefasst kann die Lösung der adäquaten Patientenidentifikation für das Krankenhaus eine strategische Bedeutung haben, auch wenn es sich um eine Hintergrundfunktion handelt.

Ein Krankenhaus, das die Patientenidentifizierung nicht effizient löst, riskiert Probleme, die bis zu existenziellen Bedrohungen auswachsen können, beispielsweise durch:

- Probleme mit Datenschutz und Datensicherheit,
- Schlechte Wirtschaftlichkeit, verursacht durch ineffiziente Behandlungsergebnisse und Überschreitung der DRG-Behandlungspauschale,

- Fehlende oder ungenügende Vernetzung mit Behandlungspartnern z. B. Arztnetzwerken oder spezialisierten Kliniken und Instituten,
- Verringerte Mitarbeiter- und Patientenzufriedenheit durch unzureichend strukturierte oder ineffiziente Abläufe, denn Mitarbeiter und Patienten tragen letztendlich den Aufwand und das Risiko für mangelnde Integration und Prozesssupport,
- Schlimmstenfalls Sicherheitsmängel in der Versorgung (höhere CIRS-Raten und effektive Fehler), hohe Haftpflichtkosten und eventueller Ausschluss aus der Versicherung!

Mit Einführung der SwissDRG-Finanzierung steigt der Optimierungsdruck, sowohl betreffend Spezialisierung und Leistungsmix-Optimierungen im Verbund als auch Effizienzsteigerung in allen Krankenhausprozessen mit allen internen und externen Schnittstellen. Doppelspurigkeiten in Untersuchungen, Mehraufwand durch ineffiziente Abläufe, Behandlungsfehler und nachfolgende Komplikationen werden nicht vergütet. Der Bedarf nach vorstationären Abklärungen oder Eigenblutspenden sowie nach früherer Entlassung oder Verlegung des Patienten in eine eng koordinierte Anschlussbehandlung durch Rehabilitations- oder Spitex-Organisationen im Sinne der integrierten Versorgung wächst[5]. Bei allen institutionsbezogenen Übergängen im Behandlungsprozess müssen die relevanten Patientendaten korrekt, komplett und zur richtigen Zeit auch den Partnern zur Verfügung stehen.

Ohne systematische Patientenidentifikation ist ein Krankenhaus zukünftig nur noch schlecht netzwerkfähig und hat damit Schwierigkeiten, sich in einem verbundgeprägten Versorgungssystem zu etablieren. In der IT-Strategie ist daher eine adäquate, zukunftsgerichtete Lösung der Patientenidentifikation vorzusehen. Nicht jedes Krankenhaus braucht dazu allerdings einen eigenen MPI – jedoch muss die IT auf die Nutzung eines MPI, der im Verbund für alle zur Verfügung gestellt wird, ausgerichtet werden. Patientenidentifikation, Patientendossier und eine moderne Middleware (Servicebus/Datendrehscheibe) sind somit wichtige Bausteine der „internen E-Health-Readiness". Ein MPI ist ein Element der „externen E-Health-Readiness" in einer Versorgungsregion oder für einen Krankenhaus- oder integrierten Leistungserbringerverbund.

---

[5]   Vgl. Beitrag zur Patientenidentifikation im Versorgungsverbund bzw. integrierten Versorgungsnetz.

4 Patientenidentifikation gemäss IHE und Strategie E-Health Schweiz

Der Bundesrat hat im Juni 2007 die Strategie E-Health Schweiz für die Jahre 2007 bis 2015 genehmigt. Die nationale Strategie soll dazu beitragen, den Zugang zu einem bezüglich Qualität, Effizienz und Sicherheit hochstehenden und kostengünstigen Gesundheitswesen zu gewährleisten. Ziel ist insbesondere die bessere elektronische Vernetzung der Akteure im Gesundheitswesen (Bundesamt für Gesundheit (BAG) 2007).

4.1 Die Bedeutung der Versichertenkarte aus Sicht des Krankenhauses

Gemäss den Empfehlungen der Arbeitsgruppe Standards und Architektur kann die nationale Versichertenkarte als Instrument zur Identifizierung der Patienten eingesetzt werden. Die Versichertenkarte enthält unter anderem administrative Daten, insbesondere die neu ausgegebene 13-stellige Alters- und Hinterlassenenversicherungsnummer (AHV-Nummer) (Schweizerischer Bundesrat 2009). Die Verwendung der AHV-Nummer als Patientenidentifikator ist jedoch nicht mehr zweckgebunden und daher gesetzlich nicht konform. Eine Schaffung von alternativen, zentralen Patientenidentifikatoren wird nicht explizit ausgeschlossen (Koordinationsorgan E-Health Bund-Kantone 2009a). In diese Richtung geht ebenfalls die parlamentarische Anfrage Noser „Digitale Identität statt Versichertenkarte" (Noser 2007). Aufgrund des Potenzials der AHV-Nummer als Personenidentifikator beschreiten viele Krankenhäuser den pragmatischen Weg: Integration der AHV-Nummer in die Prozesse der Patientenadministrationen und Verwendung der Versichertenkarte als alleiniger Patientenidentifikator.

Die Systemarchitektur zur Strategie E-Health Schweiz gemäss ehealthsuisse sieht neben der Verwendung der Versichertenkarte einen dezentralen Patientenidex (MPI) sowie ein dezentrales Register der relevanten Patientendaten vor (Registry/Patientendossier). Es darf erwartet werden, dass sich mit der Nutzung der Versichertenkarte die Identifikationssicherheit deutlich erhöht und dass sich der Clearingaufwand, der sich aus einem nicht einwandfreien Matchingergebnis der Stammdaten ergibt, stark verringern wird.

4.2 IHE-Profile zur Patientenidentifikation

Die Empfehlungen des Koordinationsorgans ehealthsuisse zur Umsetzung der Strategie E-Health Schweiz beruhen auf den IHE-Standards (siehe Kapitel 11 des Buches zu den technischen Grundlagen).

Von technischer, aber auch inhaltlicher Seite könnte die Verwendung von Standards die Interoperabilität erhöhen und somit eine optimale Verfügbarkeit der entsprechenden Informationen bringen. Dementsprechend kommt auch der Datenintegrität und -qualität hohe Bedeutung zu. Jeder Austausch von Gesundheitsdaten oder -informationen, auch als Unterstützung von Gesundheitsdienstleistungen, Forschungstätigkeiten oder Gesundheitsstatistiken, sollte in einer durch Vertrauen geprägten Atmosphäre stattfinden. Dies wird erreicht durch das Einhalten entsprechender Regeln für das Erhalten der Privatsphäre der Patienten/-innen, der Sicherheit, der Vertraulichkeit, Integrität, Nachvollziehbarkeit und durch Einverständniserklärungen (Bundesamt für Gesundheit (BAG) 2007).

5   MPI – prozessorientierte Integrationskonzeption

5.1 Master Patient Index (MPI)

Ein MPI ermöglicht eine eindeutige Patientenidentifikation vor allem in einem Krankenhausverbund oder integrierten Versorgungsnetzwerk oder in einer Gesundheits- oder Versorgungsregion. Der MPI ist ein Werkzeug, das die logische Zusammenführung verschiedener Patientendaten zu einem Patienten vornimmt. Die Funktionalität eines MPI wird durch eine Vielzahl von Softwarelösungen realisiert, die bei Einhaltung der verwendeten Standards kompatibel miteinander sind.

Als Basisinfrastrukturkomponente übernimmt der MPI die eindeutige Identifizierung von Patienten durch einen einrichtungsübergreifenden Referenzpatienten mit einer eindeutigen Identifikationsnummer. Die Patientenstammdaten der integrierten Primärsysteme werden über diesen Referenzpatienten oder dessen Identifikationsnummer verknüpft. Somit können Verwechslungen vermieden und Doubletten reduziert werden. Auf Basis des MPI können medizinische Daten aufgrund der Verfügbarkeit einer eindeutigen Identität, respektive einer Referenz auf diese Identität, über eine virtuelle Patientenakte (VPA) sowohl innerhalb eines Krankenhauses als auch zwischen stationären und ambulanten Einrichtungen zusammengeführt und ausgetauscht werden.

Die Strategie E-Health Schweiz schlägt den MPI als einen zentralen Bestandteil vor. Die Arbeitsgruppe Standards und Architektur hat in ihren Empfehlungen ein Architekturmodell entwickelt, in dem der MPI expliziter Bestandteil ist (vgl. Koordinationsorgan E-Health Bund-Kantone 2009c). Über den MPI sind die aktuellen Patientenstammdaten im Verbund für jeden Leistungserbringer verfüg- und abrufbar. Dies spart Zeit bei der Aufnahme, senkt administrative Kosten und trägt zur Verbesserung der Datenqualität bei. Das Zusammenführen von Patientenidentitäten aus verschiedenen Primärsystemen funktioniert folgendermassen (vgl. auch Abb. 1). Für jeden Patienten, der über ein Primärsystem zur Behandlung aufgenommen wird, benötigen Leistungserbringer die demografischen Daten: Name, Alter, Geschlecht, Wohnort, AHV-Nummer etc.

Dieser Stammdatensatz aus dem Primärsystem wird durch den MPI dem zentralen Referenzpatienten zugeordnet. Über den Referenzpatienten kann der MPI mehrere Stammdatensätze aus verschiedenen integrierten Primärsystemen (z. B. Klinikinformations- oder Praxisverwaltungssysteme) verknüpfen und identifizieren. Alle Befunde, Bilder, Laborergebnisse etc. können fallbezogen in einer virtuellen Patientenakte zusammengeführt werden. Idealerweise erfolgt diese Zuordnung automatisch. Ein Clearingalgorithmus vergleicht die demografischen Daten des zu registrierenden Patienten aus dem Primärsystem mit potenziellen Kandidaten für den Referenzpatienten. Übersteigt die Übereinstimmung einen einstellbaren Schwellenwert, erfolgt die Zuordnung automatisch.

Patientenverwaltung, Funktionsweise

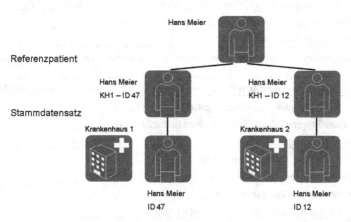

Abb. 1. Beziehung Stammdatensätze – Referenzpatienten

Ist dies nicht automatisch möglich, muss das Zusammenführen manuell durch eine Clearingstelle erfolgen. Die Clearingstelle bestimmt, mit welchem Referenzpatienten der aktuelle Stammdatensatz verknüpft wird und welche demografischen Daten für den Referenzpatienten in Frage kommen. Dabei hilft eine Kombination aus Verfahren zur Merkmalsspeicherung, Duplikaterkennung und Ähnlichkeitsmessung. Bei Fehlzuordnungen ist die Trennung der Verknüpfung möglich. Für den Datenaustausch setzt der MPI in der Regel auf gängige Standards gemäss dem IHE-PIX-Profil.

Gemäss diesem Profil beinhaltet ein MPI die in Tab. 1 dargestellten Funktionen. Die eindeutige Patientenidentifikation ermöglicht somit auch die eindeutige Zuordnung aller Dokumente zu einem Patienten. Dokumente wie z. B. Diagnosen, Berichte und Bilder können dann in der VPA angezeigt werden. Die Dokumente eines Patienten werden hierbei aus verschiedenen Quellen, d. h. verschiedenen Primärsystemen, „virtuell" zusammengezogen werden. Nur aufgrund dieser zweifelsfreien Patientenidentifizierung durch den MPI können medizinische Daten in einer einrichtungsübergreifenden VPA konsolidiert werden. Die VPA wird im nächsten Abschnitt detailliert erklärt.

Tab. 1. Vorteile MPI

Funktionen eines MPI
Automatisches Verknüpfen lokaler Stammdaten aus Primärsystemen zur eindeutigen Patientenidentifikation
Erstellen und Ändern von Stammdaten; Änderungen erkennen und übernehmen
Sperrung des Zugriffs auf Patientendaten möglich
Standardisierte Schnittstelle für integrierte Primärsysteme:
bidirektionale Kommunikation (Neuanlage, Änderung und Abfrage von Stammdaten)
Importschnittstelle für Altdaten aus integrierten Primärsystemen
Verbesserung der Datenqualität
Widerspruchsfrei zu zentralen Patientennummern (z. B. lebenslang eindeutige Patientennummer der eGK)
Keine Beeinflussung der regulären Patientenaufnahme innerhalb der Versorgungseinrichtungen
Zuordnung von Stammdaten zu Referenzpatienten durch
konfigurierbare Programmlogik/Schwellenwert (automatisch)
Mitarbeiter der Clearingstelle (manuell)
Pflege und strukturelle Modifikation des MPI
Trennung von Zuordnungen (kein Überschreiben)
Zusammenführen von Referenzpatienten
Änderung der Stammdaten im führenden System möglich
Erhöhung der Datenqualität in Patientenmanagementsystemen
Vermeiden von doppelten Patienten
Zugriff auf die und Abruf der aktuellen demografischen Daten des Referenzpatienten

5.2 Virtuelle Patientenakte

Die VPA bietet Ärzten und medizinischem Personal eine organisations-übergreifend einheitliche, konsolidierte Sicht auf elektronische Patienten-daten, die aus integrierten (angeschlossenen) Primärsystemen (z. B. Klinikinformationssystemen oder Praxisverwaltungssystemen) übertragen werden. In der VPA können medizinische Daten wie Behandlungsfälle und Diagnosen sowie Verweise auf Dokumente und Bilder gespeichert werden. Die VPA ist also ein dezentrales Nachschlagewerk, in dem lediglich der Ablageort aller wichtigen medizinischen Daten von einem Bürger oder Patienten erfasst ist oder referenziert wird. Somit kann dieses Nachschlagewerk als das elektronische Patientendossier bezeichnet werden. Die Dokumente selbst verbleiben in den Krankenhäusern und Arztpraxen. Eine zentrale Speicherung aller medizinischen Daten ist nicht vorgesehen, kann jedoch in einem Krankenhausverbund oder Netzwerk über ein integriertes Dokumentenmanagementsystem mit Archiv eingerichtet werden.

Gemäss der Strategie E-Health Schweiz soll bis 2015 ein dezentrales Dokumentenregister eingeführt werden (Koordinationsorgan E-Health Bund-Kantone 2009c). Eine Voraussetzung für die VPA ist die eindeutige Patientenidentifikation mit dem MPI. Dieser ist aber nicht nur eine Grund-voraussetzung für die virtuelle Patientenakte. Er ist auch elementar für alle E-Services, bei denen, basierend auf einer Patientenidentität, Daten aus administrativen Primärsystemen (z. B. SAP IS-H oder Hospis) ausge-tauscht werden. Der MPI ist eine Art Ankerpunkt aller medizinischen Daten und die VPA der Blick auf alle verteilten medizinischen Daten (vgl. folgendes Kapitel). Die VPA bietet die folgenden in Tab. 2 dargestellten Funktionalitäten.

Tab. 2. Funktionalitäten VPA

VPA-Funktionalität
Schnelle Verfügbarkeit der Daten durch Cachingmechanismen
Speicherung von Dokumentenkopien
Referenzen auf Dokumente aus integrierten Primärsystemen
Verwaltung strukturierter und unstrukturierter Dokumente
• Anforderungen von Dokumenten aus integrierten Primärsystemen über die VPA
• Adapter für verschiedene Speichermechanismen
o KIS
o Dateisystem
o PACS
o Archivsysteme (in Planung)
Dynamische Vergabe von Zugriffsrechten entsprechend dem Behandlungszusammenhang
Explizite Vergabe von Zugriffsrechten auf medizinische Fälle
Manuelle Erweiterung der Zugriffsrechte (Konsil)
Aufruf aus Primärsystemen mit Single-Sign-on
Notfallzugriff

6 Praxisbeispiel St. Galler Krankenhausverbunde

6.1 E-Health Roadmap des Kantons St. Gallen und prioritäre Projekte

Der Kanton St. Gallen engagiert sich aktiv an der Umsetzung der vom Bundesrat am 25. Juni 2007 verabschiedeten Strategie E-Health Schweiz. Er hat sich bereits bei der Gestaltung der nationalen Strategie, später bei der koordinierten Umsetzung im Steuerungsausschuss des Koordinationsorgans ehealthsuisse wie auch bei der Standardisierung gestaltend eingebracht. Eine grundlegende Erkenntnis aus diesen Vorbereitungsarbeiten ist die Notwendigkeit, in Modellprojekten sowohl die technische Machbarkeit als auch den Nutzen einer E-Health-Anwendung gleichermassen zu beweisen. Ebenso muss ein allfälliger Bedarf nach ergänzenden kantonalen Rechtsgrundlagen rechtzeitig aufgezeigt werden.

Der Kanton St. Gallen kann bereits auf mehrere Jahre wertvoller Projekterfahrung zurückgreifen. Zu den wesentlichen Projekten zählen insbesondere:

- Patientenmanagementsystem (PMS)
- Master Patient Index (MPI)
- Elektronische Kostengutsprache (eKOGU)
- Virtuelle Patientenakte (VPA)

Mit der Einführung eines einheitlichen Patientenmanagementsystems (PMS) in allen öffentlichen Krankenhäusern erfolgt die ärztliche und pflegerische Dokumentation in strukturierter elektronischer Form. Damit wird eine wesentliche Grundlage für den künftigen medizinischen Datenaustausch entlang der Behandlungskette geschaffen.

Die verwechslungssichere Patientenidentifikation hat einen zunehmenden Einfluss auf die Behandlungssicherheit. Viele unerwünschte Ereignisse gehen auf Fehler zurück, die durch Verwechslung von Patientinnen oder Patienten entstehen. Mit dem Aufbau eines MPI realisiert St. Gallen als erster Kanton ein Verzeichnis, das die eindeutige Identifikation aller in den öffentlichen Gesundheitsinstitutionen behandelten Patientinnen und Patienten sicherstellt. Der MPI hält die vom Koordinationsorgan ehealthsuisse empfohlenen internationalen Standards konsequent ein, um die Interoperabilität auch mit Nachbarkantonen, Praxisnetzwerken oder dem Ausland sicherstellen zu können. Er bildet damit einen weiteren wichtigen Baustein für den angestrebten strukturierten Datenaustausch zwischen Behandelnden.

Unter Federführung des Kantons St. Gallen hat die Konferenz der Gesundheitsdirektorinnen und -direktoren der Ostschweiz (GDK-Ost mit den Kantonen Appenzell Innerrhoden, Appenzell Ausserrhoden, Glarus, Graubünden, St. Gallen, Schaffhausen, Thurgau, Zürich) gemeinsam mit dem Kanton Tessin eine Anwendung zur elektronischen Abwicklung des Kostengutspracheverfahrens für ausserkantonale Hospitalisierung (eKOGU) auf einer einheitlichen technischen Plattform umgesetzt. Sie kann von den teilnehmenden Krankenhäusern in Kürze auch für Kostengutsprachegesuche an die Versicherer eingesetzt werden. Für weitere Anwendungsbereiche, z. B. das Meldewesen für übertragbare Krankheiten, kann die mandantenfähige Plattform für sicheren Dokumentenaustausch einfach ausgebaut werden und wirkt dadurch als strategischer „Türöffner" für Folgeprojekte. Mit dem Projekt eKOGU konnte weiter der Beweis erbracht werden, dass auch in föderalen Strukturen standardbasierte Elemente zu einer gemeinsamen Lösung gekoppelt werden können.

Mit dem abgeschlossenen Erprobungsprojekt MeDIswiss wurde die Machbarkeit bestätigt, dass die verwendeten IHE-Profile (IHE 2008a) als Standard für den Dokumentenaustausch zwischen Institutionen geeignet sind und die Anforderungen aus Sicht der teilnehmenden Ärzte erfüllen. Der Nutzen wie auch der Business Case stellen sich aber erst mit einer kritischen Grösse ein, die mit der gegebenen Pilotprojektanlage noch nicht erreicht war. Eine Ausweitung auf weitere medizinische Disziplinen erfordert eine höhere Zugangssicherheit und eine verlässliche Authentifizierung der Behandelnden, wie sie erst mit einer Health Professional Card (HPC) und einer qualifizierten Signatur gegeben sein wird. Der elektronische Datenaustausch von öffentlichen Institutionen an ausserkantonale Leistungserbringer oder private Dritte (z. B. Spitex-Dienste, Privatkliniken etc.) erfordert, mindestens was den Kanton St. Gallen betrifft, eine Anpassung im kantonalen Datenschutzgesetz. Aus diesen Erkenntnissen resultieren zwei wesentliche neue Vorhaben. Einerseits startet ein Gesetzgebungsprojekt zur Ermächtigung der Leistungserbringer zum Austausch medizinisch-pflegerischer Daten. Andererseits soll auf den positiven Erfahrungen aus dem Austausch strukturierter Patientendaten aufgesetzt werden. Das Folgeprojekt Virtuelle Patientenakte (VPA) basiert auf der kantonsweit eindeutigen Patientenidentifikation (MPI) und soll auch klinik- und systemübergreifende medizinische Patientendaten bereitstellen. Im Sinne eines zentralen Dokumentenregisters sollen an einem Ort alle durch den Patienten freigegebenen Dokumente einsehbar werden. Dabei handelt es sich nicht um eine weitere Datensammlung, sondern um ein zentrales Verzeichnis mit Verweisen auf relevante Dokumente, die sich in dezentralen Datenablagen der einzelnen Krankenhausverbunde befinden. Die entsprechende Gesetzesgrundlage vorausgesetzt, lassen sich später auch Verweise auf ausserkantonale Datensammlungen aufnehmen.

Als Ausgangspunkt für die laufenden und alle künftigen Vorhaben wird eine robuste IT-Architektur benötigt, die als langfristige Planungsgrundlage das Zusammenspiel der verschiedenen Infrastrukturkomponenten ermöglicht. Dabei orientiert sich der Kanton St. Gallen vor allem an guten internationalen Beispielen und verlässt sich wo immer möglich auf anerkannte Standards. Die Standards gemäss der Empfehlung des Koordinationsorgans ehealthsuisse werden bei künftigen Ersatz- und Neubeschaffungen konsequent eingefordert.

Die prioritären Projekte zeigen, dass sie zwar in einzelnen Schritten, nicht aber nach dem Zufallsprinzip erfolgen. Sie hängen in einem gesamten Programm zusammen und sind notwendige Teile einer weitsichtigen E-Health-Gesamtstrategie. Nur wenn sich jedes Einzelprojekt zu den Komponenten einer Integrationsarchitektur zuordnen lässt, wird verhindert, dass es schliesslich Stückwerk bleibt, das wohl teuer, aber letztlich unbrauchbar wäre.

6.2 IT-Koordination der Krankenhausverbunde und Aufbauorganisation des SSC IT

Für die Zusammenarbeit der vier Krankenhausverbunde des Kantons St. Gallen und der Geriatrischen Klinik im IT-Bereich wurde eine gemeinsame IT-Organisation „Shared Service Center IT" (SSC IT) geschaffen. Damit soll das bestehende Synergiepotenzial im IT-Bereich ausgeschöpft werden. Im SSC IT wurden folgende bereits bestehende IT-Organisationen zusammengefasst:

- Informatik des Kantonsspitals St. Gallen
- Betriebs- und Supportorganisation SAP des Kantonsspitals St. Gallen
- Betriebs- und Supportorganisation SAP der Krankenhausregionen 2 bis 4 und der Geriatrischen Klinik

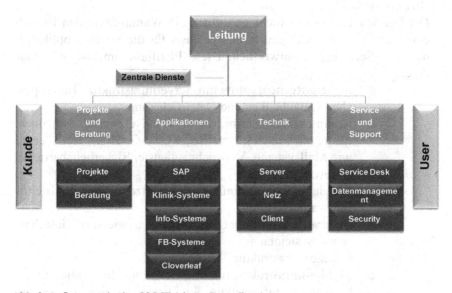

Abb. 2. Aufbauorganisation SSC IT (eigene Darstellung)

Durch die funktionale Aufteilung werden Synergien bei der Aufgabenbearbeitung mit einem inneren Zusammenhang genutzt. Diese Aufteilung mündet in einer effektiven und effizienten Geschäftsfallbearbeitung.

- *Bereich Projekte und Beratung:*
  Dieser Bereich befasst sich mit Informatikprojekten für alle Krankenhausregionen. Die Mitarbeiter fungieren dabei entweder als Berater bei Informatikfragen in den Krankenhausfachbereichen oder es werden Projekt- bzw. Teilprojektleitungen bei komplexen und bereichsübergrei-

fenden Vorhaben in der Informatik und bei grossen Krankenhausvorhaben übernommen.

- *Bereich Applikationen:*
  Der Bereich Applikationen bewirtschaftet eine vielfältige Softwarelandschaft. Dazu gehören unter anderem folgende Kernanwendungen:
    o SAP ERP mit über 800 Benutzern für administrative Prozesse
    o Cloverleaf als elektronisches Datenaustauschsystem mit über 350 Schnittstellen
    o Patientenmanagementsystem
    o Dokumentenmanagementsystem
    o Der Support und Betrieb dieser und weiterer 60 Spezialanwendungen im Krankenhaus werden durch die Teams aus diesem Bereich gewährleistet.
- *Bereich Technik:*
  Der Bereich Technik ist für den Aufbau, die Wartung und den Betrieb einer stabilen Informatikplattform, als Basis für die vielen Applikationen und Services, verantwortlich. Diese Plattform umfasst insbesondere:
    o Sichere Rechenzentren mit Serverinfrastruktur, Datenspeicher, Datenbanken und Datensicherung
    o Kommunikationsinfrastruktur wie Netzwerke, Netzübergänge nach aussen (Internet, KOMSG, HIN), Netzdienste wie Mailsysteme, Verzeichnisdienste, Sicherheitsbarrieren (Firewalls)
    o Standardisierte Informatikarbeitsplätze mit automatisierter Softwareverteilung
    o Integration von Nichtstandardgeräten wie medizintechnischen Systemen
    o Druckerinfrastruktur
    o Mobile-Infrastruktur (mobile Geräte mit Integration in die bestehende Infrastruktur wie beispielsweise die mobile Synchronisation mit Outlook)
  Der grössere Teil dieser Informatiksysteme ist für die Kunden unsichtbar und erbringt mit grosser Zuverlässigkeit wichtige Funktionen im Hintergrund.
- *Bereich Service und Support:*
  Die Mitarbeiter des Bereichs Service und Support helfen dem Benutzer die Informatikbedürfnisse zu erfüllen. Im Service Desk werden dabei jährlich 15'000 Störungen und Informatikaufträge mit standardisierten elektronischen Prozessen abgewickelt. Die Bestellung von Hard- und

Software sowie die Lizenzierung und Pflege der Inventardaten sind elementare Aufgaben des Datenmanagements der SSC-IT-Infrastruktur-bewirtschaftung. Der Bereich Service und Support hat eine ganz klare Ausrichtung auf die Informatikbedürfnisse der Kunden.

Die künftige Herausforderung ist die weitere Standardisierung und Automatisierung der Supportprozesse. Dazu müssen aber auch eine individuelle und persönliche Problemlösung und professionelle Beratung angeboten werden können.

6.2.1 Synergienutzen

Mit der zentralen Bereitstellung von IT-Services und einer Standardisierung von IT-Dienstleistungen können für die Krankenhausregionen Verbesserungen in der Qualität der Dienstleistungen und Kosteneinsparungen erzielt werden. Nebst dem zentralen Einkauf von Hard- und Software lassen sich auch in weiteren Bereichen Synergien nutzen.

6.2.2 Technik

Für den Betrieb von modernen Serverplattformen muss auch das nötige Fachwissen mit Spezialisten aufgebaut werden. Mit einer Zentralisierung des Serverbetriebs über alle Krankenhausregionen lassen sich weitere Synergien erzielen. So muss nicht für ein und dieselbe Applikation jeweils pro Krankenhausregion ein Server mit entsprechenden Folgekosten (Betriebssystem, Storage Area Network – SAN, Rechencenter etc.) betrieben werden. Da sich gerade in der Informatik der Lifecycle immer mehr verkürzt, ist es nur im Verbund möglich den Einsatz von aktuellen und standardisierten Technologien mit vertretbaren Kosten zu gewährleisten.

6.2.3 Applikationen

Nebst dem Betrieb von gemeinsamen Hardwareplattformen lassen sich natürlich ebenfalls für die Betreuung von gemeinsamen Applikationen im Sinne von zentraler Erbringung der Supportleistungen und kontinuierlicher Entwicklung der Anwendungen unter Berücksichtigung neuer Konzepte (SOA, EAI und Portale) Synergiepotenziale erzielen. Dazu muss eine *Konsolidierung der applikatorischen Vielfalt* angestrebt werden. Durch die zunehmende Vernetzung unter den Applikationen und die damit verbundene Komplexität werden die zentrale Entwicklung und Betreuung immer mehr an Bedeutung gewinnen.

6.3 Die Integrationsarchitektur des SSC IT

Durch den Aufbau der Basisinfrastruktur und die laufenden Projekte wie PACS und PMS drängte sich ein Konzept für die Systemintegration auf. Dabei wollte man nicht einfach Schnittstellen beschreiben, wie die Daten/Informationen von A nach B transferiert werden, sondern gestützt auf die Basisprozesse einer Patientenbehandlung eine Konzeption für die Systemarchitektur erarbeiten. Hierfür wurden die Standards und Empfehlungen der IHE als Grundlage verwendet (vgl. Kapitel 10 des Buches). Die Spezifikationen der IHE (vgl. Kapitel 11 des Buches) wurden vom SSC IT in ein Systemintegrationskonzept abgeleitet. Daraus entstand das in Abb. 3 dargestellte Schaubild.

Der Behandlungsprozess verläuft in diesem Schaubild von oben links der Patientenregistration via PMS, das aus mehreren parallelen Prozessen besteht, bis zu den Ablagekomponenten für die Bilddaten und die Untersuchungsberichte unten rechts. Die Systeme für die Bild- und Dokumentenablage referenzieren gemäss dem IHE-Integrationsprofil XDS die erhaltenen Informationen in einem zentralen Register VPA, das in einer Plattform mit der MPI-Funktionalität realisiert ist.

Im Schaubild ist auch ersichtlich, dass grundsätzlich jede Behandlung eines Patienten mit der Identifizierung des Patienten beginnt. Diese Identifikation erfolgt in den jeweiligen SAP-Mandanten des SSC IT. Jede Krankenhausregion und die Geriatrische Klinik des Kantons St. Gallen haben einen eigenen SAP-Mandanten. Dies hatte auch zur Konsequenz, dass fünf Mandanten für das PMS eingerichtet wurden. Um den elektronischen Datenaustausch über die Mandanten hinweg zu ermöglichen, wurde die MPI-Plattform aufgebaut. Diese Plattform erstellt einen eindeutigen Index für jeden Patienten, der in einem oder mehreren Mandanten geführt wird. Dieser Index entspricht nicht der neuen 13-stelligen Sozialversicherungsnummer (SSN, ehemals AHV), da nicht davon ausgegangen werden kann, dass der Patient mit der SSN hundertprozentig identifiziert werden kann (z. B. bei ausländischen Patienten, Notfällen etc.), und eine gesetzliche Regelung zur Nutzung der AHV-NR bis dato nicht realisiert wurde. Im Rahmen der nächsten Projektabschnitte werden die Voraussetzungen geschaffen, dass der MPI in den verschiedenen IT-Systemen mitgeführt wird, um die Zuordnung über die Mandanten hinweg sicherzustellen. Insbesondere der Basisinfrastruktur gilt es hier besondere Beachtung zu schenken, da sonst die Registrierung in der VPA nicht gewährleistet werden kann.

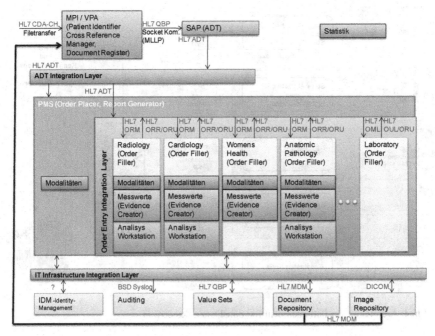

Abb. 3. Schaubild der Integrationsarchitektur des SSC IT (eigene Darstellung)

6.3.1 Patientenidentifikationslösung SSC IT

Wie im vorangegangenen Abschnitt beschrieben, betreibt das SSC IT für jede Krankenhausregion einen SAP-Mandanten. Sobald ein Patient in einem der SAP-Mandanten registriert wird, werden die Patientenstammdaten an die MPI-Plattform gemeldet. Diese Meldung erfolgt über eine Datendrehscheibe, um die notwendige Formattransformation in HL7 durchzuführen.

Wie in Abb. 4 dargestellt, besteht die MPI-Plattform aus einer eigenen Datendrehscheibe, einem Applikationsserver und der dazugehörenden Datenbank. Über eine Weboberfläche als Benutzerinterface wird der Zugang zur MPI Plattform gewährleistet. Dieser Zugang ist nicht nur zu Administrationszwecken notwendig, sondern auch für das Clearing von Patientenstammdaten. Dieses Clearing ist erforderlich, da nicht alle Patientenstammdaten automatisch einem MPI zugeordnet werden können. Die nicht zugeordneten Patienten müssen manuell durch eine Clearingstelle bearbeitet werden.

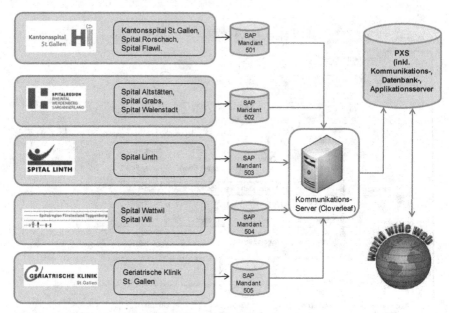

Abb. 4. Architektur der Patientenidentifikationslösung des SSC IT

6.4 Die Vernetzungsstrategie für die Gesamtregion

Wie aus den vorangegangenen Abschnitten ersichtlich, wird es trotz Grossprojekten nicht möglich sein sämtliche Funktionalitäten innerhalb von zwei bis drei Systemen abzubilden – insbesondere, wenn die Anforderungen sämtlicher Mandanten abgedeckt werden müssen. Aus diesem Fakt ist die beschriebene Integrationsarchitektur entstanden. Dies ermöglicht dem SSC IT die flexiblere Gestaltung einer E-Health-Service-Plattform, die sämtliche Mandanten in ein Gesamtsystem integriert.

6.4.1 E-Health-Service-Plattform als Integrationslösung

Durch die Verteilung der MPI-Referenz in den verschiedenen IT-Systemen bis zu den Ablagen (Repositories) wird die Möglichkeit geschaffen, mittels einer VPA die integrierte Verfügbarkeit patientenbezogener Daten zu realisieren. Durch die Zusammenlegung der MPI- und VPA-Funktionalität auf einer Plattform kann diese Verfügbarkeit der Informationen von einem zentralen Zugriffspunkt erstellt werden. Diese Zusammenführung bietet wichtige Vorteile:

- **Einheitliche Darstellung sämtlicher verfügbaren Informationen:** Die Datenübersicht kann nun in den verschiedenen Dokumentationssystemen der vom SSC IT betreuten Mandanten integriert werden. Somit stehen den Benutzern dieser Dokumentationssysteme sämtliche Informationen zur Verfügung, unabhängig davon, in welchem Mandanten die Informationen erstellt wurden. Dies vereinfacht die Informationsbeschaffung im Behandlungsprozess und führt dementsprechend zu einer Effizienz- und Qualitätssteigerung der Patientenbehandlung.

- **Optimierung der Zugriffsverwaltung und der Verfügbarkeit von besonders schützenswerten Behandlungsinformationen:** Durch die Registrierung der Informationen auf einer zentralen Plattform wird grundsätzlich die Verfügbarkeit der Informationen realisiert. Ein direkter Bezug dieser Informationen muss aber nach wie vor über die entsprechenden Ablagesysteme erfolgen. Dies ermöglicht eine flexiblere Gestaltung des Zugriffsschutzes auf die besonders schützenswerten Behandlungsinformationen. Dies kann über die bestehenden IT-Methoden wie Benutzeridentifikation, Verschlüsselung, Auditing bis zur Freigabeanforderung erfolgen. Für mehr Informationen hierzu wird auf Kapitel 6 des Buches verwiesen.

- **Erfüllung der Empfehlungen des Koordinationsorgans ehealthsuisse:** Mit dem Aufbau dieser E-Health-Service-Plattform können sämtliche Empfehlungen des Koordinationsorgans aus der Arbeitsgruppe Standards und Architektur umgesetzt werden.

Abb. 5 zeigt ein typisches Vernetzungskonzept am Beispiel der regionalen Vernetzung des KSSG (Kantonsspital St. Gallen) mit niedergelassenen Ärzten.

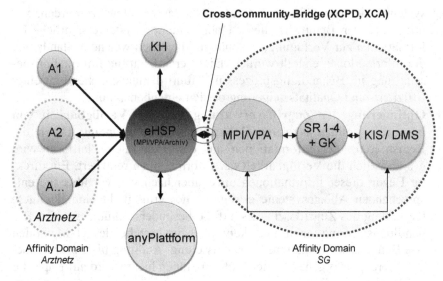

Abb. 5. Typisches Vernetzungskonzept (eigene Darstellung)

6.4.2 Ausblick: denkbares Szenario

Durch den Aufbau der E-Health-Service-Plattform mit den integrierten Funktionalitäten des MPI und der VPA ist das SSC IT gut gerüstet, um die Strategie E-Health Schweiz des Bundes umzusetzen. Dies gilt sowohl für die erstrebten Funktionalitäten von E-Health als auch für die Terminplanung des Bundes.

Der Anfang wurde mit der Realisierung des MPI gemacht. Mit der konsequenten Umsetzung der Integrationsarchitektur und dem damit verbunden Aufbau der VPA-Funktionalität wird der elektronische Datenaustausch für alle Krankenhausregionen und die Geriatrische Klinik des Kantons St. Gallen ermöglicht. In einem weiteren Ausbauschritt können auf dieser Grundlage auch weitere Integrationen von Hausarztplattformen oder E-Health-Service-Plattformen von anderen Kantonen angegangen werden. Die technischen Grundlagen sind verfügbar. Was hingegen noch fehlt, sind die gesetzlichen Vorgaben und die Basis der Finanzierung.

7   Fazit und Handlungsempfehlungen

Die stetige Veränderung im Gesundheitswesen erfordert zuverlässige, effiziente und kostengünstige Lösungen zur eindeutigen Patientenidentifikation. Die Anforderungen, den Patienten während des gesamten Behandlungsprozesses eindeutig identifizieren zu können, müssen sowohl organisationsintern- als auch -extern verfügbar sein, zukünftig auch kantonsübergreifend. Die Patientenidentifikation ist darüber hinaus auch eine notwendige Voraussetzung für häuserübergreifende Dokumentation bzw. das elektronische Patientendossier.

Aus dem dargestellten Praxisbeispiel lassen sich folgende Handlungsempfehlungen und Lessons Learned zusammenfassen:

- Die Handhabung von Fremdidentifikatoren zu Vernetzungszwecken gelingt am besten mittels einer Lösung mit einem MPI.
- Die Kombination MPI/VPA auf einer zentralen Plattform erlaubt auf effiziente Weise ein zentrales oder virtuelles Patientendossier zu erstellen, für beliebig viele Teilnehmer aus einem integrierten Leistungsverbund.
- Die Vorgaben und Empfehlungen der IHE und des Koordinationsorgans ehealthsuisse zur Umsetzung der Strategie E-Health Schweiz lassen sich heute schon mit der beschriebenen Systemarchitektur einfach umsetzen.
- Die Versichertenkarte bzw. die Versichertennummer kann als Identifikationsträger (vgl. Abschnitt 4.1) im Rahmen einer solchen Lösung benutzt werden. Ihre Verwendung verbessert die Identifikationseffizienz und reduziert den Clearingaufwand, kann jedoch das Systemelement des MPI in der Integrationsarchitektur eines Krankenhausverbunds nicht ersetzen.
- Es bedarf einer strategischen Koordination, um eine MPI/VPA-Lösung in einem Krankenhausverbund oder regionalen Gesundheitssystem einzuführen. Einzelne Krankenhäuser bzw. Kliniken sollten die Möglichkeit haben, sich einer MPI-Verbundlösung anschliessen zu können. Grössere Kantone oder mehrere Kantone können miteinander analog zum Beispiel der St. Galler Krankenhausverbunde eine gemeinsame Lösung zur Patientenidentifikation schaffen.
- Die Investition in eine zuverlässige Lösung der Patientenidentifikation wird sich über kurz oder lang in höherer Patientensicherheit, gesteigerter Effizienz in der Patientenadministration und in einer funktionierenden integrierten Versorgung auf der Basis gemeinsamer Patientendossiers bezahlt machen.

Literatur

Australian Commission on Safety and Quality in Health Care: Technology Solutions to Patient Misidentification - Report of Review, http://www.health.gov.au/internet/safety/publishing.nsf/Content/CE1F60BEAF285FF7CA2574E400219A9F/$File/19794-TechnologyReview.PDF, 27.10.2009.

Bundesamt für Gesundheit (BAG): Strategie E-Health Schweiz, http://www.bag.admin.ch/ehealth/index.html?lang=de, 20.12.2009.

IHE: IHE IT Infrastructure Technical Framework Volume 1 (ITI TF-1) Integration Profiles Revision 5.0 IHE, 2008.

Koordinationsorgan E-Health Bund-Kantone: E-Health Schweiz – Empfehlungen der Teilprojekte, Koordinationsorgan E-Health Bund-Kantone, Bern 2009a.

Koordinationsorgan E-Health Bund-Kantone: E-Health Schweiz – Standards und Architektur Erste Empfehlungen, Koordinationsorgan E-Health Bund-Kantone, Bern 2009b.

Mettler, T.; Rohner, P.: Auf dem Weg zur prozessorientierten Patientenidentifikation, in: Swiss Medical Informatics (2008) 64, S. 25-28.

Noser, R.: Parlamentarische Initiative – Digitale Identität statt Versichertenkarte, http://www.parlament.ch/d/suche/seiten/geschaefte.aspx?gesch_id=20070472, 20.12.2009.

Schmid, M.; Wang, J.: Der Patient der Zukunft: Das Arzt-Patienten-Verhältnis im Umbruch, in: Schweizerische Ärztezeitung 41 (2003).

Schweizerischer Bundesrat: Verordnung über die Versichertenkarte für die obligatorische Krankenpflegeversicherung, Schweizerischer Bundesrat, Bern 2009.

5 Patientenidentifikation im Krankenhaus – von der Strategie zur Umsetzung, klinische Prozesse und Patientenidentitäten

Birte Andersen, Markus Freudenberger, Sang-Il Kim

InterComponentWare (Schweiz) AG

Christian Studer, Herbert Felber

Privatklinikgruppe Hirslanden

1 Einleitung

Das folgende Kapitel beschäftigt sich mit der Patientenidentifikation im Krankenhaus, beginnend bei der Strategie bis hin zu deren Umsetzung. Am Beispiel eines typischen Prozesses einer Krankenhauseinweisung und eines Krankenhausaufenthalts wird aufgezeigt, dass meist mehrere Patientenidentifikatoren generiert und benutzt werden.

Weiterhin wird die zugehörige IT-Systemlandschaft mit ihrer Vielzahl an verschiedenen Applikationen und deren Informationsbedarf im Kontext der administrativen und medizinischen Prozesse vorgestellt.

Die daraus entstehenden Herausforderungen und der Nutzen, der durch eine eindeutige Patientenidentifikation im Krankenhaus entstehen kann, werden erläutert. Es werden zentrale und dezentrale Lösungsansätze aufgezeigt. Im Mittelpunkt steht hierbei die grundsätzliche Funktionsweise eines Master Patient Index (MPI).

Abschliessend wird anhand eines konkreten Fallbeispiels die Umsetzung eines MPI in einem Krankenhausverbund erläutert und werden die im Projekt gewonnenen Erfahrungen zusammengefasst.

2 Bedeutung der Patientenidentifikation im Krankenhaus

2.1 Fallbeispiel klinischer Prozesse

Die Personenidentifikation bzw. die Patientenaufnahme im Krankenhaus ist meist der erste Schritt im gesamten Behandlungsprozess. Hierbei ist es wichtig zu verstehen, dass viele nachgelagerte Prozessschritte auf den bei der Aufnahme erhobenen Stammdaten beruhen bzw. diese für die klinischen und administrativen Folgeprozesse mitentscheidend sind. Ineinandergreifende Informationsflüsse sind daher für einen reibungslosen Krankenhausablauf essenziell. Ansonsten können Inkonsistenzen entstehen bzw. gegebenenfalls sogar ein Teilschritt nicht abgeschlossen oder begonnen werden, da wesentliche Informationen für eine Weiterbehandlung fehlen. Beispielsweise kann die Planung einer Röntgenuntersuchung nicht beendet werden, wenn die Abrechnungs- bzw. Fallnummer noch nicht vorliegt.

Verschiedene Organisationseinheiten (stationäre Abteilungen und klinische Funktionseinheiten) und verschiedene IT-Systeme (z. B. Enterprise-Ressource-Planning-System, Krankenhausinformationssystem, Radiologieinformationssystem, Bettenplanungssystem etc.) innerhalb eines Krankenhauses führen oftmals dazu, dass die Patientenstammdaten zu mehreren Zeitpunkten und an mehreren Orten genutzt, erhoben oder teilweise sogar verändert werden. Historisch gewachsene Prozesse, IT-Anschaffungen und entsprechend heterogene Systemlandschaften können entsprechend dazu führen, dass diese Daten redundant erfasst werden. Hinzu kommen eine oftmals verteilte Datenhaltung und Mischung von papierbasierter und digitaler Dokumentation der Stammdaten. Weiterhin erschweren die Spezialisierung der IT-Systeme und ihre mangelnde Interoperabilität die eindeutige Patientenidentifikation.

Die genannten möglichen Probleme werden nachfolgend anhand eines fiktiven Negativbeispiels eines Aufnahme- und nachgelagerten Behandlungsprozesses mit Blick auf die Patientenstammdaten und -identifikation verdeutlicht.

Überweisung ins Krankenhaus: Ein Patient stellt sich bei seinem Hausarzt mit chronischen Beschwerden am Hüftgelenk vor. Der Hausarzt stellt die Verdachtsdiagnose „Coxarthrose"[6] mit der Fragestellung, ob ein künstliches Hüftgelenk eingesetzt werden sollte. Der Patient wird zur Abklärung in die orthopädische Ambulanz überwiesen. Telefonisch wird ein Termin vereinbart und der Überweisungsbrief per Fax an die orthopädische Ambulanz eines Krankenhauses gesendet. Dort wird im Papier-Terminkalender ein Eintrag mit Name und Geburtsdatum gemacht.

Untersuchung ambulant: Bei der Vorstellung des Patienten in der orthopädischen Ambulanz werden seine Stammdaten (Name, Geburtsdatum, Adresse, Krankenversicherung, Telefonnummer etc.) im IT-System der orthopädischen Ambulanz erfasst. Diese sind für die spätere Abrechnung nach Tarmed[7] wichtig. Mit den Stammdaten wird auch ein Abrechnungsfall mit Fallnummer erzeugt. Ausserdem wird bei erfolgloser Patientensuche ein neuer Patientenidentifikator (z. B. AMB-ID 17) zugewiesen.

Röntgenuntersuchung ambulant: Im Verlauf der ambulanten Untersuchung stellt sich heraus, dass weitere CT-Aufnahmen des Hüftgelenkes in der radiologischen Abteilung notwendig sind. Für die Abwicklung der CT-Untersuchung muss der Patient im Radiologieinformationssystem (RIS) ebenfalls aufgenommen werden und bekommt einen weiteren Patientenidentifikator (z. B. RIS-ID 65). Dieser wird vor allem im Radiologie-Umfeld benutzt und ist für die interne Leistungsabrechnung wichtig.

Terminvereinbarung: Nachdem in der orthopädischen Ambulanz der Entscheid für ein künstliches Hüftgelenk gefallen ist, wird ein Operationstermin (OP-Termin) vereinbart.

Behandlung stationär: Der Patient kommt zum vereinbarten Termin ins Krankenhaus und wird zuerst im Enterprise-Ressource-Planning-System (ERP-System) mit allen Patientenstammdaten aufgenommen, die für die spätere Abrechnung nach DRG (vgl. Kapitel 2 des Buches) notwendig

---

[6] Coxarthrose = Hüftgelenksarthrose, Verschleiss des Hüftgelenkes.
[7] Tarmed ist der Tarif für ambulante ärztliche Leistungen in der Schweiz.

sind. Hierfür wird eine neue Fallnummer angelegt und auch ein Patientenidentifikator (z. B. ERP-ID 2018) vergeben. Im Krankenhausinformationssystem (KIS) muss der Patient nicht explizit aufgenommen werden, da hier alle Patientenstammdaten und der Patientenidentifikator des ERP-Systems über eine Schnittstelle übernommen werden.

Bettenplanung: Auch im Bettenplanungssystem muss der Patient erneut erfasst werden (z. B. Bettenplan-ID 67), da eine Schnittstelle zum ERP-System nicht existiert.

OP-Planung: Für die konkrete Planung der Operation muss der Patient im OP-Planungssystem erfasst werden. Wieder wird ein Patientenidentifikator (z. B. OP-ID 1012) zugewiesen.

Entlassung in ein Rehabilitationskrankenhaus: Nach Ende der Behandlung wird der Patient in ein Rehabilitationskrankenhaus entlassen. Die Terminfindung wird telefonisch erledigt und der Entlassbrief gefaxt.

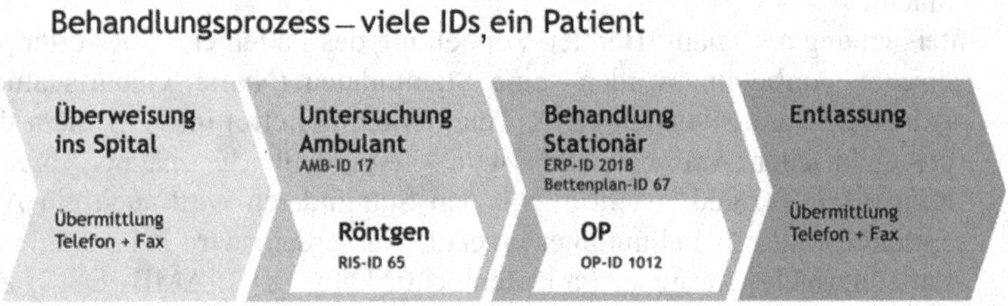

Behandlungsprozess – viele IDs, ein Patient

Abb. 1. Aufnahme- und Behandlungsprozess

Das kurze Beispiel, zusammengefasst in Abb. 1, zeigt, dass sehr schnell innerhalb eines Krankenhauses mehrere Identifikatoren (Fallnummern und Patientennummern) zu einem Patienten zu verschiedenen Zeitpunkten entstehen können. Darüber hinaus birgt die häufig vorzufindende Heterogenität der Systeme bei mangelnder Systemintegration verschiedenste Fehlerquellen. Wird z. B. im Schritt 1 im IT-System noch keine Aufnahme vermerkt, so ist zu diesem Zeitpunkt noch kein Patientenidentifikator vergeben und entsprechende personenbezogene Informationen müssen nachträglich integriert werden. Im Prozessschritt 2 kann, falls der Patient schon einmal in Behandlung war, das IT-System den bisherigen Patientenidentifikator und die entsprechenden Stammdaten verwenden. Wird allerdings ein Name falsch erfasst, kann es passieren, dass die entsprechenden Daten nicht gefunden werden. Darüber hinaus kann es in Prozessschritt 5 aufgrund von Eingabefehlern allerdings immer wieder vorkommen, dass der

Patient erneut im ERP-System und KIS erfasst wird, obwohl er schon einmal im Krankenhaus war.

2.2 Involvierte Applikationen und ihr Informationsbedarf

Je nach IT-Landschaft eines Krankenhauses kommt es zu verschiedenen Konstellationen der IT-Systeme und ihrer Interaktionen. Dies hat unterschiedliche Auswirkungen auf die Informationsflüsse. Die folgende Aufzählung nennt einige Systeme der Patientenstammdatenverwaltung und zeigt die mögliche Heterogenität der Systeme im Krankenhaus. Je nach Rolle und Aufgabe des IT-Systems wird zwischen einem patientenaufnehmenden (d. h. einem System, das die Maske zur Eingabe von Patientendaten bereitstellt) und/oder patientenführenden System (d. h. Systeme, in denen die Daten gespeichert werden) unterschieden.

Enterprise-Ressource-Planning-System: Mit einem ERP-System ist im Allgemeinen das administrative System eines Krankenhauses gemeint, das vor allem für die Erfassung und Abrechnung der Leistungen zuständig ist. Die Patientenaufnahme benutzt in der Regel ein ERP-System, um alle Patientenstammdaten zu erfassen und eine in der Organisation eindeutige Fallnummer zu vergeben. Diese Fallnummer hat in den meisten Krankenhäusern eine zentrale Bedeutung, da ihr alle abrechnungsrelevanten Leistungen zugeordnet werden. Erst nach Abschluss des gesamten Abrechnungsprozesses wird diese geschlossen, d. h. auch nach einer Entlassung des Patienten kann der Fall noch lange „offen" sein. Somit stellt das ERP-System mit der Vergabe einer eindeutigen Fallnummer eine „Klammer" zur Verfügung, die am Anfang und Ende eines dedizierten Krankenhausaufenthalts steht. Neben der Erfassung der Patientenstammdaten wird normalerweise auch eine Patientennummer vergeben, dies ist aber nicht zwingend notwendig, sondern kann beispielsweise auch durch das klinische Informationssystem erfolgen. Ein ERP-System ist in der Regel also ein patientenaufnehmendes und patientenführendes System bezüglich der Patientenstammdaten.

Klinikinformationssystem (KIS): Als Abgrenzung zu einem ERP-System ist die Hauptaufgabe eines KIS die Unterstützung der medizinischen Prozesse und der daran beteiligten Personen (Ärzte, Pflegeschaft etc.). Kernelemente eines KIS sind die medizinische Dokumentation, das Anforderungs- und das Resultatsmanagement. Grundlage hierfür ist eine eindeutige Patientenidentifikation. Ohne diese kann es zu Verwechslungen und Doppelanlagen von Patientendossiers kommen, die im schlimmsten Fall schwerwiegende Konsequenzen haben können. Je nach interner Organisation werden die Patientenidentifikatoren und die Patientenstammdaten vom ERP-System an das KIS übertragen. Es ist aber auch möglich, dass diese im KIS separat verwaltet werden.

Ein KIS kann demnach je nach Organisation der Patientenaufnahme ein patientenaufnehmendes System sein. In der Regel ist es aber kein patientenführendes System bezüglich der Patientenstammdaten.

Radiologieinformationssystem: Ein RIS ist wichtig für die Planung, Durchführung und Dokumentation einer radiologischen Untersuchung. Da die Radiologie meistens eine eigenständige Dienstleistungseinheit im Krankenhaus ist, werden die RIS-Daten auch für die interne Abrechnung benötigt. Deshalb werden auch hier die Patientenstammdaten und Patientenidentifikatoren geführt. Bei einer guten Integration ist ein RIS auf medizinischer Seite mit einem KIS verbunden und auf administrativer mit einem krankenhausweiten ERP-System. Diese Art der Integration ist oft aber nicht gegeben. Somit kann ein RIS sowohl patientenaufnehmend als auch patientenführend sein.

Ambulanzsystem: Hiermit sind die IT-Systeme gemeint, die in den ambulanten Bereichen eines Krankenhauses benutzt werden. Viele Krankenhäuser bieten vermehrt ambulante Dienstleistungen an und müssen diese nach Tarmed abrechnen. Da diese Funktionalität durch ein ERP-System nicht immer abgedeckt ist, nimmt ein Ambulanzsystem die Rolle eines patientenaufnehmenden und patientenführendem Systems ein (ähnlich eines Praxisinformationssystems). Hierbei ist es nicht notwendig, eine elektronische Krankenakte zu führen. Der Hauptzweck ist die Abrechnung und Administration in der Ambulanz.

OP-Planungssystem: Ein OP-Planungssystem ist oftmals historisch gewachsen und wurde oft vor der Einführung eines KIS implementiert. Dies bedeutet, die Operationseinheiten im Krankenhaus organisieren sich über ihr Spezialsystem. Bei fehlender Integration ins KIS kann dies dazu führen, dass eigene Patientenidentifikatoren benutzt werden.

Bettenplanungssystem: Analog zum OP-Planungssystem kann auch ein Bettenplanungssystem „stand-alone" in der IT-Landschaft eines Krankenhauses betrieben werden, also ohne echte Integration in ein ERP- und/oder KIS. Somit würden auch in diesem IT-System Patientenidentifikatoren geführt werden.

Krankenhaus-Apothekensystem: Vor allem wegen Qualitätsaspekten und der Abrechnungsthematik kann auch ein Krankenhaus-Apotheken-system seine eigenen Nummernkreise für Patientenidentifikatoren verwenden. Der Qualitätsaspekt umfasst z. B. eine personalisierte Prüfung der Verträglichkeit von Medikamenten und deren potenzieller Wechselwirkungen.

Externes Praxisinformationssystem (PIS): Die Sonderrolle eines externen Praxisinformationssystems soll hier kurz im Zusammenhang mit einem potenziellen medizinischen und administrativen Datenaustausch, die z. B. in Belegarzt-Krankenhäusern durchaus relevant sein können, verdeutlicht werden. Da solche PIS häufig eigene Patientennummernkreise verwenden, kann es gerade im Rahmen eines intersektoralen Datenaustausches mit einem Krankenhaus relevant sein, diese mit den Identifikatoren im Krankenhaus abzugleichen, d. h. über die Organisationsgrenzen hinweg eine eindeutige Identifikation herzustellen. Dafür wäre es natürlich sinnvoll, wenn auf Seiten des Krankenhauses zumindest eine einheitliche Identität vorhanden wäre.

2.3 Einsatz von Patientenidentifikatoren als Bindeglied zwischen Prozessen und IT

Der Blick auf die heutigen Ansätze in den Krankenhäusern zeigt, dass viele Organisationen bereits eine eindeutige Identität als Bindeglied zwischen den administrativen und klinischen Prozessen sowie den IT-Systemen einsetzen. Sehr häufig werden darüber hinaus sogenannte Fallnummern benutzt, die vor allem für den späteren Abrechnungsprozess relevant sind. Somit können für einen einzigen Klinikaufenthalt mehrere Fallnummern zu einem Patienten generiert werden, z. B. wenn der Patient einmal ambulant und einmal stationär abgerechnet werden muss.

Die Fallnummer gewährleistet, dass alle abrechnungsrelevanten Informationen zusammengehalten werden, aber eben nicht unbedingt, dass alle patientenbezogenen Informationen, die in verschiedenen IT-Systemen abgelegt sein können, zusammengeführt werden.

Somit ist offensichtlich, dass ein eindeutiger Patientenidentifikator gerade für medizinische Belange äusserst wichtig ist. Die „Klammer", die eine Fallnummer für die administrativen Prozesse bildet, ist ebenso für die medizinischen Prozesse notwendig. Ein eindeutiger Patientenidentifikator kann eine solche „Klammer" bilden, so dass örtlich und zeitlich unabhängig der Bezug zu den medizinischen Daten hergestellt werden kann. Dies ist z. B. relevant für den Vergleich eines aktuellen Befundes mit der Historie dieses Patienten.

Eine deutliche Komplexitätssteigerung kommt hinzu, wenn über Organisationsgrenzen hinweg Informationen zu einem Patienten ausgetauscht werden sollen oder müssen (z. B. die Überweisung in eine Reha-Institution nach stationärem Aufenthalt). Die Patientenidentifikatoren der Reha-Institution stehen im Allgemeinen nicht in der Verantwortung des überweisenden Krankenhauses.

3 Herausforderungen bei der Patientenidentifikation im Krankenhaus

3.1 Fragmentierte Informationsbearbeitung/-verarbeitung

Trotz vieler Bemühungen um eine Harmonisierung der krankenhausinternen IT-Systeme ist noch immer eine heterogene IT-Landschaft der Regelfall und nicht die Ausnahme. Zumeist ist dies historisch durch die Verantwortungsbereiche der einzelnen Krankenhausabteilungen bedingt, die nach und nach spezialisierte IT-Systeme/Applikationen eingeführt haben, ohne diese in einer Gesamt-IT-Strategie abzustimmen. Eine Ablösung dieser zum Teil sehr etablierten Systeme ist teilweise nicht ohne weiteres möglich und aus betriebswirtschaftlicher Sicht nicht erwünscht. Eine teilweise stark fragmentierte Informationsverarbeitung ist als Status quo anzusehen. Demgegenüber steht die Anforderung an eine moderne, durchgängige Informationsverarbeitung, die die Prozesse über Abteilungs- und Organisationsgrenzen hinweg unterstützt. Eine eindeutige Patientenidentifikation über alle administrativen und medizinischen Prozesse hinweg als „Klammer" ist ein möglicher Lösungsansatz.

3.2 Differenzierung von anderen Krankenhäusern durch bessere Qualität der Leistung

Der erhöhte Kostendruck und der damit einhergehende grössere Wettbewerb im Krankenhausmarkt, verschärft durch die Einführung des Swiss DRG, bewirken, dass die Leistungsqualität für die Krankenhäuser zu einem immer notwendiger werdenden Differenzierungsmerkmal wird.

Die zunehmende „Verzahnung" der diagnostischen und therapeutischen Prozesse im Sinne von ganzheitlichen Behandlungspfaden ist einer der grundlegenden Eckpfeiler, um die Qualität im Krankenhaus zu erhalten bzw. zu erhöhen. Stakeholder fordern deshalb eine adäquate IT-Unterstützung. Die deutlichste Qualitätserhöhung ist durch eine Verminderung von Patientenverwechslungen und doppelter Dossierführung zu erwarten. Bei weiterer Integration der dem Krankenhaus vorgelagerten und nachgelagerten Prozesse (z. B. ambulante Behandlungen durch zuweisende Ärzte) kann die Behandlungsqualität durch einen optimierten Informationsaustausch ebenfalls signifikant erhöht werden. Krankenhausärzte profitieren so von einem schnellen und unkomplizierten Zugriff auf die Daten des zuweisenden Kollegen.

Im Nachbehandlungsprozess wiederum kann eine Reha-Institution oder der nachbehandelnde Arzt von den Daten aus dem Krankenhaus im Sinne von verbesserter Nachsorge (z. B. genaue Medikationsdaten und konkrete Therapieempfehlungen) profitieren. Nicht zuletzt werden auch administrative Prozesse von einem nahtlosen Informationsübergang qualitativ profitieren.

4   Nutzenpotenzial einer eindeutigen Patientenidentität

4.1 Allgemeine Kostensenkung

Senkung der administrativen Kosten: Durch einen optimierten Prozess der Vergabe und der Nutzung von Patientenidentifikatoren können Mehrfacherfassungen der Patientenstammdaten reduziert werden. Eine normale Erfassung der Stammdaten benötigt ca. 5 bis 10 Minuten in der Patientenadministration. Spart man pro stationären Fall eine Patientenerfassung ein, wären dies bei 1'000 stationären Fällen ca. 20 Personentage.

Senkung der medizinischen Kosten: Die Basis für eine Kostenreduktion in diesem Bereich ist durch eine medizinische Qualitätserhöhung gegeben. Durch eine Vermeidung von Doppelführungen von Patientendossiers können z. B. unnötige diagnostische oder therapeutische Massnahmen vermindert werden. Vor allem Fehl- oder Doppelmedikationen können reduziert werden, wenn den Behandelnden die Informationen aus den verschiedenen IT-Systemen zur Verfügung stehen. Hier liegt vielleicht kurzfristig das grösste Einsparpotenzial.

4.2 Qualitätssteigerung und Patientensicherheit

Qualitätssteigerung: Die Prozessqualität im Krankenhaus wird durch eine eindeutige Patientenidentität über alle IT-Systeme hinweg verbessert, da eine eindeutige Identität die Übergänge zwischen Abteilungen und IT-Systemen vereinfacht. Im Bereich der administrativen Prozesse erhält man vor allem eine bessere Gesamtsicht auf die Fall- und Abrechnungsdaten, z. B. den DRG-Abrechnungsprozess. Bei den medizinischen Prozessen bedeutet dies eine verbesserte konsolidierte Sicht auf alle relevanten Daten eines Patienten aus verschiedenen IT-Systemen.

Patientensicherheit: Das grösste Potenzial ist hier durch eine Verminderung oder bestenfalls eine Vermeidung von Patientenverwechslungen zu erwarten. Des Weiteren kann ein Überblick über alle medizinisch relevanten Daten z. B. eine Fehlmedikation oder Doppeluntersuchung verhindern.

4.3 Neue/Zusätzliche Serviceleistungen

Intersektoraler Datenaustausch: Durch die Etablierung einer eindeutigen Patientenidentität innerhalb eines Krankenhauses wird der Datenaustausch mit externen Zuweisern und Nachsorgeorganisationen wesentlich vereinfacht. So könnte z. B. ein Krankenhaus im Sinne der Strategie E-Health Schweiz einerseits relevante medizinische Daten in ein elektronisches Patientendossier (ePD) „veröffentlichen". Andererseits kann es Informationen, die von anderen Leistungserbringern im ePD bereitgestellt wurden, benutzen. Dafür wäre eine Anbindung an ein solches ePD analog zu den Architekturempfehlungen des Koordinationsorgans eHealth Bund-Kantone „ehealthsuisse" wünschenswert. Gerade im Zuge der aktuellen Swiss-DRG-Einführung kann es für ein Krankenhaus sehr interessant werden, im Zuweisungsprozess wichtige medizinische Informationen zu erhalten, die später abrechnungsrelevant sind.

Initialisierung integrativer Services: Für die mehr und mehr aufkommenden integrativen Behandlungsszenarien könnte es für Krankenhäuser bedeutsam sein, in neuen „integrierten Versorgungsmodellen" eine Rolle einzunehmen. Ein Beispiel wäre die Versorgung chronisch kranker Patienten oder integrierte Tumorbehandlung. Für die Teilnahme an solchen Prozessen ist eine krankenhausweite, eindeutige Patientenidentität ebenfalls von grossem Mehrwert.

Initialisierung medizinischer Zusatzservices: Die Krankenhäuser stehen zunehmend unter Konkurrenzdruck, zumal ab 2012 die freie Krankenhauswahl eingeführt wird. Eine Antwort darauf wird wahrscheinlich ein verbessertes Dienstleistungsangebot an die Patienten sein. Ein möglicher Zusatzservice könnte die Bereitstellung aller im Krankenhaus erhobenen medizinischen Daten für den Patienten darstellen. Dafür ist es jedoch relevant, alle diese Daten konsolidiert abrufbar zu machen. Eine krankenhausweite, eindeutige Patientenidentität ist auch hier von Vorteil. Solche Daten könnten dann in ein elektronisches Gesundheitsdossier (eGD) des Patienten eingespeist werden.

5 Lösungsansätze für eine Optimierung der Patientenidentifikation im Krankenhaus

5.1 Zentral mit einem patientenführenden System

Ein möglicher Ansatz, mit Patientenidentifikatoren und Stammdatenverwaltung in einem Krankenhaus umzugehen, ist eine zentrale Verwaltung über ein ERP-System oder ein KIS. Hierbei übernimmt ein einziges, patientenführendes System die Verantwortung dafür, dass eine oder mehrere Fallidentifikatoren und, wenn möglich, nur eine Patientenidentität pro Person vergeben werden. Das bedingt jedoch eine klar definierte Kommunikation unter den IT-Systemen. So kann in einem solchen Szenario geregelt werden, dass kein IT-System einen Prozess anstossen kann, bevor nicht valide Patientenstammdaten und Patientenidentifikatoren vorliegen. In einem RIS könnte dann kein Röntgenauftrag generiert werden, solange keine Fallidentifikatoren und Patientenidentifikatoren vom patientenführenden System vorhanden sind.

Es ist offensichtlich, dass von einer solchen zentralen Konzeption sehr viele administrative und medizinische Prozesse betroffen sind, und möglicherweise bei einer Einführung viele historisch gewachsene Prozesse abgeändert und neu definiert werden müssen. Der patientenaufnehmende Prozess ist hiervon ebenfalls betroffen, wobei nicht zwingenderweise das patientenführende System das alleinige patientenaufnehmende System sein muss.

5.2 Dezentral mit einem Master Patient Index (MPI)

Im Gegensatz zum rein zentralen Ansatz ist auch ein dezentraler Ansatz möglich. Hier kann es auch zu Mischformen von zum Teil zentralen und dezentralen Strukturen kommen. Auf jeden Fall aber hat man es mit mehr als einem patientenführenden System zu tun, d. h. verschiedene Patientennummernkreise müssen konsolidiert werden. Dafür kann ein sogenannter Master Patient Index genutzt werden, an den die verschiedenen patientenführenden und -aufnehmenden IT-Systeme gekoppelt sind. Nachfolgend wird die Funktionsweise eines MPI kurz erläutert.

5.2.1 Funktionalität eines MPI

Der MPI verknüpft Patientenstammdaten, die aus unterschiedlichen Systemen stammen, über einen „Referenzpatienten". Er erstellt dafür von jedem Patienten eine eindeutige Referenzidentität und referenziert auf die Identifikatoren der patientenführenden und patientenaufnehmenden Systeme (siehe Abb. 2).

Es wird sichergestellt, dass jeder Patient im Krankenhaus eindeutig identifiziert werden kann. Dafür werden von allen Systemen die Patientenstammdaten und Patientenidentifikatoren aufgenommen, verglichen und verarbeitet. Der Abgleich erfolgt wenn immer möglich automatisch über standardisierte Schnittstellen, aber es wird immer Fälle geben, in denen eine Person darüber entscheiden muss. Diese Fälle werden vom sogenannten „Clearingpersonal" bearbeitet, das entscheiden muss, ob ein vorliegender Patientenstammdatensatz einem anderen ähnlichen Datensatz zugeordnet werden kann oder ob man dafür noch weitere Informationen einholen muss. Beispielsweise könnten zwei Stammdatensätze bis auf das Geburtsdatum identisch sein, was durch einen „Zahlendreher" bei der Dateneingabe entstehen kann. Auf der Klinikstation könnte dann das richtige Geburtsdatum erfragt werden.

Somit ist der „Clearingprozess" ein notwendiger und wichtiger Schritt bezüglich guter Datenqualität. Die Auswirkungen auf die bestehende Organisation der Patientenadministration sollten im Vorfeld gut bedacht sein. Grundsätzlich stellt sich die Frage, ob eine zentrale Clearingstelle[8] eingerichtet wird oder ob das bestehende Personal der Patientenadministration auch diese Clearingfälle dezentral mit übernimmt.

Es gilt zu bedenken, dass ein MPI am Ende nur so gut sein kann wie die Datenqualität der angeschlossenen Systeme und die Qualität des Clearingprozesses. Eine 100%ige Sicherheit wird es nicht geben, aber durch den Einsatz eines MPI wird eine wesentlich höhere Datenqualität bezüglich einheitlicher Stammdaten und eindeutiger Patientenidentifikatoren erreicht.

Für den automatischen Abgleich sollten die angeschlossenen IT-Systeme nach Möglichkeit über standardisierte Schnittstellen angebunden werden. Hierfür eignet es sich z. B. einen MPI basierend auf den IHE-Profilen PIX/PDQ zu etablieren, wie es das Koordinationsorgan ehealthsuisse empfiehlt. Dadurch wäre eine spätere Kompatibilität mit externen, ebenfalls standardkonformen Systemen (z. B. kantonale oder überregionale Verbunde) gegeben (etwa beim Szenario des intersektoralen Datenaustausches und Einsatz eines ePD).

---

[8]   Eine Clearingstelle ist eine organisatorische Einheit in einem Verbund von medizinischen Einrichtungen. Die Mitarbeiter der Clearingstelle halten den Datenbestand der verwendeten Systeme konsistent, indem sie fehlerhafte und unvollständige Datensätze korrigieren und vervollständigen.

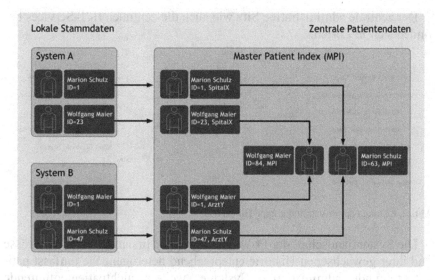

Abb. 2. Master Patient Index – Prozesslogik

6   Fallbeispiel MPI in der Privatklinikgruppe Hirslanden

6.1 Privatklinikgruppe Hirslanden allgemein

Die Privatklinikgruppe Hirslanden ist seit 2007 eine Tochter der Medi-Clinic Corporation, des drittgrössten privaten Krankenhausverbunds in Südafrika. Medi-Clinic selbst betreibt 51 Kliniken in Südafrika und Namibia sowie 2 in Dubai mit insgesamt 7'130 Betten. Mit 13 Privatkliniken (siehe Abb. 3), 100 Kompetenzzentren sowie spezialisierten Instituten bietet die Privatklinikgruppe Hirslanden in der Schweiz ein breites medizinisches Leistungsspektrum an. Die rund 1'500 erfahrenen Fachärzte betreuen über 270'000 Patienten im Jahr.

Die Privatklinikgruppe Hirslanden arbeitet nach dem sogenannten Belegarztprinzip. Dies erlaubt ein äusserst breites Spektrum an spezialisierten medizinischen Leistungen, ausserdem können Patienten den Arzt ihres Vertrauens wählen. Interdisziplinäre Ärzteteams (Kompetenzzentren) in Schwerpunkten der Spitzenmedizin ermöglichen eine umfassende medizinische Betreuung der Patienten.

Der zentrale administrative Sitz wie auch die zentralen IKT-Services befinden sich in Zürich.

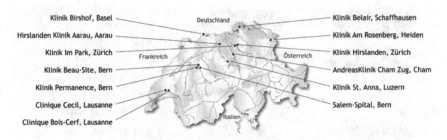

Abb. 3. Kliniken der Privatklinikgruppe Hirslanden

Die Systemlandschaft der Privatklinikgruppe Hirslanden ist ihrer Grösse und ihrer gewachsenen Historie entsprechend heterogen. Sie umfasst patientenführende administrative Systeme, weitere nichtpatientenführende administrative Informationssysteme, das RIS sowie OP- und Bettenplanungssysteme (siehe Abb. 4). Bei Einführung des MPI umfasst die Systemlandschaft der Privatklinikgruppe Hirslanden ca. 740'000 Patientendatensätze. Pro Jahr rechnet man mit einer Aufnahme von 80'000 neuen Datensätzen/Patienten.

Bis zur Einführung des MPI arbeitete Hirslanden ausschliesslich mit einem „Pseudo-MPI". Hierbei agiert das administrative Informationssystem als zentrales patientenführendes System, das die Patientendaten an alle weiteren Systeme übermittelt und somit Teilfunktionalitäten des MPI übernimmt.

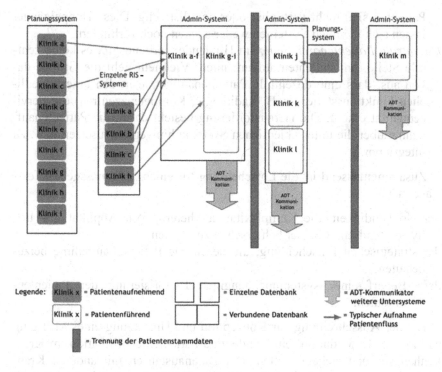

Abb. 4. Systemlandschaft vor der Einführung des Master Patient Index

6.2 Herausforderungen in der Systemlandschaft

Heterogenität: Durch die stete Einführung und Entwicklung von Systemen erweitert sich die Systemlandschaft der Klinikgruppe zunehmend heterogen. Datenmigrationen zwischen den Systemen sind technisch zwar möglich, bezogen auf den Prozess jedoch kosten- und zeitaufwendig und führen langfristig zu einem Flexibilitätsverlust.

Mangelnde Übersicht durch zu viele Patientenidentitäten: Das Fehlen einer alleinigen Patientenidentifikation erschwert der Privatklinikgruppe über die Systemgrenzen der patientenführenden Systeme hinweg Service- und Zusatzleistungen anzubieten.

Doppelgänger: Aufgrund der vielfältigen Systemmöglichkeiten und Verbindungen kommt es zu Doppelgängern, d. h. mehreren Informationen in den Systemen. Doppelgänger führen dazu, dass mehrere Patientenidentifikatoren zu einem Patienten existieren. Informationen über einen

Patienten sind nicht verfügbar oder unvollständig. Diese Doppelgänger lassen sich in vielen Systemen weder suchen noch verhindern.

Dezentrale Patientenaufnahme: Im Hirslandenverbund gibt es keine zentrale Stelle, um Patienten aufzunehmen. Vielmehr geht die Gruppe davon aus, dass eine dezentrale Patientenaufnahme in den unterschiedlichen Funktionsstellen (z. B. Radiologie, Kompetenzzentren) die Servicequalität erhöht. Die Herausforderung besteht darin, die Patientenaufnahme über die unterschiedlichen Systeme hinweg umzusetzen bzw. zu integrieren.

Zusammenfassend ist die Entscheidung für einen MPI massgeblich entstanden aus

der Notwendigkeit, die Komplexität der heterogenen Applikations- und Systemlandschaft besser beherrschen zu können,

der strategischen Entscheidung, die dezentrale Patientenaufnahme beizubehalten,

dem Bedarf einer systemunabhängigen Historisierung der Patientenstammdaten.

Bei der Ausschreibung zur Konzeption und Umsetzung eines MPI ging es in erster Linie darum, eine eindeutige Patientenidentifikation im Krankenhausverbund sicherzustellen. Der Datenaustausch mit anderen Krankenhäusern, mit den Belegärzten sowie die Etablierung eines elektronischen Patientendossiers standen an zweiter Stelle und waren nicht Bestandteil der Ausschreibung.

6.3 Anforderungen an den Master Patient Index

Um den genannten Herausforderungen zu begegnen, entwickelte Hirslanden ein „Hirslanden Informations System Framework" (HIS-Framework), in dem der MPI eine massgebliche Komponente für eine eindeutige Patientenidentifikation ist.

6.3.1 Beherrschung der Komplexität der heterogenen Applikations- und Systemlandschaft

Aus *Systemsicht* soll der MPI die Patientenidentifikation unterstützen und deren Richtigkeit unter den Systemen sicherstellen.

Aus *Administrationssicht* wird angestrebt, die Komplexität der Systemlandschaft durch einen MPI besser zu beherrschen. Durch das effektivere Management der Patientendaten soll die Datenqualität erhöht werden, ohne einen Mehraufwand zu generieren.

6.3.2 Beibehaltung der dezentralen Patientenaufnahme

Ein Patient soll in der gesamten Privatklinikgruppe Hirslanden *eindeutig referenzierbar* sein, unabhängig davon, in welcher Einrichtung er aufgenommen wurde, in welchem System seine Stammdaten eröffnet oder weiterverarbeitet worden sind.

Die bestehenden Systeme behalten ihre Funktion bei. Patientenstammdaten, die in den Systemen unterschiedlicher Einrichtungen vorhanden sind, werden im MPI unter einem gemeinsamen Referenzpatienten zusammengeführt. Diese Zusammenführung wird durch geeignete Algorithmen unterstützt werden – mit dem Ziel, manuelle Zuordnungen von Patientenstammdaten zu einem Referenzpatienten auf ein notwendiges Mindestmass zu reduzieren.

Mit dem MPI wird es demnach möglich sein, eine Referenzidentität über alle Systeme hinweg zu führen. Eine dezentrale Aufnahme über die jeweiligen aufnehmenden und patientenführenden Systeme kann in den Krankenhäusern somit aufrechterhalten werden.

Ein wichtiges Ziel der Einführung eines MPI für Hirslanden war die Identifizierung von potenziellen Doppelgängern in den Bestandsdaten der patientenführenden Systeme, um so auch für neue Systeme eine komplette und bereinigte Stammdatengrundlage anbieten zu können.

6.3.3 Systemunabhängige Historisierung der Patientendaten

Mit Hilfe des MPI soll aufgrund der Fähigkeit, (Alt-)Daten aus verschiedenen Systemen zusammenzuführen, eine höhere *Flexibilität und Unabhängigkeit erreicht bzw. ein Investitionsschutz* bezüglich der Einführung neuer Systeme (Beispiel KIS), neuer Serviceleistungen (elektronisches Patienten-/Gesundheitsdossier) und der Integration neuer Kliniken gewährleistet werden. Ebenso war es das Ziel, den Empfehlungen der Strategie E-Health Schweiz zu folgen.

6.3.4 Ausschreibung – Entscheidung für ICW

Basierend auf den genannten Anforderungen formulierte die Privatklinikgruppe Hirslanden eine Ausschreibung für das „Master Patient Index System Hirslanden". Im Rahmen dieser Ausschreibung ist die Entscheidung für den Master Patient Index von InterComponentWare (Schweiz) AG gefallen (siehe Abb. 5).

„Wir haben uns für ICW und ICW Professional Suite entschieden, weil das nicht nur unsere Stammdatenqualität verbessern und unsere Rahmenarchitektur unterstützen kann, sondern auch Teillösungen für den medizinischen Informationsaustausch bietet, die die nationale Strategie E-Health

Schweiz unterstützen können" (Magnus Oetiker, Chief Hospital Services Officer, Privatklinikgruppe Hirslanden).

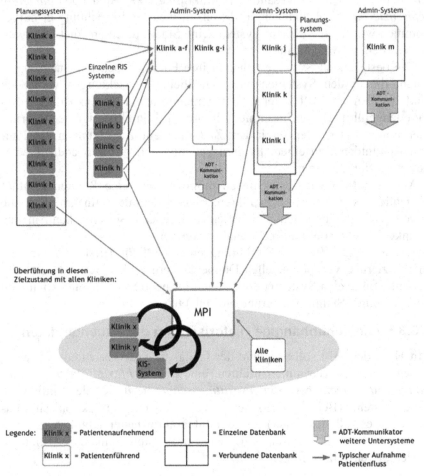

Abb. 5. Lösungsarchitektur zur Umsetzung des Master Patient Index

6.4 Umsetzung des Master Patient Index

Die einzelnen Projektabschnitte der Einführung des MPI wurden in enger Zusammenarbeit zwischen Hirslanden und ICW umgesetzt. Das Projekt „Master Patient Index" hat Anfang Juli 2008 begonnen. Die erste Umsetzungsphase verlief von Mitte September 2008 bis Ende November 2008.

Im Dezember wurde in Hirslanden der MPI an die ersten IT-Systeme gekoppelt. Das Clearing der Stammdaten wurde im Januar 2009 gestartet.

6.4.1 Prozessanpassungen

Der ICW Master Patient Index bildet einen klassischen Index ab, bei dem die Stammdatensätze aus den einzelnen Informationssystemen und Mandanten dieser Systeme (Hospis und SAP IS-H, siehe Abb. 5) auf einen Indexpatienten abgebildet werden. Dabei bleiben die Originaldaten unverändert und damit auch die Arbeitsabläufe in den patientenführenden Systemen.

Nach einmaligen Projekten, wie der Implementierung oder der Altdatenübernahme, ist das dezentrale oder zentrale Clearing der einzige Prozess, der neu im Krankenhaus etabliert werden muss. Generell wird nur eine neue Position benötigt, die den Clearingprozess betreut. Bei der Privatklinikgruppe Hirslanden entschied man sich für ein dezentrales Clearing, da in diesem Fall das Clearing direkt durch das patientenbetreuende Personal durchgeführt werden kann.

6.4.2 Zusätzliche Aufgaben und Auswirkungen auf die IKT-Landschaft

Der MPI ist zu einem zentralen Bestandteil der IKT-Architektur geworden. Das System ist jederzeit uneingeschränkt erweiterbar, dadurch können neue Kliniken einfach und schnell integriert werden. Bei Anpassungen und Anbindungen neuer Systeme in die IKT-Landschaft muss der MPI immer berücksichtigt werden. Zusammenfassend kann festgestellt werden, dass keine Prozessanpassungen nötig sind. Es entstehen jedoch neue Aufgaben, die sich mit der Betreuung des MPI befassen.

6.4.3 Anpassung der Denkweise

Im Fall von Hirslanden wurde nicht nur innerhalb der Klinikgruppe Neuland betreten, sondern man setzte mit dieser Thematik einen ersten grossen Meilenstein in der gesamten Schweiz. Weder konnte auf bestehende Dokumentationen zurückgegriffen werden noch gab es Referenzen, die man besuchen und um Rat fragen konnte.

Auch wenn die Theorie und der Nutzen einer eindeutigen Patientenidentifikation bereits im Ausland und auch im Rahmen der Strategie E-Health Schweiz thematisiert werden, bleiben die Fragen zur Datensicherheit, zum Aufwand und zur Akzeptanz in den eigenen vier Wänden nicht endgültig beantwortet. Hinzu kommt, dass viele Lösungsanbieter im Healthcare-Umfeld der Überzeugung sind, ihre Lösung beinhalte bereits einen MPI. Ein weiteres Konzept sei nicht nötig. Dies erschwerte die interne Argumentation gegenüber dem Management teilweise sehr.

Herr Studer (Leiter IKT-Services) und Herr Felber (Leiter IKT-Planung Steuerung Projekte) und Projektleiter des MPI-Projekts der Privatklinikgruppe Hirslanden berichteten von folgenden Erfahrungen bei der Umsetzung des Projekts:

Es herrscht ein grosser Respekt davor, in solchen Dimensionen (Umfang, involvierte Systeme etc.) Veränderungen an den Stammdaten vorzunehmen. Dies beruht auf den komplexen Zusammenhängen der Systemlandschaft.

Die Einführung eines MPI muss als ein iterativer Prozess verstanden werden. Die Implementierung eines MPI ist zu Beginn ein rein konzeptionelles Projekt. Die betroffenen Mitarbeiter, z. B. in der Patientenadministration, waren nicht von Beginn an involviert.

Auch heute noch ist Überzeugungsarbeit seitens der involvierten Parteien nötig, um den MPI weiterzuentwickeln. Die langfristigen Vorteile des MPI-Ansatzes sind heute noch nicht erkennbar. Der MPI wird daher of als „just another subsystem" gesehen.

6.5 Lessons Learned

Grenzen und Herausforderungen des MPI: Die Erfahrungen in den verschiedenen Umsetzungsphasen haben gezeigt, dass der MPI kein einfaches oder alltägliches Produkt ist. Bei der Konzeptionsphase müssen die Erwartungen klar formuliert werden. Ziel der Konzeption ist eine exakte Definition, was ein MPI können muss und was nicht.

Realistische Erwartungen an den MPI: Auch er wird den Patienten bei der Aufnahme nicht automatisch erkennen können – aber er kann die Patientenidentifikation erleichtern. Der MPI kann von sich aus nicht eine gute Datenqualität garantieren.

Das Clearing: Die Organisation des Clearingprozesses und die Einbettung in den gesamten Patientenidentifikationsprozess sind sehr wichtig. Während der Umsetzung ist deutlich geworden, dass notwendige Informationen und Daten für ein effektives Clearing auf „öffentlichem Wege" nicht zur Verfügung stehen, wie z. B. Geburtsdaten.

Die Umsetzung als iterativer Prozess: Die Einführung eines MPI ist ein iterativer Prozess. Hierzu gehören regelmässige Lagebeurteilungen und Reflexionen des Projektteams ebenso wie Anpassungen im laufenden Vorgehen.

Erfahrungen mit den Systemen und Schnittstellen: Die Komplexität der Umsetzung wird durch die vorhandenen patientenführenden und -aufnehmenden Systeme determiniert. Es hat sich gezeigt, dass Anpassungen für eine Integration von Systemen selbst bei standardisierten Schnittstellen vorgenommen werden müssen. Neben den Schnittstellen müssen auch die Prozesse in den Systemen standardisiert werden.

7   Fazit

Bereits seit mehreren Jahren wird das Gesundheitswesen immer stärker von IT-Massnahmen durchdrungen. Im Zuge dieser Entwicklung wird eine eindeutige Identifikation des Patienten immer wichtiger. Im Kontext ganzer Versorgungsketten wird dies auch immer früher notwendig (teilweise bereits vor Einlieferung des Patienten). Daher sind Systeme erforderlich, die eine solche Identifikation verlässlich umsetzen – auch über Systemgrenzen hinweg. Dies leistet der MPI. Er erstellt von jedem Patienten eine eindeutige Referenzidentität und referenziert diese auf die Identifikatoren der patientenführenden und -aufnehmenden Systeme. Somit vernetzt er vorhandene IT-Systeme, ohne diese zu ersetzen oder in bestehende Prozesse einzugreifen. Mit standardisierten Schnittstellen, basierend auf den IHE-Profilen PIX/PDQ (vgl. Kapitel 11 des Buches), ermöglicht der MPI eine institutionsübergreifende Vernetzung. Dadurch ergeben sich Vorteile wie die Senkung der administrativen und medizinischen Kosten, Qualitätssteigerung und Patientensicherheit oder die Möglichkeit, neue bzw. zusätzliche Serviceleistungen anzubieten.

Diese Eigenschaften machen den MPI zu einer wesentlichen Voraussetzung einer zukunftsorientierten Krankenhauswelt. Er leistet einen wesentlich Beitrag zur Verfügbarkeit einer eindeutigen Patientenidentität. Diese ist die Grundvoraussetzung, um über den gesamten Patientenpfad alle Patientendaten systemübergreifend eindeutig zuzuordnen.

6 Von der Strategie zur Umsetzung – Unterstützungsprozesse und Identitätsmanagement im Krankenhaus

Enno Hoffmann

Siemens Schweiz AG

1 Der Behandlungsprozess und die Identität der „Health Professionals"

1.1 Zusammenhang von Benutzeridentitäten und Patientenidentifikation

Während in allen anderen Kapiteln dieses Handbuches und auch in dessen Titel die Identifikation des Patienten selbst im Mittelpunkt des Interesses steht, wird an dieser Stelle der Blick auf die Identität der IT-Benutzer des Krankenhauses gelenkt, die im Rahmen des Behandlungsprozesses den Zugriff auf die Informationen über den jeweiligen Patienten benötigen. Hierbei handelt es sich um die handelnden Personen (Ärzte, Pflegepersonal, medizinisch-technisches Personal, Apotheker etc.), die in der heute üblichen Sprachregelung als „Health Professionals" bezeichnet werden.

Im Laufe der Behandlung des Patienten werden einerseits von vielen verschiedenen Beteiligten Informationen erzeugt und abgelegt, andererseits müssen auch diese und andere Beteiligte auf die bereits existierenden nformationen zugreifen können. Die Aufgabe der Dokumentation des Behandlungsprozesses in einem medizinischen Informationssystem liegt darin, zu dokumentieren, „wer wann was warum mit welchem Ergebnis mit wem und für wen durchgeführt hat" (Haas 2005, S. 153). Wie in Abb. 1 dargestellt, haben die Fragen, die im Zusammenhang mit diesen Zugriffen zu beantworten sind, eine verblüffende Ähnlichkeit mit den oben genannten Fragen zur medizinischen Dokumentation:

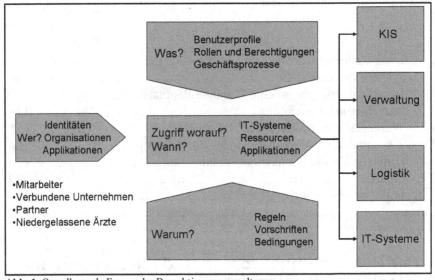

Abb. 1. Grundlegende Fragen der Berechtigungsverwaltung

Durch die möglichst optimale Unterstützung des Versorgungsprozesses für die Patienten entstehen bei der Nutzung von klinischen Informationssystemen und den hiermit typischerweise integrierten Applikationen (RIS, PACS, Archiv etc.) neue Herausforderungen, die in Abschnitt 2 näher erläutert werden.

1.2 Patientenprozess gespiegelt auf involvierte Health Professionals

Wenn man den Versorgungsprozess des Patienten im Hinblick auf die involvierten Personen betrachtet, so stellt man fest, dass z. B. während eines

Krankenhausaufenthalts verschiedene spezialisierte Fachpersonen zur Dokumentation des integrierten Behandlungsprozesses unterschiedliche Arten von Informationen erzeugen und diese in einer heterogenen IT-Systemlandschaft ablegen.

Durch Lösungen wie einen Master Patient Index (MPI) wird dabei zwar die durchgängige Identifizierbarkeit des Patienten in diesen IT-Systemen möglich gemacht, jedoch muss auch z. B. der jeweilige behandelnde Arzt in all diesen Systemen nicht nur als Systemnutzer bekannt, sondern auch zugriffsberechtigt sein. Die Basis hierfür bilden gesicherte Identitäten und Rollen, denn es muss zweifelsfrei feststehen und auch jederzeit nachvollziehbar sein, wer wann auf welche Daten und mit welchen Berechtigungen zugreift – alleine schon aus Datenschutzgründen und aufgrund verschiedener gesetzlicher Vorschriften (Compliance).

1.2.1 Authentifizierung

Bereits bei der Identifikation (Authentifizierung) des IT-Nutzers existieren verschiedene Ausprägungsgrade der Realisierung einer Absicherung. Chipkarten- oder biometriebasierte Lösungen ermöglichen heute eine höhere Benutzerfreundlichkeit und bieten wesentlich mehr Sicherheit als eine Anmeldung am PC nur mit Name und Passwort. Sie verbessern überdies die administrativen Prozesse, da der Zutritt zum Gebäude und zu besonders geschützten Räumen wie Laboratorien oder Röntgenräumen mit Hilfe des gleichen Authentisierungsmediums (z. B. einer Hybrid-Chipkarte mit kontaktlosen oder kontaktbehafteten Funktionen) erfolgen kann.

1.2.2 Autorisierung

Hat man durch die Authentisierung zweifelsfrei festgestellt, wer auf die Daten zugreifen möchte, erfolgt nun mit der Autorisierung der zweite wichtige Schritt:

Der Zugriff auf die Informationen und IT-Ressourcen ist aufgabenabhängig zu gestalten und darf ausschliesslich für Berechtigte möglich sein.

Durch die Nutzung von zentralen Benutzer- und Berechtigungsverwaltungen, die typischerweise durch sogenannte Identity und Access-Managementsysteme (IAM) realisiert werden, wird eine Automatisierung dieser Administrationsprozesse ermöglicht. Jeder – vom Laboranten über das Verwaltungs- und Pflegepersonal bis zum Chefarzt – erhält hierdurch genau die Rechte, die er im Rahmen seiner Funktion benötigt, und kann auf die entsprechenden Anwendungen zugreifen. Erfolgt ein Wechsel des Funktionsbereichs, wie beispielsweise auf eine andere Station, so werden die damit verbundenen Rechte gemäss der neuen Rolle für die angeschlossenen Systeme und Anwendungen in einem einzigen

Schritt geändert oder beim Ausscheiden eines Mitarbeiters ebenso schnell entzogen. Manuell ist eine solch komplexe Aufgabe nur mit un-verhältnismässig hohem Aufwand zu bewältigen und vor allem enorm fehlerträchtig.

Die höchste Komplexitätsstufe dieser Verwaltung von Identitäten und Zugriffsberechtigungen wird jedoch erst bei organisationsübergreifenden Kooperationen erreicht. Um z. B. einen „vernetzten Zugriff" von mehreren Krankenhäusern und einem Netzwerk an Belegärzten auf die benötigten Patienten und administrativen Daten zu gewährleisten und sie überhaupt erst möglich zu machen, muss die Sicherheit integraler Bestandteil der hierzu genutzten IT-Lösungen sein. Im Mittelpunkt stehen dabei Vertrau-lichkeit, Integrität, Zuverlässigkeit und Verfügbarkeit von Daten und In-formationen. Da jedoch die jeweiligen Benutzerdaten von Administratoren verschiedener Organisationen in verteilten und unterschiedlich struktu-rierten Datenbanken gepflegt werden, stellt die organisationsübergreifende Verwaltung dieser Identitäten und der damit verbundenen Zugriffsrechte eine manuell nahezu nicht lösbare Aufgabenstellung dar. Die für eine sol-che Aufgabenstellung geeignete Identity-Federation-Technologie wird im Abschnitt 3.3 kurz dargestellt.

1.3 Berücksichtigung unterschiedlicher Karteninitiativen (z. B. FMH HPC)

Um die Akzeptanz von organisationsübergreifenden Kooperationen si-cherzustellen, werden in der Schweiz zu deren Absicherung zurzeit gleich-zeitig verschiedene Hilfsmittel und Verfahren eingeführt. Im Rahmen der Strategie E-Health Schweiz werden die Versichertenkarte (VK) als Au-thentisierungsmittel für die Patientinnen und Patienten und die „Health Professional Card" (HPC) als Identifikations- und Authentisierungsmittel für die Behandelnden eingesetzt (vgl. Kapitel 2 des Buches) (Koordinati-onsorgan E-Health Bund-Kantone 2009c). In Abb. 2 sind die wesentlichen Bausteine der Architektur von E-Health Schweiz für die Authentisierung und Autorisierung der Patienten und Health Professionals dargestellt. Die für die Absicherung dieses Datenprozesses nicht relevanten Teile wurden zur besseren Nachvollziehbarkeit ausgegraut. Ergänzend zu diesen beiden Karten für die Authentisierung wird zur Autorisierung ein Berechtigungs-system gefordert. In der Standardarchitekturempfehlung (vgl. Abb. 2) bil-det dieses System einen Übergabepunkt zu den medizinischen und admi-nistrativen Prozessen.

Für das Krankenhaus bedeutet dies die Notwendigkeit der Etablierung einer dezentralen Rollenverwaltung, um den Datenschutz für die z. B. im

KIS abgelegten Informationen sicherstellen zu können. Die Architektur-empfehlung des Bundes kündigt in diesem Zusammenhang ein nationales Rahmenkonzept für Berechtigungen und Rollen an. Die hierbei auch zu beachtenden Datenschutzvorgaben werden zum Teil auf kantonaler Ebene definiert und ergeben ein weiteres Spannungsfeld für geplante überregionale Kooperationen zwischen verschiedenen Krankenhäusern und Ärzten in der Schweiz. Die Umsetzung dieses Berechtigungskonzepts liegt jedoch in der Verantwortung z. B. der IT-Verantwortlichen der Krankenhäuser. Durch das Krankenhaus sind daher zunächst klar definierte Berechtigungen für den Datenzugriff in Anlehnung an dieses Konzept zu definieren und anschliessend durch geeignete Massnahmen auch zu realisieren.

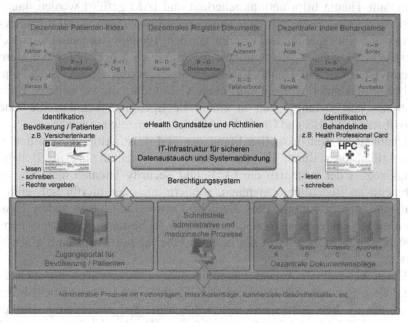

Abb. 2. Karteninitiativen im Zusammenhang mit der Strategie E-Health Schweiz

1.4 Best Practice aus anderen Branchen

In anderen Branchen, insbesondere im Banken- und Versicherungsbereich, aber auch bei den Energieversorgern und IT-/Telekommunikations-Providern ist man beim Einsatz von IAM-Lösungen bereits einen Schritt weiter als im Gesundheitswesen.

In diesen Branchen wurde in der Regel bereits früher als im Gesundheitswesen der jeweilige Kerngeschäftsprozess massiv mit IT-Mitteln unterstützt und daher der Notwendigkeit einer Nachvollziehbarkeit von Benutzerverwaltung und deren Berechtigungen verstärkt Rechnung getragen. So bietet heute z. B. der IT-Analyst Gartner Group auf seinen Webseiten[9] eine Reihe von Dokumenten zu den unterschiedlichen Aspekten von „Developing IAM Best Practices" zum kostenpflichtigen Download an. Wichtig in diesem Zusammenhang ist folgende Feststellung: Die Anforderungen an eine Benutzer- und Berechtigungsverwaltung in einer komplexen IT-Infrastruktur sind branchenübergreifend sehr ähnlich und unterscheiden sich nur in den Detailausprägungen.

Eine häufig geäusserte Meinung in Gesprächen, die mit Ansprechpartnern aus Organisationen des Gesundheitswesens oder Industrieunternehmen zum Thema Informationssicherheit und IAM geführt werden, lautet: „Wir sind keine Bank, wir haben solche Anforderungen nicht!". Andererseits wurde im einleitenden Vortrag vor dem Plenum des neunten schweizerischen eHealthCare Kongresses in Nottwil im Jahr 2009 durch Herrn Hjertqvist (Präsident Health Consumer Powerhouse, Brüssel/Stockholm) in beeindruckender Weise darauf hingewiesen, dass die verwalteten Informations- und Datenmengen in einem heutigen Krankenhaus die einer Grossbank wie UBS und Credit Suisse leicht übersteigen können.

Unabhängig vom aktuellen Stand der IT-Infrastruktur, unbestritten ist vermutlich, dass durch die zunehmende IT-Unterstützung im Behandlungsprozess der Patienten die IAM- und Security-Themen nicht nur zunehmend an Bedeutung gewinnen, sondern auch der hierfür notwendige Aufwand stark zunimmt. Eine ähnliche Entwicklung haben andere Branchen einige Jahre zuvor bereits erlebt und so besteht die Chance, deren Lessons Learned bereits in die eigenen Überlegungen mit einfliessen zu lassen.

Einen besonderen Aspekt bilden in diesem Zusammenhang auch die möglichen Synergieeffekte zwischen E-Health- und E-Government-Initiativen, die im Jahr 2010 nicht zuletzt durch die fast gleichzeitige Einführung von HPC, Versichertenkarte und Suisse-ID sehr viel Diskussionsstoff in den jeweiligen Planungsrunden der IT-Verantwortlichen und Krankenhausleitungen liefern dürften.

Die durch diese Grossprojekte flächendeckend einzuführenden Authentisierungsmedien (Chipkarten mit User-Zertifikaten) bieten für eine zentrale Berechtigungsverwaltung und Benutzeridentifikation in und ausserhalb der Schweizer Krankenhäuser weitere Chancen, deren detaillierte Darstellung würde aber den Rahmen dieses Kapitels sprengen.

---

[9]   http://www.gartner.com.

2 Herausforderungen an eine Benutzeridentitäts- und Berechtigungsverwaltung

2.1 Gefühlter Datenschutz

2.1.1 Autorisierung

Das in Abschnitt 1.3 geforderte Berechtigungssystem für den Zugriff auf die Patientendaten stellt im Zusammenspiel mit den heute etablierten Versorgungsprozessen oft eine echte Herausforderung dar. Die Tragweite dieser Aufgabenstellung wird deutlich, wenn man die Perspektiven und Wünsche der beteiligten Personen betrachtet:

Patienten und Datenschützer fordern grundsätzlich, dass die Daten eines Patienten ausschliesslich den an seinem Versorgungsprozess unmittelbar beteiligten Health Professionals zur Verfügung stehen.

Ärzte und Pflegepersonal andererseits fordern einen möglichst umfassenden Datenzugriff, um auch in Notfällen und bei kurzfristigen Vertretungsregelungen schnell reagieren zu können.

Um eine „End to End Security" der Daten vom Ursprung der Kommunikation bis zu deren Endpunkt sicherstellen zu können, sind neben diesen Autorisierungsfragen zusätzlich noch Datensicherheit, Authentifizierung und Systemsicherheit zu gewährleisten.

2.1.2 Authentifizierung

Die für die Authentifizierung heute meist genutzten passwortbasierten Verfahren sind nicht nur wegen mangelnder Sicherheit nur bedingt geeignet:

Wenn eine rollenbasierte, differenzierte Umsetzung der Berechtigungsverwaltung greift, ist vor jedem Zugriff auf Patientendaten auch zu überprüfen, welche Person gerade die Rechte z. B. eines Oberarztes nutzt, um die letzten Befunde des Patienten vor seinem anstehenden OP-Termin noch einmal zu prüfen. Für Ärzte, die an unterschiedlichen PCs arbeiten, und Pflegefachkräfte, die sich einen PC teilen, sind die hieraus folgenden häufigen Login-Abfragen mit womöglich verschiedenen Passwörtern pro Tag eine zeitaufwendige Aufgabenstellung.

Wenn z. B. auf einer Station mehrere Benutzer häufig wechselnd auf den gleichen PC zugreifen, wird zurzeit noch in vielen Krankenhäusern mit anonymisierten Login-Kennungen gearbeitet.

Auf diese Weise können nach einem einmaligen Login-Prozess mehrere Personen in wechselnder Folge parallel zueinander Daten verschiedener Patienten einsehen und verändern. Für die Health Professionals stellt dies eine effiziente Arbeitsweise sicher. Befragt man den Datenschutzverantwortlichen zu dieser gängigen Praxis, so erhält man vermutlich eine andere Einschätzung der Situation. Die Nachvollziehbarkeit, welcher Health Professional die jeweiligen Veränderungen in den Patientendaten vorgenommen hat, und die Beantwortung der weiteren grundlegenden Fragen aus Abb. 1 dieses Kapitels sind durch ein solches Authentisierungsverfahren nur sehr eingeschränkt gewährleistet.

2.2 Unterentwickelte Unterstützungsprozesse

Betrachtet man den Informationsfluss entlang des Behandlungsweges, so werden heute vom Patienten, seinem Hausarzt, dem Apotheker, dem Krankenhaus sowie durch Rehabilitation und Spitex die unterschiedlichsten Informationsmedien wie Telefon, Brief, E-Mail oder auch der Patient selbst als Kurier genutzt. Inwieweit für diese Prozesse und die vorgängig beschriebene Dokumentation des Behandlungsprozesses in einer Arztpraxis heute in der Schweiz und anderen europäischen Ländern elektronische Unterstützung genutzt wird, zeigt Abb. 3.

Für die Krankenhäuser ist zwar in der Regel ein höherer Grad der Elektronifizierung der Prozessunterstützung realisiert, dies jedoch auf der Basis einer historisch gewachsenen heterogenen IT-Landschaft. Die verschiedenen Systeme wie ERP, KIS, Archiv und PACS haben auch verschiedene Berechtigungs- und Benutzerverwaltungen die meist keinem einheitlichen Rollenmodell (vgl. Forderung aus Abschnitt 1.3) gehorchen.

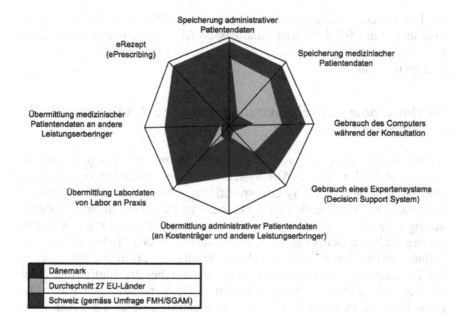

Abb. 3. Die Realität in der Arztpraxis (gemäss Umfrage FMH/SGAM) (Schmid 2009)

2.3 Systemintegration, Identitätsintegration und Datenintegration – Reihenfolge und Folgen

Für die Realisierung einer systemübergreifenden Berechtigungsstruktur beim Zugriff auf Patientendaten wird zunächst einmal eine systemübergreifende Identität der Patienten benötigt. Dies wird heute zunehmend durch die Nutzung von Patientenindizes auf Basis eines Master Patient Indexes (MPI) umgesetzt und an anderer Stelle in diesem Handbuch näher erläutert (vgl. z. B. Kapitel 3 und 4 des Buches). Durch den MPI wird ein Patient über verschiedene IT-Applikationen hinweg als einzelne Person identifizierbar und seine Daten können zu einer virtuellen Patientenakte zusammengefasst werden. Auch auf der Seite der Behandelnden wird eine systemübergreifende Identität als Grundlage für weitere Schritte benötigt.

Da die verschiedenen genutzten IT-Systeme in der Regel heute alle eine eigene Benutzerverwaltung besitzen und diese durch unterschiedliche Administrationsverantwortliche verwaltet werden, kommt es hier leicht zu voneinander abweichenden Datenbeständen und -qualitätsstandards.

Um einem Behandelnden auf alle verfügbaren Informationen eines Patienten Zugriff gewähren zu können, sind neben der Integration der Applikationsdaten auch eine systemübergreifende Identität und Berechtigung des Datennutzers sicherzustellen. Erfolgt dieser Schritt nicht, so werden zwar über den MPI der Patient und dessen Akte zugreifbar gemacht, aber dem Arzt das nötige Zugriffsrecht und die Identitätsgrundlage nicht zur Verfügung gestellt.

2.4 Notwendige Querschnittsfunktion ohne direkten Nutzen für Anwender

Für die Realisierung von zentralen Benutzer- und Berechtigungsverwaltungen auf der Basis von IAM-Systemen sind grundsätzlich organisatorische, prozessuale und IT-System-spezifische Aspekte aus allen beteiligten Bereichen des einführenden Unternehmens zu berücksichtigen. Die Realisierung eines solchen Projekts ist relativ zeitaufwendig und bringt überdies vordergründig zunächst keinen direkten Nutzen für den IT-Anwender.

Eine optimal umgesetzte IAM-Einführung ist „benutzertransparent". Der IT-Anwender nimmt idealerweise zunächst bei der Einführung einer zentralen Identitätsverwaltung nicht sehr viele Veränderungen wahr. Die Veränderungen in dieser Phase liegen sehr stark im Bereich der Administration der User-Daten. Erst wenn anschliessend auf der Basis dieser eindeutigen Identitäten auch eine flexiblere und schnellere rollenbasierte Berechtigungsverwaltung realisiert wird, nimmt der Anwender den Nutzen des Systems wahr. Bis zu diesem Punkt sind verschiedene Schritte zu realisieren. Ein Vorschlag zu deren Umsetzung wird in Abschnitt 4 beschrieben.

Die Einführung von IAM wird häufig als „ein IT-Projekt neben vielen anderen" gesehen und als solches in die Projektplanung für das kommende Budgetjahr eingebracht. Aufgrund des fehlenden direkten Nutzens für den Anwender besteht hierbei häufig das Risiko, dass zwar der Nutzen einer zentralen Berechtigungsverwaltung erkannt, jedoch das Projekt trotzdem mehrere Male in der Priorisierung nachrangig bewertet und immer wieder verschoben wird.

3   Warum ist eine zentrale Berechtigungsverwaltung notwendig?

3.1 Nutzen und Identity Governance

Welchen Anreiz könnte es also für die Durchführung eines solch komplexen IT-Projekts geben? Welchen Nutzen hat man davon? Der ausgeprägte organisatorische Anteil, die Notwendigkeit, nahezu alle Systemverantwortlichen in der IT-Organisation zu beteiligen, und der in Abschnitt 2 bereits erwähnte fehlende direkte Nutzen scheinen zunächst die Chancen für die Einführung einer zentralen IAM-Lösung zu schmälern. Als Nutzen des IAM sind drei Hauptaspekte zu nennen:

1. Sicherheitsoptimierung:

Datenschutz durch strikte und konsistente Durchsetzung von unternehmensweiten Sicherheitsrichtlinien.

Vermeidung von Sicherheitsverletzungen durch anwendungsübergreifendes Berechtigungs- und Zugangsmanagement.

Nachweisbarkeit und Auswertungen von Zugriffen durch umfassende Monitoring- und Auditing-Methoden.

2. Kostenreduzierung:

Reduzierte Betriebskosten, Total Cost of Ownership (TCO), durch automatisierte Benutzer- und Berechtigungsverwaltung für heterogene IT-Infrastrukturen.

3. Verbesserte Patientenversorgung:

Erhöhte Flexibilität und Produktivität durch schnelle Bereitstellung und Anpassung an neue Services.

Verbesserung der Patientenversorgung durch kontrollierte Zugriffsmöglichkeiten auf den Patientendatenbestand.

Alle Beteiligten in einem Behandlungsprozess können z. B. auf der Basis eines Eintrages im Personal-Einsatz-Planungs-System durch automatisierte Rechtevergabe die für sie notwendigen Unterlagen einsehen. Eine optimale Informationsunterstützung des Behandlungsprozesses bei gleichzeitiger Einhaltung der Sicherheitsanforderungen (Privacy der Patientendaten) wird so gewährleistet.

Nicht zu unterschätzen beim gesicherten Zugriff auf Patientendaten sind auch die juristischen Aspekte: Wird z. B. der gesetzlich vorgeschriebene Daten- und Persönlichkeitsschutz nicht erfüllt, kann dies teils gravierende rechtliche und anschliessend auch wirtschaftliche Konsequenzen haben. Eine Übersicht von relevanten gesetzlichen Richtlinien für die jeweiligen Branchen ist in Abb. 4 dargestellt.

Regulation	Fokus	Betroffen	Gültig seit
Sarbanes-Oxley-Act (SOA, SOX)	Bilanzierung, Controlling	Börsennotierte Unternehmen der US-amerikanischen Aktienbörse	2006
Gramm-Leach-Billey Act (GBLA)	Schutz personenbezogener Finanzinformationen	Finanzdienstleister (USA)	Juli 2001
Health Insurance Portability and Accountability Act (HIPAA)	Schutz personenbezogener Gesundheitsinformationen	Organisationen des Gesundheitswesens der USA	April 2005
KonTraG	Risikomanagement	AGs, GmbHs (OHGs, KGs)	Mai 1998
Basel II	Risikomanagement	Finanzdienstleister	2007

Abb. 4. Gesetzliche Compliance-Anforderungen in der Entwicklung

Daher sollte z. B. ein Krankenhaus möglichst genau auskunftsfähig sein, wer wann was mit welcher Information durchgeführt hat. Ein Identitätsmanagementsystem enthält wesentliche Anteile der vom Gesetz geforderten Informationen, da es jede Veränderung der Berechtigungszuweisung aufzeichnet. Durch die Archivierung dieser Informationen wird die IT-Infrastruktur sozusagen „ready for compliance".

Wenn darüber hinaus auch ein Access-Management für ein zentralisiertes Login zu den Systemen genutzt wird, können nicht „nur" die Veränderungen der Berechtigungen der IT-Nutzer, sondern auch deren tatsächlich durchgeführte Anmeldungen auf den unterschiedlichen Anwendungen auditiert und historisiert werden. Hierdurch sind die typischen Fragen eines IT-Auditors auf sehr schnelle und effiziente Weise, gewissemassen „auf Knopfdruck", zu beantworten.

3.2 Modell für die systematische Entwicklung des Identitätsmanagements

Auf dem Weg zu einem integrierten Identitätsmanagement gilt es verschiedene Stufen zu erreichen. Um hier eine Vergleichbarkeit mit anderen

Organisationen zu erreichen, können systematische Reifegradmodelle wie z. B. die Übersicht in Abb. 5 genutzt werden. Auf diese Weise lässt sich eine Selbsteinschätzung der jeweils erreichten Entwicklungsstufe bezüglich Organisation, Integration und Infrastruktur durchführen.

Entwicklungsstufe		1	2	3	4	5	6
Organisation	Verantwortung für die Durchsetzung der Prozesse, Rollendefinitionen und Berechtigungen	Die Verantwortung und der Regelungsbedarf sind der Führung nicht bewusst	Der Bedarf für eine Regelung ist der Führung bewusst, eine Regelung unterbleibt jedoch	Es gibt geregelte Verantwortungen, diese werden aber nicht wahrgenommen	Es gibt geregelte Verantwortungen, diese werden isoliert wahrgenommen	Es gibt geregelte Verantwortungen, diese werden vernetzt wahrgenommen	Es gibt geregelte Verantwortungen, diese werden ganzheitlich wahrgenommen
	Eintritts-, Austritts-, Mutations-Prozesse	Es existieren implizite Verfahren, die geforderten Resultate sind nicht beschrieben	Es gibt geführte Verfahren, die geforderten Resultate sind beschrieben	Die Abläufe sind modelliert, die Resultate sind vorgegeben	… , werden breit angewandt	… sowie durch ein Workflow-System unterstützt	Die Prozesse und das Workflow-System werden kontinuerlich erweitert und optimiert
	Rollen für Benutzer und Rechte auf Ressourcen	Es gibt keine differenzierte Benutzung und/oder keine differenzierten Rechte	Rechten werden an einzelne Benutzer zugeteilt	Die Zuteilung von Rechten erfolgt mehrheitlich an Benutzergruppen	Wesentliche Rollen für wesentliche Ressourcen, Anwendungen usw. sind festgelegt und werden verwendet	… , deren Administration wird durch ein RBAC-Tool unterstützt	Die Rollen werden kontinuerlich erweitert und optimiert
Integration	Technische Integration des Austausches von Benutzerdaten zwischen Anwendungen	Es existieren keine Verbindungen zwischen den Anwendungen zum Zweck des Benutzerdaten-Austausches	Es gibt dafür einzelne bilaterale Schnittstellen	Die identitätserzeugenden Applikationen sind über eine Identitäts-Management-Plattform verbunden	Die wichtigsten identitätsempfangenden Applikationen sind über eine Identitäts-Management-Plattform verbunden	… und es werden weitergehende Services der Identitäts-Management-Plattform genutzt (bspw. Self-Service, Look-Up)	Der Weiterausbau der technischen Integration erfolgt kontinuierlich

		Zugang zu Anwendungen (Komfort)	Der Zugang (Anmeldung; Sign On) zu Anwendungen wird pro Anwendung gelöst	Es gibt einen "Reduced Sign On" für Web-Applikationen	Es gibt einen "Single Sign On" für Web-Applikationen	Es gibt einen "Reduced Sign On" für Web- und Client-Server-Applikationen	Es gibt einen "Single Sign On" für Web- und Client-Server-Applikationen	Mit externen Anwendungs-Anbietern gibt es eine "Identity Federation"
Infrastruktur	Zugang zu Anwendungen (Schutz)	Der Zugangs zu Anwendungen wird nicht bewusst geschützt	Der Zugang zu bestimmten Anwendungen (bspw. von aussen zugängliche Web-Applikationen) wird im Einzelfall besonders geschützt (bspw. Passwort-Komplexität)	Der Zugang zu bestimmten Anwendungen (bspw. von aussen zugängliche Web-Applikationen) wird besonders geschützt und erfolgt koordiniert	... für bestimmte Anwendungen werden dazu starke Authentisierungs-Verfahren verwendet	Der Zugang zu allen Anwendungen (bspw. von aussen zugängliche Web-Applikationen) wird koordiniert geschützt	... für alle Anwendungen werden dabei starke Authentisierungs-Verfahren verwendet

Abb. 5. Reifegradmodell für Identitätsmanagement (Rohner 2009)

Auch für die Einführung eines Identitätsmanagements empfiehlt sich folgerichtig ein stufenweises Vorgehen, um die oben genannten Entwicklungsstufen mit jeweils aufeinander abgestimmten Massnahmen zu erreichen. Die Einführung eines rollenbasierten Berechtigungsmanagements als technische Lösung bedingt beispielsweise die vorgängige Definition eines entsprechenden Rollenmodells (vgl. Abb. 5).

3.3 Die Notwendigkeit für Identity Federation nimmt zu

Während sich in der Vergangenheit im Gesundheitswesen wie auch in allen anderen Branchen die Organisationen und Unternehmen hauptsächlich auf die Administration der Identitäten, Benutzerdaten und Zugriffsrechte ihrer eigenen Mitarbeiter konzentriert haben, ändert sich durch ein zunehmend kooperatives Modell der Zusammenarbeit mit externen IT-Nutzern die Aufgabenstellung.

Die Frage danach, wie man neue prozessorientierte Anwendungen im Rahmen von SOA-Ansätzen und „On Demand"-IT-Architekturen sicher gestalten kann, die letzten Endes im Zentrum dieses Buches steht, hat den

Fokus des Identitätsmanagements verändert. Besondere Bedeutung gewinnt in diesem Zusammenhang das Zugriffsmanagement auf Anwendungen mit Webschnittstelle, die für neue Benutzergruppen wie z. B. externe Belegärzte geöffnet werden sollen.

Auch auf der Seite der administrativen Verwaltung werden immer mehr Zugriffe von Geschäftspartnern und Lieferanten ermöglicht und erleichtern die tägliche Zusammenarbeit. Das ist aber nur umsetzbar, wenn mit übersichtlichen, nachvollziehbaren Administrationskonzepten gearbeitet wird.

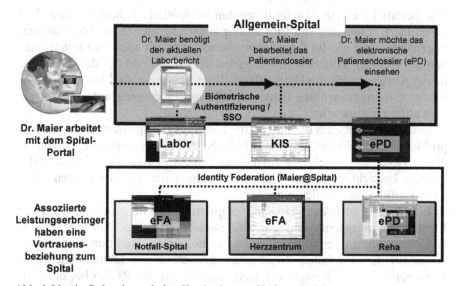

Abb. 6. Identity Federation zwischen Krankenhaus und Leistungserbringern

„Identity Federation" ist die Bezeichnung für neue Standards, bei denen die Authentifizierung und die Autorisierung getrennt werden. Ein System z. B. eines IT-Providers für ein Ärztenetzwerk übernimmt die Authentifizierung, also die Überprüfung der Identität eines Benutzers. Die Informationen werden in standardisierter Weise an das System weitergeleitet, auf das der Benutzer zugreifen möchte. Dieses fordert bei Bedarf noch weitere Daten wie die Zuordnung des Benutzers zu Rollen an und verwendet die Informationen, um den Zugriff zu steuern. Es führt also die Autorisierung durch. Der besondere Reiz der Identity Federation liegt darin, dass dieses Konzept auf Standards und auf Web Services basiert und damit sehr flexibel nicht nur innerhalb eines Unternehmens, sondern auch über seine Grenzen hinweg (vgl. Abb. 6) einsetzbar ist.

Folglich kann für die Zusammenarbeit zwischen verschiedenen Krankenhäusern und einem Netzwerk an zuweisenden Ärzten, die regelmässigen Zugriff auf die Daten ihrer Patienten benötigen, die Federation-Technologie einerseits einen vereinfachten Zugriff für die externen Benutzer ermöglichen, andererseits aber auch den Aufwand für die Administratoren bei der Datenpflege der Benutzerprofile in einem vertretbaren Rahmen halten.

4 Zweckmässiges Vorgehen bei der Realisierung

Wie bereits im ersten Abschnitt mit den Beispielen aus anderen Branchen geschildert, lohnt sich die Einführung eines übergreifenden Identitätsmanagements nicht nur für Grossunternehmen, sondern auch für Organisationen mit weniger Mitarbeitern. Aufgrund der Grösse und des damit verbundenen Aufwands für die Datenpflege aller Mitarbeiter sind jedoch die führenden Grossunternehmen heute fast alle mit einer integrierten Benutzerverwaltung ausgestattet.

Einmal implementiert, laufen die Identitätsmanagementsysteme meist problemlos. Die Einführung eines IAM-Systems sollte jedoch z. B. von einem Krankenhaus nicht als einmaliges Projekt, sondern als fortlaufender Prozess betrachtet werden. Nur so kann man die vielen Chancen einer IAM-Einführung wirklich nutzen.

Wie bereits mehrfach erwähnt, empfiehlt sich für den Aufbau einer Identitätsmanagementlösung ein stufenweises Vorgehen. Nur eine schrittweise Einführung ermöglicht es, dass die ersten Funktionsbestandteile schon in einer sehr frühen Projektphase genutzt werden können. Hierdurch verringern sich die Kosten, die Komplexität und das Risiko bei der Projektumsetzung. Der Ausbau des Systems folgt dann den aktuellen Bedürfnissen, wobei die Erfahrungen aus den ersten Projektschritten in die nachfolgenden Phasen einfliessen. Die einzelnen Arbeitsschritte bauen systematisch aufeinander auf.

Identitäten migrieren: Jede Person, die durch das Identitätsmanagementsystem verwaltet wird, ist im Identitätsspeicher als Objekt hinterlegt. Für die eindeutige Kennzeichnung ist es ratsam, jedem Identitätsobjekt automatisch einen unternehmensweit eindeutigen globalen Identifikator zuzuweisen. Die Identitäten lassen sich auch manuell im Identitätsspeicher pflegen. Je nach ihrem Typ werden sie bereits in verschie-denen Datenbanken des Krankenhauses / der Organisation verwaltet. Beispielsweise werden die Mitarbeiterdaten im Personal- und die Patientendaten im Klinikinformationssystem (KIS) gepflegt.
Eine Identitätsmigration identifiziert all diese Systeme und bindet sie an das zentrale IAM an. Über regelmässige Synchronisationen werden immer die aktuellen Daten aus den Quellsystemen in den zentralen Identitätsspeicher übertragen.

Zielsysteme integrieren: Für jede Benutzerverwaltung, die an das IAM angeschlossen ist, werden alle Benutzerkennungen in den Identitätsspeicher übertragen und den Personenidentitäten zugeordnet. Die Mitarbeiter der IT-Abteilung erhalten auf diese Weise einen Überblick über die Identitäten und die ihnen zugeordneten Benutzerkennungen. Im Rahmen der Zielsystemintegration werden neben den Benutzerkennungen auch Systemberechtigungen und Mitgliedschaften übertragen.

Berechtigungsstrukturen analysieren: Bevor die Rechte in Clustern gruppiert und zu Rollen zusammengefasst werden können, analysiert das „Role Mining" die bestehenden Berechtigungsstrukturen. Der zentrale Identitätsspeicher ist in der Lage, systemübergreifend Informationen für das Role-Mining-Werkzeug bereitzustellen. So schafft er eine Datengrundlage für die Identifikation von Rechtegruppierungen. Mit Hilfe dieses Bottom-up-Ansatzes lassen sich die Berechtigungsstrukturen transparent darstellen und der Zuweisungsprozess wird bereits deutlich vereinfacht.

Vergabe von Berechtigungen steuern: Signalisiert das Personalsystem etwa den Austritt eines Mitarbeiters, so wird das zugehörige Identitätsobjekt im zentralen Identitätsspeicher automatisch deaktiviert. Wenn sich der Status des Identitätsobjekts ändert, werden auch alle ihm zugeordneten Benutzerkennungen automatisch deaktiviert und bei Bedarf gelöscht. Damit ist die Gefahr von Sicherheitsverletzungen wegen veralteter und nicht zuordenbarer Benutzerkennungen gebannt. Alle Berechtigungszuweisungen erhalten einen Gültigkeitszeitraum, nach dessen Ablauf die Berechtigung automatisch entzogen wird.

Berechtigungsvergabe automatisieren: Um die Berechtigungsvergabe zu automatisieren, sind vorhandene Informationen zu den im Identitätsspeicher hinterlegten Personen nutzbar: beispielsweise die Zugehörigkeit zu einer Station, Standortinformationen oder die Mitarbeit in bestimmten Projekten. Diese Informationen stehen dank der am Anfang erwähnten Synchronisationen bereits zur Verfügung und lassen sich als Kriterien für die Zuweisung von Berechtigungen nutzen.

Werden die Berechtigungen automatisch zugewiesen, steigt die Effizienz und die Fehleranfälligkeit sinkt. Unter bestimmten Umständen ist jedoch eine zusätzliche Absicherung der automatischen Zuweisung notwendig, beispielsweise wenn eine Führungskraft der Zuweisung von Privilegien für einen Mitarbeiter zustimmen muss. Aus diesem Grund ermöglichen IAM-Systeme auch die Definition von Genehmigungs-Workflows. Erst wenn die für eine Genehmigung relevanten Personen den Vorgang freigegeben haben, wird eine Berechtigungszuweisung in das jeweilige Zielsystem übertragen.

Der Prozess für die Zuweisungen von Privilegien (vgl. Abb. 7) lässt sich weiter verbessern, indem die Mitarbeiter selbst entsprechend den Anforderungen ihres Job-Profils über sogenannte Self-Service-Funktionen neue Berechtigungen beantragen können.

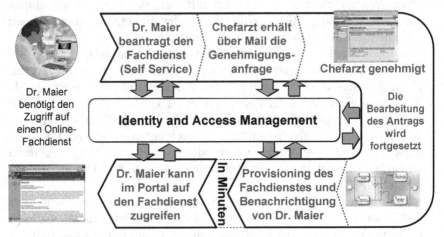

Abb. 7. Self Service für Beantragung weiterer Dienste

Prozessorientierte Rollenmodellierung: Neben der oben beschriebenen Bottom-up-Methode lässt sich in einem Identitätsmanagementsystem auch „top-down" ein organisatorisches Rollenmodell hinterlegen. Es wird aus der Modellierung z. B. des Behandlungsprozesses eines Patienten und – falls vorhanden – aus den Informationen von Arbeitsplatzbeschreibungen abgeleitet. Dazu müssen jedoch die Rollen den Berechtigungen der Zielsysteme zugeordnet sein. Dank der Integration der Zielsysteme sind deren Berechtigungen im zentralen Identitätsspeicher verfügbar und lassen sich für diese Zuordnung nutzen. Der Prozess der Rollenmodellierung muss mit den notwendigen Funktionen und Kompetenzen innerhalb des Krankenhauses / der Organisation ausgestattet werden. Es ist dabei festzulegen, wer die Rollen verändern, wer Zuordnungen zu Benutzern und Berechtigungen anpassen und wer diese freigeben darf. Weil sich das im Identitätsmanagementsystem hinterlegte Rollenmodell ständig ändert, muss auch seine Historie gespeichert werden.

5 Hinweise für die Krankenhauspraxis

In vielen Krankenhäusern ist die bisherige IT-Entwicklung durch heterogene, abteilungsorientierte Informationssysteme geprägt, die zur Prozessvereinfachung nur unzureichend beitragen. Bei der Entwicklung einer ganzheitlichen Strategie für die Benutzeridentifikation und Berechtigungsverwaltung, die für die Erreichung der übergeordneten Ziele heute unerlässlich ist, können IAM-Integrationsdienstleister entscheidende Anstösse geben und ihre Erfahrungen aus ähnlichen Projekten einbringen (vgl. Abschnitt 1.4).

Wichtig ist hierbei die Kombination aus Analyseerfahrung der prozessualen Anforderungen und der Kenntnis über die technischen Möglichkeiten bei der Konfiguration der einzusetzenden IAM-Lösung. Nur so kann eine optimale Ausnutzung der Potenziale einer solchen Lösung für die gewünschte Unterstützung der Behandlungsprozesse der Patienten gewährleistet werden.

5.1 Identitätsmanagement ist kein reines IT-Thema, sondern auch ein Fachabteilungsprojekt

Aus der in den vorangegangenen Abschnitten geschilderten notwendigen Integration der Funktionalitäten einer IAM-Lösung in z. B. den IT-gestützten Behandlungs- und Dokumentationsprozess folgt zwingend die Notwendigkeit einer Analyse der organisatorischen und prozessualen Anforderungen im Zusammenhang mit der Einführung einer solchen Lösung. Nur wenn z. B. die historisch gewachsene Organisationsstruktur eines Krankenhauses sinnvoll in ein parametrisiertes Rollenmodell überführt wird, kann auch der Vorteil einer zentralen Berechtigungsverwaltung vollends genutzt werden.

Die IT kann Implementierung, Administration und Betrieb einer solchen Lösung sicherstellen, die fachlichen Anforderungen sollten jedoch zwingend aus den Fachabteilungen kommen. Um dies in strukturierter und zielführender Form zu tun, sollte die Moderation eines solchen Definitionsprozesses der Anforderungen an die Berechtigungsverwaltung durch jemanden unterstützt werden, der die typischen Aufgabenstellungen einer IAM-Analyse sehr gut kennt.

Beispielsweise empfiehlt es sich nicht, die Stellenbeschreibungen der einzelnen Funktionsträger eines Krankenhauses eins zu eins als Basis für die Definition des Rollenmodells zu verwenden. Durch die rollenbasierte Berechtigungsverwaltung kann eine Reduzierung der Komplexität und des administrativen Aufwands nur dann erzielt werden, wenn Personen mit ähnlichen Zugriffsrechten auch in entsprechenden Rollen zusammengefasst werden.

5.2 Integration des Identitätsmanagements

Die Integration des Identitätsmanagements in die bestehenden Prozesse und IT-Infrastruktur kann in einem ersten Schritt für die Endnutzer, aber auch für die Systemverantwortlichen „transparent" durchgeführt werden.

Die bisherigen Datenpflegeprozesse können zunächst unverändert belassen werden. Durch die Installation eines IAM-Systems werden in dieser Phase lediglich die Datenqualität und die Eindeutigkeit der Benutzeridentitäten gesteigert. *Wichtig ist:*

Dieser Schritt kann auch bereits vor oder parallel zur Definition von Berechtigungsprozessen und Rollenmodellen umgesetzt werden.

Erste Kosteneinsparungseffekte und eine bessere Nachvollziehbarkeit der Benutzertransaktionen mit den Patientendaten werden bereits in diesem Schritt erreicht.

5.2.1 Von der alleinstehenden IT-Aufgabe zur Integration in den Kontext der prozessorientierten Patientenidentifikation

Typischerweise werden Benutzerverwaltung und Berechtigungsmanagement beim ersten Hinsehen als ausschliesslich technische IT-Administrationsaufgabe wahrgenommen.

Die geforderte Sicherheit beim Zugriff auf geschützte Daten wird vom Management (eines Krankenhauses) häufig als „grundsätzlich sichergestellt" vorausgesetzt, sollte den laufenden Betrieb möglichst nicht behindern und auch keine zusätzlichen Investitionen erfordern.

Der heutige Trend zum Einsatz verteilter Systeme zur Verarbeitung und Speicherung medizinischer Daten erfordert neben einer eindeutigen Patientenidentifikation auch die Implementierung von Verfahren zur Benutzerautorisierung.

„Die papierbasierte Übertragung medizinischer Dokumente per Post erfolgt meist gänzlich ohne Berücksichtigung des Sicherheitsaspektes. Für einen Angreifer mit ausreichend hohem Kriminalitätspotenzial scheint das Abfangen und sogar das unbemerkte Verändern von postalisch übertragenen Befunden wesentlich einfacher als der Versuch, Verschlüsselungen zu brechen und Integritätsprüfverfahren zu manipulieren." Bei der Umsetzung eines sicherheitstechnischen Gesamtkonzepts „stellt vorwiegend die Integration von Authentifizierungsverfahren und Techniken zur Rollen- und Kontext-basierten Autorisierung eine zentrale Thematik dar" (Wozak 2004).

5.2.2 Von der IT-Aufgabe zur Integration in den Kontext der Unterstützungsprozesse

„Viele IT-Verantwortliche in Unternehmen haben Mühe, ihre Budgetgeber von der Notwendigkeit oft teurer Investitionen in IAM zu überzeugen. Das überrascht insofern kaum, als es sich meist um Projekte der so genannten ‚IT-Infrastruktur' handelt, also um sehr grundlegende Dinge. Und es fällt nun einmal schwer, dafür einen echten ROI zu rechnen, meistens jedenfalls. Doch gerade in Zeiten knapper Kassen wird eine solche Kapitalrendite immer häufiger ‚von oben' gefordert" (Kuppinger u. Bube 2009).

Aufgrund der u.a. von Herrn Kuppinger – einem ausgewiesenen IAM-Spezialisten – geschilderten Situation ist es wichtig zu unterstreichen, dass die Einführung einer zentralen IAM-Lösung nicht nur dem Zweck einer effizienteren IT-Administration dient. In *allen* durch Informationstechnologie unterstützten Prozessen des Krankenhauses und der Arztpraxen wirkt sich eine zentrale Benutzer- und Berechtigungsverwaltung positiv aus.

Dies gilt also nicht „nur" für die patientenorientierten Prozesse, sondern insbesondere auch für Personal-, Finanz- und Facility-Management. IAM ist in der IT kein Selbstzweck, es geht nicht um graue Theorie, sondern um die Konsequenz aus einer relativ simplen Anforderung, die seit Urzeiten an die IT gestellt wird, die Realisierung von „Informationssicherheit".

6   Fazit

So betrachtet bildet die Einführung eines zentralen IAM für Patienten und Administrationsprozesse den folgerichtigen Schritt zur Erreichung von Informationssicherheit und einer effizienten Arbeitsweise im IT-Bereich des Krankenhauses. Nur durch eine konsequent umgesetzte zentrale Administration von Benutzerdaten, die Möglichkeit einer flexiblen Vergabe von Berechtigungen und ein aufwandsarmes Monitoring derselben können die folgenden Ziele realistisch erreicht werden:

Verhinderung von Verstössen gegen rechtliche Vorschriften,
Unterbindung des Missbrauchs von Systemen,
Schutz von geistigem Eigentum und
Schutz der persönlichen Daten des Patienten, der für dieses Handbuch im
    Mittelpunkt aller Überlegungen steht.

7 Fallbeispiel – Klinikum Landshut

Das Klinikum Landshut optimierte als erste Klinik in Deutschland ihre Administrationsprozesse mit einer umfassenden Identitätsmanagementlösung und erhöhte damit gleichzeitig die Sicherheit ihrer Prozesse. Das Projekt wurde auf der Basis einer Siemens-Identitätsmanagementlösung realisiert.

7.1 Die Herausforderung

Das Klinikum Landshut verfolgte als oberstes Ziel eine gewissenhafte, kompetente und zeitgemässe Behandlung zum Wohle seiner Patienten. Dieses Ziel erforderte moderne Lösungen sowohl in der medizinischen Versorgung als auch in der IT-Infrastruktur. Wirtschaftliches Arbeiten und damit optimierte Verwaltungsprozesse sind Voraussetzungen, um den Patienten eine optimale Versorgung bieten zu können. Ebenso wichtig ist es, dass ausschliesslich autorisierten Personen der Zugang zu sensiblen Daten, wie sie im Klinikinformationssystem und in den weiteren vernetzten IT-Systemen hinterlegt sind, gewährt wird. Und für diese ausgewählten Personenkreise müssen die Informationen und Anwendungen bei Bedarf natürlich sofort und zugeschnitten auf die jeweilige Aufgabenstellung zur Verfügung stehen (z. B. Pflegekraft, Arzt und Funktionsdienst).

In gleicher Weise muss gewährleistet sein, dass die Zugriffsberechtigungen ausscheidender Mitarbeiter in allen relevanten Systemen umgehend deaktiviert werden – und dies alles transparent und nachvollziehbar. Die Anforderungen an die IT-Lösung waren dementsprechend hoch: Steigerung der Effizienz und höhere Sicherheit bei allen administrativen Prozessen, Umsetzung der Security Policy und Revisionssicherheit. Dabei sollten die vorhandene Infrastruktur eingebunden und damit die bestehenden Investitionen geschützt werden.

Die *Ausgangssituation* bestand in einer gewachsenen, heterogenen IT-Landschaft mit einer hohen Anzahl von Applikationen und einer dezentralen Benutzerverwaltung. Das Hauptziel bestand darin, für die wichtigsten IT-Systeme – das Krankenhausinformationssystem medico//s, das Personalinformationssystem PerRes, das System für Dienstpläne und Arbeitszeiterfassung PerRes BV, den Inter-/Intranetzugang, Microsoft Active Directory Services etc. – eine zentrale Benutzerverwaltung zu realisieren. Die Lösungsarchitektur dieses Projekts ist in Abb. 8 dargestellt.

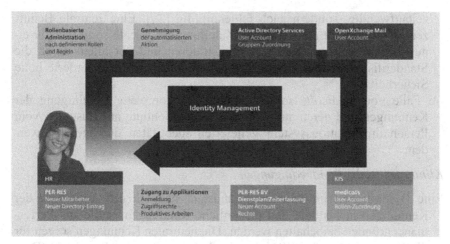

Abb. 8. Lösungsarchitektur Identitätsmanagement im Klinikum Landshut

Ausserdem sollte ein Passwortmanagement eingeführt werden, um den Help Desk zu entlasten. Eine wesentliche Forderung bestand in der automatisierten Vergabe von Berechtigungen und der Aktualisierung der Zugangsdaten. So sollten beispielsweise für neu eingestellte Mitarbeiter alle notwendigen Accounts ohne manuelle Eingriffe eingerichtet und die zugehörigen Zugriffsrechte in einem Schritt freigeschaltet werden. Ebenso sollte das Änderungsmanagement im Verlauf des Anstellungsverhältnisses unterstützt werden und sollten für ausscheidende Mitarbeiter die Zugriffsrechte in derselben Weise zeitnah und komplett entzogen werden. Darüber hinaus wurde eine einheitliche Passwort-Policy gefordert, um die Zahl der Passwörter zu verringern, sowie die Realisierung von Monitoring und Auditing.

7.2 Besondere Aufgabenstellung

Anbindung des Klinikinformationssystems (medico//s):

Im Krankenhausinformationssystem medico//s fliessen die sensibelsten Informationen des Klinikums zusammen. In elektronischen Akten sind Krankheits- und Behandlungsverläufe der Patienten gespeichert.
Höchste Sicherheit und der kontrollierte Zugriff auf diese Daten sind notwendige Bedingungen. Für die Benutzer werden digitale Identitäten angelegt, denen die entsprechenden Benutzerrechte zugeordnet werden müssen. Dies geschieht auf der Basis von Rollen, Profilen und Benutzergruppen.
„Wird diese komplexe Verwaltung manuell und dezentral, d. h. über verschiedene Zugangspunkte vorgenommen, so ist sie nicht nur sehr

zeitaufwendig, sondern auch fehleranfällig [...]. Eine zentrale Benut-
zerverwaltung mit automatischer Zuteilung der Rechte sorgt hier für ei-
ne spürbare Entlastung der Administratoren und vor allem durch die
Standardisierung und Prozesstransparenz auch für die geforderte hohe
Sicherheit."[10]
Im Falle von medico//s sollten deshalb die komplette Bereinigung der
Kennungen und deren automatische Neueinrichtung auf Basis der vom
Personalinformationssystem gelieferten Identitäten durchgeführt wer-
den.

Klinikspezifische Randbedingungen:

Eine Besonderheit im Klinikum Landshut, nämlich die Aufteilung der
Kennungen in neutrale und persönliche Kennungen, sollte aus Perfor-
mancegründen beibehalten werden. Die neutralen Kennungen sorgen für
die Bereitstellung des EDV-Arbeitsplatzes und seiner Peripherie (Dru-
cker, Etiketten, Kartenleser, Dockingstation etc.), unabhängig von den
Benutzern, die an diesem Multiuser-Arbeitsplatz ihren Dienst verrich-
ten.
Für die Nutzung der verschiedenen Anwendungen bzw. auch der einzelnen
Module innerhalb des KIS medico//s (Pflege, Arzt, Funktionsdienst,
Leitstelle, Schreibdienst etc.) muss sich jeder Benutzer mit seinem persönlichen Login anmelden. Seine Aktivitäten werden auf der Basis dieses persönlichen Logins in der Änderungshistorie dokumentiert.
Weitere Detaillierung der Zugriffsrechte erfolgt nach dem Prinzip „Every-
body gets what he needs", was den Forderungen des Datenschutzes entspricht, aber auch zu einer Vielzahl von Rollen und Profilen führt.

7.3 Die Lösung

Um die vorhandene Infrastruktur optimal in die neue Lösung einzubeziehen, alle Anforderungen aufzunehmen und technische Details mit der IT-
Leitung des Klinikums Landshut zu klären, fand ein eintägiger Workshop
statt. Mit dem Projektstart im November 2007 und der Erstellung des Konzepts ging es aufgrund des engen Zeitfensters direkt in die Umsetzung.
Ende Januar 2008 ging die Lösung in einer ersten Ausbaustufe in Betrieb.
IAM von Siemens bindet zunächst die hinsichtlich der Benutzerverwaltung bedeutsamsten und aufwendigsten IT-Anwendungen des Klinikums –
medico//s, PerRes, PerRes BV, Inter-/Intranetzugänge, Microsoft ADS und
das E-Mail-System OpenXchange – an ein gemeinsames System an und
ermöglicht damit eine vereinfachte, zentrale und automatisierte Benutzer-

---

[10]   Stellungnahme Elmar Kaiser, Leiter IT-Management im Klinikum Landshut.

administration und Rechtevergabe. Auf der Basis von elektronischen Genehmigungs-Workflows werden Berechtigungen für Spezialaufgaben (z. B. Beauftragtenwesen) revisionssicher freigegeben und möglichst automatisiert über die definierten Rollen dem Antragsteller zugewiesen.

Metadirectory: Das Bindeglied zwischen den Anwendungen bildet ein Metadirectory auf der Basis des Siemens-Produktes DirX Directory. Es übernimmt die Stammdaten der Mitarbeiter aus dem Personalinformationssystem und gleicht sie in allen angebundenen Systemen regelmässig ab. Neueinträge und Änderungen werden damit nur noch an einer einzigen Stelle eingegeben und folgen dem im Metadirectory festgelegten Standard. Diese Personenobjekte, auch Identities genannt, sind deshalb einheitlich und eindeutig; Rückfragen entfallen.

Identitätsmanagement und Provisionierung: Die Vergabe von Zugriffsrechten geschieht anschliessend als Ganzes auf der Basis von Rollen, wie beispielsweise Arzt, Pfleger, Aufnahme, Pforte, Abrechnung etc. (vgl. Abb. 9). Das Identitätsmanagementsystem, realisiert durch DirX Identity, transportiert die mit der Rolle verbundenen Zugriffsrechte automatisch in alle angebundenen Zielsysteme, Provisionierung genannt.

Häufig werden zusätzliche Informationen wie z. B. die Organisationseinheit des Benutzers herangezogen, um über Microsoft ADS den Zugriff auf Abteilungsverzeichnisse zu steuern. Dem Mitarbeiter stehen alle Zugriffsrechte, die er für seine Aufgabe benötigt, sofort zur Verfügung. Werden zusätzliche Accounts und Zugriffsrechte benötigt, geschieht dies über eine Webapplikation und über Genehmigungs-Workflows anstatt per Telefon. Scheidet ein Mitarbeiter aus, werden seine Rechte sofort und vollständig in allen angeschlossenen Systemen entzogen.

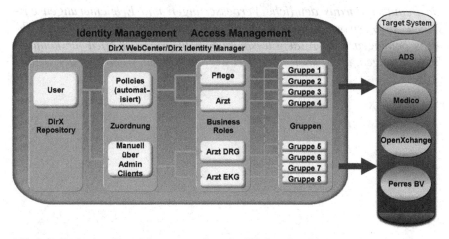

Abb. 9. Rollenbasierte Berechtigungsverwaltung im Klinikum Landshut

7.4 Der Nutzen

Dank der Identitätsmanagementlösung wird der IT-Administrationsaufwand im Klinikum Landshut spürbar gesenkt und die Sicherheit gleichzeitig erhöht. Eine effiziente Verwaltung der Zugriffsrechte von Personen ist systemübergreifend möglich. Berechtigungen werden automatisiert und zeitnah erteilt bzw. entzogen. Neue Mitarbeiter können schneller produktiv arbeiten. Ein einheitliches, global verfügbares Verzeichnis stellt den Mitarbeitern wichtige Informationen wie beispielsweise Telefon- oder Piepsernummern bedarfsorientiert und jederzeit aktuell zur Verfügung.

Da Eingaben nur an einer einzigen Stelle vorgenommen und automatisch abgeglichen werden, entfallen Inkonsistenzen durch fehlerhafte manuelle Datenübertragung. Prozesse werden optimiert und revisionssicher. Die Security Policy wird zuverlässig umgesetzt, die Einhaltung nachverfolgt und für Begutachtungen durch Behörden oder Wirtschaftsprüfer nachweisbar. Dank Identitätsmanagement wird es für den Benutzer nicht komplizierter, sondern einfacher.

7.5 Fazit des Krankenhaus-IT-Leiters Elmar Kaiser:

Elmar Kaiser äussert sich sehr zufrieden über die Identity-Management-Lösung von Siemens:

„Wir haben in kurzer Zeit erreicht, was wir uns vorgenommen hatten. Für das Klinikum Landshut bedeutet diese Qualitätssteigerung einen wichtigen Beitrag für eine zeitnahe und effiziente Umsetzung des Berechtigungskonzepts und damit für eine optimale Versorgung zum Wohle unserer Patienten. Besonders erfreulich ist, dass die Prozesse verschlankt werden und für die Benutzer daraus deutliche Verbesserungen und Erleichterungen entstehen. Insofern wird diese Lösung auch zum Erfolg unseres Unternehmens beitragen. Unser Identitätsmanagementsystem ist offen für künftige Erweiterungen, die schnell integriert werden können, wenn sich der Bedarf zeigt."

Literatur

Haas, P.: Medizinische Informationssysteme und Elektronische Krankenakten, Springer, Berlin et al. 2005.

Koordinationsorgan E-Health Bund-Kantone: E-Health Schweiz – Standards und Architektur Erste Empfehlungen, Koordinationsorgan E-Health Bund-Kantone, Bern 2009.

Kuppinger, M.; Bube, L.: Ohne Identity keine Informationssicherheit, http://www.informationweek.de/news/showArticle.jhtml?articleID=221901375, 01.12.2009.

Rohner, P.: Identitätsmanagement im Spital, Solothurner Spitäler, 7. Mai 2009, Berlin 2009.

Schmid, A.: E-Health Schweiz: Präsentation vor BITKOM – Fachausschuss Chipkarten und Ausweissysteme, Berlin 2009.

Wozak, F.: Gewährleistung der „End to End Security" in telemedizinischen Befundnetzwerken, Private Universität für Medizinische Informatik und Technik Tirol, Innsbruck 2004.

7 Methodisches Vorgehen als Grundlage für die systematische Umsetzung der Patientenidentifikation – Ziele, Aufgaben, Projekte und Ergebnisse aus Sicht des Krankenhauses

Thomas Marko

BINT GmbH

Jürg Lindenmann

Universitätsspital Basel

1 Patientenidentifikation als Grundlage für die Kundenorientierung im Krankenhaus

Um den zukünftigen Herausforderungen im Kontext des steigenden Wettbewerbs und eines wachsenden medizinischen Bedarfs und patientenseitigen Kundenwunsches nach integrierter Versorgung gerecht zu werden, muss das Krankenhaus seine Kunden kennen. Heute wird aber in der Regel alles einzelfallorientiert abgewickelt. Im Zentrum steht dabei entweder die Abrechnungseinheit (administrativer Fall) oder der Verlauf einer einzelnen Krankheit (medizinischer Fall). Der Patient wird nicht ganzheitlich und zumeist nicht als Kunde, sondern als Behandlungsobjekt betrachtet. Erst wenn das Krankenhaus seinen Kunden (bzw. den Patienten in seiner jeweiligen Rolle und Situation) kennt, sind darauf ausgerichtete Service-Angebote möglich. Dieses Kapitel beschreibt eine Vorgehensanleitung zur Etablierung und Umsetzung von Veränderungsprojekten im Kontext der Patientenidentifikation in der Form kompakter Handlungsanweisungen und Leitlinien. Die Ausführungen zielen hierbei nicht auf die theoretische Beschreibung einer wissenschaftlich fundierten Methode, sondern beruhen auf Erfahrungen und Erkenntnissen aus Projekten in der Praxis sowohl zum Thema der Patientenidentifikation wie auch ähnlich gelagerter Themen im Bereich E-Health und E-Government.

2   Interprofessionelle Zusammenarbeit sicherstellen

Die systematische Einführung von Patientenidentifikation im Krankenhaus adressiert verschiedene Anspruchsgruppen und bedarf abgestimmter Entscheidungen auf verschiedenen Ebenen (vgl. Kapitel 2 und 3 des Buches). Entsprechend ist eine gut organisierte interdisziplinäre Zusammenarbeit („Interprofessionalität"[11]) nötig. Das Vorhaben ist für Krankenhausverhältnisse komplex und neuartig. Der Erfolg wird bereits in der initialen Phase eines solchen Projekts bestimmt. Dabei sind unter anderem folgende Herausforderungen zu bewältigen:

Die Patientenidentifikation wird, da die Abrechnung ja funktioniert, nicht als eigentliches Problem empfunden. Auftretende Symptome wie Qualitätsprobleme, Verwechslungen, Ineffizienz etc. werden nicht als ein Problem der Patientenidentifikation erkannt. Wenn aber Symptome nur unzureichend als Problem wahrgenommen und ihre Ursachen nicht ausreichend verstanden werden, hat auch die Ursachenbeseitigung oft nicht die erforderliche Priorität. Dieses fehlende Bewusstsein führt zu fehlender Managementunterstützung; oft fehlt der stufengerechte Auftraggeber. Dies gilt sowohl für die Bedeutung der Patientenidentifikation wie auch für Prozessorientierung und Patientenzentrierung. Dementsprechend sind Business Champions, d. h. fachliche Treiber eines Projekts, nur vereinzelt vorhanden. Benötigt würde aber mindestens ein Champion pro Berufsgruppe.

---

[11]   Interprofessionalität ist ein Begriff aus der Pflege, der die Zusammenarbeit verschiedener Berufsgruppen betont.

Eine interprofessionelle Kooperation ist anspruchsvoll, und nur in wenigen Bereichen sind entsprechende Strukturen eingeführt. Kulturänderungen in Einzelprojekten einführen zu wollen, ist recht aussichtslos. In der Zusammenarbeit zwischen der Fach- und der Informatikabteilung herrscht meist noch Optimierungsbedarf. Die Verantwortung für Daten- und Prozessqualität ist oft ungeklärt. Daraus ergeben sich Konflikte bezüglich der erforderlichen Neuausrichtung von Abläufen und Informationsunterstützung.

Das Vorhaben enthält Komponenten von Organisationsentwicklung, von Infrastrukturaufbau und von Fachprojekten; diese drei Arten verlangen jeweils verschiedene Finanzierungsansätze. Den Finanzierungsmix und das Verständnis dafür zu erhalten ist anspruchsvoll. Das Vorhaben trägt ausserdem eine Industrialisierungstendenz in sich und ermöglicht weitere Transparenz und Kontrolle. Es wird daher auf menschliche Widerstände treffen, die sich nicht direkt äussern. Entsprechende Metriken für die Leistungs-/Erfolgsmessung fehlen bzw. müssen erst noch auf diese Art der Veränderung hin angepasst werden.

Umfassende Best Practices zum Thema Patientenidentifikation im Gesundheitswesen fehlen zurzeit. Die Einführung prozessorientierter Patientenidentifikation in Krankenhäusern ist eine neuartige Herausforderung; die (Aufbau-)Aufgabe ist ausserdem einmalig. Erfahrungen von aussen – seien sie auch nur in Teilbereichen – können Fehler und falsche Wege vermeiden helfen. Mögliche Unterstützung erhält man z. B. aus

einer Umschau bei anderen Disziplinen, zum Beispiel beim E-Government: Für die schweizweite Harmonisierung der Personenregister (für die neue AHV-Nummer und die registergestützte Volkszählung 2010), für die Personenidentifikation trotz dezentraler Prozesse, Doublettenzusammenführung und für die Verknüpfung mit Fachdaten sind Best Practices verfügbar,
einer Kooperation mit anderen Krankenhäusern,
einer Involvierung von Beratern mit Erfahrung aus anderen Projekten.

3   Kernfragen bezüglich des Vorgehens

Der im vorherigen Abschnitt angedeutete Einfluss von Veränderungsvorhaben der Patientenidentifikation auf die verschiedensten fachlichen und IT-bezogenen Aspekte verdeutlicht den Bedarf einer ganzheitlichen Herangehensweise. Entsprechend stehen folgende Kernfragen für das Krankenhaus im Fokus einer systematischen Herangehensweise:

Wer ist Owner/Stakeholder der Themen?

Welche Abteilung soll die Patientenidentifikation im Lead vorantreiben? Warum?

Wie ist der Charakter des Patientenidentifikationsprojekts / der Patientenidentifikationsinitiative?

Welche Spezialitäten sind im Projekt- bzw. Projektportfoliomanagement zu berücksichtigen?

Was ist der Business Case?

Wer hat welchen Nutzen? Wie ist er zu messen/auszuweisen/sichtbar zu machen?

Wie schafft man Problem-, Qualitäts- und Verantwortungsbewusstsein?

Wie ist mit Widerstand umzugehen? Change Management, Kommunikation, Erwartungsmanagement sind wichtige zu beachtende Aspekte. Wie schafft man es die Veränderungsträgheit zu überwinden? Wie ist es möglich Transparenz schaffen, ohne Konflikte zu provozieren?

In welchen Schritten kommt man am besten zum Ziel?

Welche Abhängigkeiten sind bei der Vorgehensplanung zu berücksichtigen? Soll man klein anfangen oder eine gründliche Infrastruktur legen?

Wie kann Qualität gemessen und sichergestellt werden?

Was sind Qualitätsindikatoren, mit welchen Verfahren sind sie zu messen? Wie lässt sich die Qualität kontrollieren?

Wie sollen die verschiedenen beteiligten Berufsgruppen kooperieren?

Welche bewährten Prozesse, Prozessvarianten oder „Patterns" existieren? Wie schafft man Interprofessionalität?

Was ist der Umfang der Daten-Entität „Patient"? Was sind seine Mindestattribute? Der Minimaldatensatz bestimmt Prüfmöglichkeiten, Nutzen etc.

Grundsätzlich sind die verschiedenen Rollen und Situationen des Patienten häufig nicht klar definiert/harmonisiert. Der Patient ist durchaus nicht immer nur in der Rolle der „schwerkranken Materie", die verarztet werden muss, sondern auch „Kunde" oder „Kollege" etc. Mit der Identifikation ist somit die Frage der Abgrenzung der Grundgesamtheit (wer ist Patient?) untrennbar verbunden.

4   Vorgehensmethode

Die einzelnen Schritte des in diesem Beitrag vorgeschlagenen methodischen Vorgehens werden in Abb. 1 zusammengefasst und in den nachfolgenden Abschnitten detaillierter ausgeführt.

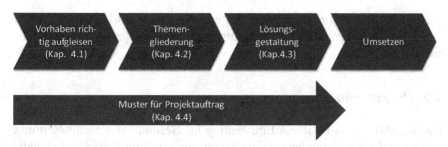

Abb. 1. Übersicht der vorgeschlagenen Vorgehensmethode

4.1 Vorhaben richtig aufgleisen

Der Erfolg eines Veränderungsprojekts wird meist durch eine umfassende Projektvorbereitung bestimmt. Eine Spezifikation klarer Ziele und Anforderungen für die Patientenidentifikation ist erfolgskritisch und bildet die Voraussetzung für die adressatengerechte Umsetzung. Folgende Checkliste soll helfen, bei der Initialisierung möglichst stabile Grundlagen für ein erfolgreiches Projekt zu schaffen:

Sie haben eine Stakeholder-Analyse durchgeführt; „Schmerz" und Nutzen bezüglich Patientenidentifikation sind bekannt; der „Business Case" ist klar.

Es ist genügend Managementunterstützung und „-awareness" vorhanden.
Sie können mindestens für drei Berufsgruppen einen Business-Champion finden, um eine kritische Masse an Unterstützern für das Projekt zu haben, die sich das Thema zu eigen machen und in der Berufsgruppe positionieren/einführen.

Sie haben eine Vorstellung, wie Sie die interprofessionelle Kooperation organisieren.

Es lassen sich Stellen identifizieren, die Verantwortung für Daten- und Prozessqualität übernehmen. Sie können definieren, was Verantwortung in diesen Fällen heisst.

Sie wissen/haben begründete Hoffnungen, dass bzw. wie eine Finanzierung Ihres Vorhabens sichergestellt werden kann.

Sie haben sondiert, ob sie mit jemandem kooperieren wollen.

Sie haben sich Gedanken gemacht, welche menschlichen Widerstände sich dem Projekt entgegenstellen können.

Sie haben eine klare Vorstellung, wie Sie die Leistung bzw. den Erfolg Ihres Projekts messen werden.

Sollten Sie mehrere der obigen Kriterien in Ihrem Vorhaben noch nicht erfüllt haben, empfehlen wir, ein entsprechendes Vorprojekt durchzuführen.

4.2 Themengliederung

Das Kapitel 2 zum Business Engineering im Gesundheitswesen beschreibt den Bedarf einer Aufgabenstrukturierung, die von rein betriebswirtschaftlich orientierten Aufgaben (Strategiebildung, Organisationsgestaltung) bis zu stark IT-bezogenen Aufgaben (Software- und IT-Infrastruktur-gestaltung) reicht. Die entsprechenden Gestaltungsobjekte von Veränderungsvorhaben im Bereich der Patientenidentifikation umfassen die ganze Bandbreite von rein fachlichen Gestaltungsobjekten bis zu IT-spezifischen Gestaltungsobjekten. Eine entsprechende Themengliederung in Gestaltungsobjekte hilft,

das Thema vollständig zu erfassen,
Ist und Soll zu analysieren und
Projekte und Arbeitspakete abzugrenzen.

Wir gliedern das Thema „Prozessorientierte Patientenidentifikation" in die in Tab. 1 dargestellten Gestaltungsobjekte.

Tab. 1. Gestaltungsobjekte der prozessorientierten Patientenidentifikation

	Mensch	Struktur	Inhalte	Technik
Strategie	Kunden-Orientierung, Patienten-Zentrierung	Kooperations-Strukturen, Prozessarchitektur, Investitionspolitik	Daten-Harmonisierung, Abgrenzung, Informationsversorgung	Föderative E-Health-Architektur, Kompatibilität mit Umfeld
Organisation	Change Management, Coaching des Wandels, Fördersystem	Leitplanken für inter-professionelle Behand-lungspfade, ID-Prozess, Rollen, Verantwortlichkeiten	Leitplanken für Qualität	Architektur-Grundsätze, Synchronisierungs-Prozesse
Integration	Interprofessionelle Zusammenarbeit / Teams	Design interprofessioneller Behandlungspfade und ID-Prozesse	Konkrete Standards für Info-Austausch, Daten-Design, Datenpflege	Integrationsinfrastruktur, Normen
Software	Anreizsysteme, Ausbildung	Prozessautomatisierung	Datenlogistik, Datenhaltung	Basis-Services, Kommunikation Integrationslösungen

Neben der hierarchischen Strukturierung von Veränderungsvorhaben, wie sie durch das Business Engineering beschrieben wird, nehmen die folgenden Ausführungen eine weitere thematische Strukturierung der Gestaltungsobjekte vor, um den Business-to-IT-Charakter des Vorhabens explizit abzubilden. Entsprechend sind die im Folgenden beschriebenen Gestaltungsobjekte gruppiert in die Bereiche Mensch, Struktur, Inhalte und Technik.

4.2.1 Mensch

Der Bereich „Mensch" gruppiert die folgenden Gestaltungsobjekte, die einen besonderen Fokus auf die am Veränderungsprojekt involvierten Personen(gruppen) aufweisen:

Kundenorientierung, Patientenzentrierung: Es ist die strategische Vision zu gestalten, wie der Patient statt des Einzelfalls den Hauptfokus erhält.

Change Management, Coaching des Wandels, Fördersystem: Es ist zu organisieren, wie der Wandel erwirkt bzw. gefördert werden soll.

Interprofessionelle Zusammenarbeit/Teams: Personen aus mehreren Disziplinen sind in einem interprofessionellen Team zur effektiven Zusammenarbeit zu bringen. Sie breiten die Errungenschaften in ihren Disziplinen aus.

Anreizsysteme, Ausbildung: Die Mitarbeit in der neuen Ausrichtung muss geschult werden. Erfolge sollen mit einem Anreizsystem gewürdigt werden.

4.2.2 Struktur (Aufbau und Ablauf)

Eine prozessorientierte Patientenidentifikation beeinflusst auf verschiedenen Ebenen strukturelle und prozessuale Aspekte der Leistungserstellung. Die entsprechenden Gestaltungsobjekte werden im Bereich „Struktur (Aufbau und Ablauf) gruppiert:

Kooperationsstrukturen, Prozessarchitektur, Investitionspolitik: Die Vision festlegen, mit wem man in welcher Form/Struktur kooperieren will. Soll das Krankenhaus die Aufgabe alleine angehen oder zusammen mit anderen? Die übergeordnete Prozessarchitektur des Unternehmens ist Basis für die Verankerung der Identifikationsprozesse. Es bedarf einer Investitionspolitik respektive eines Finanzierungsmodells für interprofessionelle Vorhaben, die als Unternehmensinvestition gelten.

Leitplanken für Identifikationsprozess, Rollen, Verantwortlichkeiten: Bestimmen der Aufbauorganisation mit Rollen und Verantwortlichkeiten. Wer ist für welche Identifikationsaufgaben verantwortlich?

Design interprofessioneller Identifikationsprozesse: Konkrete Modellierung einheitlicher Identifikationsprozesse. Nutzung von Standards wie IHE-Profilen und Rollen.

Prozessautomatisierung: Automatisieren der Arbeitsschritte, die zur automatischen Bearbeitung geeignet sind, mittels Workflow-Anwendungen.

4.2.3 Inhalte/Daten

Die eindeutige Patientenidentifikation ermöglich eine konsistente und integrierte Verarbeitung personenbezogener medizinischer und administrativer Daten. Die entsprechenden Gestaltungsobjekte werden im Bereich „Inhalte/Daten" gruppiert:

Datenharmonisierung, Abgrenzung, Informationsversorgung: Vision für eine effektive Informationsversorgung. Festlegen, welche Datenbereiche zu harmonisieren und in Fluss und Qualität zu optimieren sind.
Leitplanken für Qualität: Definitionen, Indikatoren und Metrik für Daten- und Prozessqualität.
Konkrete Standards für Infoaustausch, Datendesign, Datenpflege: Festlegen, an welche Normen sich der Informationsaustausch, die Datenmodellierung und die Datenpflege zu halten haben.
Datenlogistik, Datenhaltung: Softwaresysteme für Datenhaltung, analytische Applikationen (Auswertungen, Berichte, „Business Intelligence") zum Datenaustausch und zum Sicherstellen der Datenqualität.

4.2.4 Technik

Der Bereich „Technik" gruppiert entsprechende technische Gestaltungsobjekte, die für die systemseitige Gestaltung der Patientenidentifikation zu beachten sind:

Föderative E-Health-Architektur, Kompatibilität mit Umfeld: Vision, dass man technisch kompatibel mit dem ganzen Gesundheitswesen der Schweiz bzw. mit dem des EU-Raumes ist.
Architekturgrundsätze, Synchronisierungsprozesse: Lose Kopplung der Systeme. Interne und externe Synchronisationsprozesse.
Integrationsinfrastruktur, Normen: Nutzung einer zentralen Integrationsplattform (Daten- und Servicebus) anstelle von Punkt-zu-Punkt-Lösungen. So weit als möglich auf internationalen, herstellerneutralen Normen aufgebaut.
Basisservices, Kommunikation, Integrationslösungen: Standardisierte Softwarekomponenten für Anwendungsintegration und Kommunikation.

4.3 Lösungsgestaltung

Die Gestaltungsobjekte sind das Schlüsselelement zur Lösungsgestaltung. Sie zergliedern die Lösung in eine überschaubare Zahl von sinnvollen Aufgabenbündeln mit handhabbarer Grösse und thematischer Einheit. Sie können sowohl für die Analyse als auch für die Vorgehensplanung als Einheiten genutzt werden. Die Gesamtheit der Gestaltungsobjekte erlaubt eine ganzheitliche Betrachtung. Die folgende Aufstellung beschreibt beispielhaft verschiedene Einsatzszenarien, die im Laufe eines Veränderungsprojekts als relevant erachtet werden.

4.3.1 Situationsanalyse, Ermittlung des Reifegrades

Pro Gestaltungsobjekt kann beispielsweise durch einige wenige Schlüsselfragen, wie in Abb. 2 dargestellt, der Reifegrad erhoben bzw. die aktuelle Situation beurteilt werden.

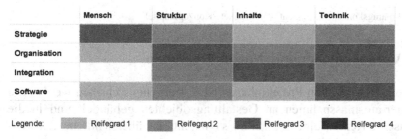

Abb. 2. Übersicht der Reifegrade in der aktuellen Situation

4.3.2 Zielformulierung, Sollzustand, Gap-Analyse

Auf Basis der Situationsanalyse wird – wiederum auf der „Landkarte" der Gestaltungsobjekte – der gewünschte Sollzustand definiert (vgl. Abb. 3).

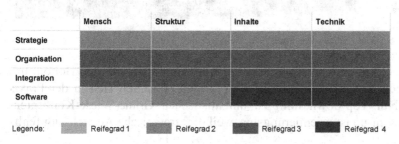

Abb. 3. Übersicht der Reifegrade im gewünschten Sollzustand

4.3.3 Lösungskonzept

Für die Lösungsgestaltung geben die Gestaltungsobjekte eine Themengliederung mit Anspruch auf Vollständigkeit vor. Sie können als Konzeptka-
pitel oder Arbeitspakete behandelt werden. Wo Methoden und Lösungskomponenten vorhanden sind, können sie hier eingeordnet oder referenziert werden (vgl. Abb. 4).

	Mensch	Struktur	Inhalte	Technik
Strategie	Patientenzentrierung	Prozesslandkarte	Datenmanagement	E-Health-Architektur
Organisation	Change Management	Prozessmodell	Konzept Datenqualität	IT-Architekturbausteine
Integration	Interprofessionelle Teams	Opt. Behandlungspfad	Datenaustauschnormen	Integrationsinfrastruktur
Software	Ausbildungsangebot	Workflow-System	Datenlogistiksystem	Anschluss Kliniksysteme

Abb. 4. Lösungskonzept: Übersicht Arbeitspakete/Konzeptkapitel

4.3.4 Vorgehensplanung, Nutzen-Roadmap

Für die Definition von Projektphasen bzw. Vorgehensschritten werden die
Optimierungsmassnahmen an Gestaltungsobjekten gebündelt und in die
gewünschte Reihenfolge gebracht. Es entsteht eine übersichtliche „Nutzen-
Roadmap" (vgl. Abb. 5).

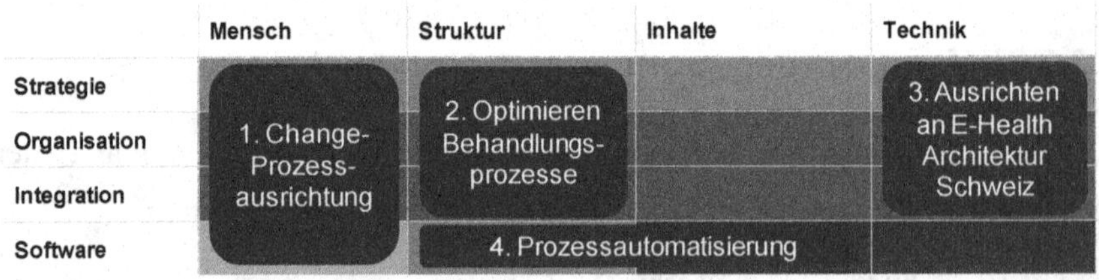

Abb. 5. Übersicht „Nutzen-Roadmap"

Dabei kann eine passende Kombination aus Top-down- und Bottom-up-
Vorgehen gewählt werden. Die Reinformen bewähren sich in der Praxis
nicht: Nur Top-down führt zu unrealistischen Grüne-Wiese-Konzepten;
nur Bottom-up ist orientierungslos, weil die strategische Ausrichtung fehlt.

4.4 Projektauftrag (Muster)

Das in Tab. 2 dargestellte Projektantragsmuster kann nach Anpassung an die entsprechende Situation als Ausgangspunkt für ein entsprechendes Veränderungsprojekt genutzt werden.

Tab. 2. Projektantrag (Muster)

Projektantrag	
Projekt	Prozessorientierte Patientenidentifikation
Ziel	Wichtigste angestrebte Nutzenpositionen: - […]
Wirtschaftlichkeit	- […] - […]
Vorgehen	1. Projektinitialisierung: (Stakeholder-Analyse, Festlegen der Gestaltungsobjekte, Teamaufbau) 2. Situationsanalyse: (Ist-Status der Gestaltungsobjekte würdigen; Gap-Analyse) 3. Lösungsformulierung: (Sollzustand pro Gestaltungsobjekt; Nutzen-Roadmap; Massnahmenplanung für die Optimierung der einzelnen Gestaltungsobjekte; Wirtschaftlichkeitsausweis)
Aufwand	[.....]
Projektdurchlaufzeit	[.....]
Team	[.....]

5   Resultate und Implikationen

Die Herausforderungen und Kernfragen zeigen, dass der Schlüssel zur erfolgreichen Realisierung des Vorhabens „prozessorientierte Patientenidentifikation" eine gut organisierte interprofessionelle Zusammenarbeit ist, für die die beschriebenen Leitlinien und Handlungsanweisungen eine Grundlage bieten sollen.

Zum methodischen Vorgehen empfehlen wir zusammenfassend folgende Zutaten:

Erfolgsrezept 1: Richtig aufgleisen

Erfolgsrezept 2: Themengliederung mittels Gestaltungsobjekten

Erfolgsrezept 3: Für das optimale, massgeschneiderte Vorgehen:

Lösungen für Gestaltungsobjekte in die richtige Abfolge bringen

---

6   Fallbeispiel – MPI St. Gallen

6.1 Das Projekt MPI St. Gallen

Das Projekt wurde inhaltlich bereits im Kapitel 4 des Buches vorgestellt. Wir konzentrieren uns hier auf das Vorgehen im Projekt. Das Gesundheitsdepartement des Kantons St. Gallen sieht in der korrekten Übermittlung von Informationen zwischen verschiedenen Berufsgruppen, Abteilungen, Einrichtungen und Informationssystemen einen kritischen Erfolgsfaktor und eine Führungsaufgabe.

Wichtige Pfeiler der Strategie beim Wahrnehmen dieser Führungsaufgabe sind:

Anstossförderung", d. h. Fördern des initialen Aufbaus von Infrastrukturen,
Engagierte Mitarbeit in der Strategie E-Health Schweiz, Fördern der Harmonisierung, Standardisierung,
Nutzen der bestehenden Kooperationsstrukturen und -kultur in St. Gallen,
Leistungskonzentration und Netzwerkbildung,
Kooperation mit verwandten Vorhaben im Bereich E-Government,
Konsequentes Integrieren von internationalen Standards.

Im Projekt „MPI" hat das Gesundheitsdepartement in Vertretung der Krankenhausverbunde und weiterer Institutionen mit kantonalem Leistungsauftrag einen Master Patient Index (MPI) eingeführt, mit dem Patienten in allen Institutionen des Gesundheitswesens im Kanton St. Gallen und weiteren vertraglich angeschlossenen Betrieben eindeutig identifiziert werden können. Das Projekt wurde im Mai 2009 erfolgreich abgeschlossen. Schrittweise sollen in weiteren Projekten:

weitere Komponenten einer E-Health-Gesamtarchitektur umgesetzt werden und

die neuen Komponenten, Prozesse, Qualitätsverbesserungen in St. Gallen flächendeckend ausgerollt werden.

Im nächsten Abschnitt würdigen wir die vorgehensbezogenen Ergebnisse des MPI-Projekts aufgrund der in den vorangehenden Abschnitten gewählten Gliederung und der dort beschriebenen Kriterien.

6.2 Aufgleisen des Vorhabens

Im Abschnitt 4.1 wurden Forderungen zum richtigen Aufgleisen formuliert. Anhand dieser Kriterien lässt sich das Projekt wie folgt würdigen:

Sie haben eine Stakeholder-Analyse durchgeführt; „Schmerz" und Nutzen bezüglich Patientenidentifikation sind bekannt; der „Business Case" ist klar.
Diese Aspekte wurden im Rahmen einer SOA-Studie erfüllt. Eine Stakeholder-Analyse, die sowohl die Prozessausrichtung als auch das Thema Basisservices behandelte, wurde in der SOA-Studie (gemeinsam mit E-Government St. Gallen) durchgeführt. Darin sind auch „Schmerz" und Nutzen identifiziert. Das MPI-Projekt war das erste daraus abgeleitete Pilotprojekt.
Das MPI-Projekt hat den Charakter „Bereitstellen einer Basisinfrastruktur". Das heisst, die Führung fördert Effizienzmechanismen im föderativen System, indem sie Basiskomponenten zur sukzessiven Nutzung durch alle bereitstellt.
Es ist genügend Managementunterstützung und „-awareness" vorhanden.
Diese Anforderung ist erfüllt. Die Vorsteherin des Gesundheitsdepartements des Kantons St. Gallen Regierungsrätin Heidi Hanselmann sieht in der Bereitstellung von E-Health-Basiskomponenten einen kritischen Erfolgsfaktor und eine Führungsaufgabe. Somit hat das Projekt einen „Owner" auf höchster Ebene, der sich für die Sache klar einsetzt, eine ideale Rahmenbedingung. Auf Stufe des Managements der betroffenen Institutionen gestaltete es sich allerdings aufgrund der in Abschnitt 2

aufgeführten Herausforderungen schwierig, einen zukünftigen Nutzen klarzumachen

Sie können mindestens für drei Berufsgruppen einen Business-Champion finden, der sich das Thema zu eigen macht und in der Berufsgruppe einführt.

Diese Anforderung ist teilweise erfüllt. In einem Vorprojekt zur Machbarkeitsprüfung des Datenaustausches entlang der Behandlungskette war die Ärzteschaft aktiv involviert. Die flächendeckende Ausbreitung der MPI-Basiskomponente erfolgte durch die federführende Informatik mit Einbezug der dezentralen Patientenadministrationsstellen.

Sie haben eine Vorstellung, wie Sie die interprofessionelle Kooperation organisieren.

Diese Anforderung ist erfüllt. Mit den drei Strategieelementen Leistungskonzentration, Bildung interdisziplinärer Netzwerke und der gemeinsamen Einführung eines integrierten ärztlich-pflegerischen Patientenmanagementsystems ist eine klare Vorstellung der Kooperation dokumentiert und wird vom Topmanagement getragen.

Es lassen sich Stellen identifizieren, die Verantwortung für Daten- und Prozessqualität übernehmen. Sie können definieren, was Verantwortung in diesen Fällen heisst.

Diese Anforderung ist erfüllt. Mit der MPI-Einführung wurden anfänglich verantwortliche Clearingstellen pro Krankenhausregion definiert, die sehr eng mit der Patientenadministration zusammenarbeiten. Mit dem Ausbau in Richtung gesamtkantonale virtuelle Patientenakte zeigen sich einerseits erste Verlagerungstendenzen in Richtung einer zentralen Clearingstelle. Andererseits können für eine zweifelsfreie Zuordnung zu einem Referenzpatienten medizinische Angaben notwendig sein, die eine nähere Angliederung der Clearingverantwortung an das Medizincontrolling rechtfertigen.

Sie wissen/haben begründete Hoffnungen, dass bzw. wie eine Finanzierung Ihres Vorhabens sichergestellt werden kann.

Diese Anforderung ist weitestgehend erfüllt. Der St. Galler MPI ist nicht auf einem bestimmten Business Case aufgezogen, sondern auf der Überzeugung, dass die Bereitstellung von Basiskomponenten gemäss E-Health-Architektur CH, als eine notwendige Voraussetzung für den verlässlichen Austausch von Patientendaten zwischen Behandelnden, zuerst sichergestellt werden muss.

Sie haben sondiert, ob Sie mit jemandem kooperieren wollen.

Diese Anforderung ist erfüllt. St. Gallen arbeitet intensiv an der Gestaltung und Umsetzung der Strategie E-Health Schweiz mit und sieht in der konsequenten Ausweitung des standardisierten MPI-Ansatzes auf andere Kantone und Regionen einen Schlüssel zum Erfolg.

Sie haben sich Gedanken gemacht, welche menschlichen Widerstände sich dem Projekt entgegenstellen können.
Diese Anforderung ist teilweise erfüllt. Dass bei der initialen Zusammenführung der dezentral erfassten Administrationsdaten ein manueller Clearingaufwand nötig sein wird, wurde frühzeitig eingeplant. Das Ausmass der mangelnden Datenqualität aufgrund unterschiedlicher Verhaltensweisen bei der Datenerfassung wurde jedoch unterschätzt. Der organisatorische Aufwand zur Sicherstellung einer einheitlichen Regelung z. B. zur Schreibweise bei mehreren Nachnamen, Strassenbezeichnungen oder Telefonnummern in sämtlichen dezentralen Stellen, die Patientendaten erfassen, erweist sich als aufwendig und wird von diesen Stellen vorerst nur als unnötiger Mehraufwand verstanden. Rechnungen konnten bisher auch mit unvollständigen Adressangaben versandt werden. Falsche Zuordnungen von medizinischen Dokumenten wegen unvollständiger Personenangaben können dagegen weitreichende Konsequenzen haben.
Sie haben eine klare Vorstellung, wie Sie die Leistung bzw. den Erfolg Ihres Projekts messen werden.
Diese Anforderung ist erfüllt. Die Messbarkeit ist für den ersten Schritt, die Einführung der MPI-Komponente selbst, gegeben. Das Projekt wurde unter Einhaltung von Qualität, Terminen und Finanzen erfolgreich dem Betrieb übergeben. Der MPI bringt mit jeder weiteren angeschlossenen Anwendung einen zusätzlichen Nutzen. Für das Erreichen der Vision ist die Metrik noch nicht abschliessend definiert.

6.3 Gestaltungsobjekte

Wir würdigen das Projekt nun anhand der vorgeschlagenen Themengliederung in Gestaltungsobjekte und fassen dabei pro Ebene zusammen, was im MPI-Projekt mit welchem Vorgehen erreicht wurde und was Gegenstand weiterer Projekte im Rahmen des E-Health-Programms St. Gallen ist oder sein kann.

6.3.1 Ebene Strategie

Tab. 3. Übersicht „Ebene Strategie"

	Mensch	Struktur	Inhalte	Technik
Strategie	Kundenorientierung,	Kooperationsstrukturen,	Datenharmonisierung,	Föderative E-Health-
	Patientenzentrierung	Prozessarchitektur,	Abgrenzung,	Architektur,
		Investitionspolitik	Informationsversorgung	Kompatibilität mit Umfeld

St. Gallen hat als erster Kanton die erste Komponente der E-Health-Architektur den nationalen und internationalen Standards entsprechend umgesetzt und damit eine Vorreiterrolle auf sich genommen. Neben den technischen und organisatorischen Errungenschaften fördert diese Tatsache bei den Beteiligten auch das Bewusstsein, dass E-Health ernst genommen, angepackt und realisiert wird. Die Architektur erlaubt sowohl den sofortigen Aufbau in jenen Regionen, die einen ausgewiesenen Bedarf haben, als auch einen zeitlich gestaffelten Aufbau, ohne aber technische Abhängigkeiten von zentralen Elementen zu schaffen. Die Architektur ermöglicht ausdrücklich, auch Mischformen und stufenweise Zentralisierungen abzubilden. Dies ist speziell bei Verknüpfung von Verzeichnissen aus verschiedenen Bereichen (z. B. Krankenhausverbunde, private Anbieter, E-Government) relevant.

Die Patientendaten sind bei allen involvierten Krankenhäusern harmonisiert, doublettenbereinigt und mit einer eindeutigen Identifikation versehen. Die Domäne „Kanton St. Gallen" ist initial definiert; weitere Institutionen können an die Domäne angeschlossen werden.

Sehr förderlich war, dass die Kooperationsstrukturen nicht speziell für dieses Vorhaben aufgebaut werden mussten. Das Projekt konnte auf bestehende Kooperationsstrukturen aufsetzen; diese existieren sowohl im Bereich E-Health als auch im Bereich E-Government. Die beiden Bereiche stimmen sich auch regelmässig ab.

Die Investitionspolitik, über Förderung von Infrastrukturen nachhaltige Qualitätsvorteile und Kosteneffizienz zu erreichen, konnte etabliert werden. Die Metriken haben nun die Aufgabe, den Nutzen auch quantifizierbar zu machen.

Für die Patientenorientierung wurde eine wichtige, unerlässliche Grundlage bereitgestellt. Es wurden noch keine konkreten Veränderungen in Richtung vermehrter Patientenorientierung erreicht; sie können Gegenstand von Folgeprojekten werden, die nun zumindest technisch einfacher werden.

6.3.2 Gestaltungsobjekte auf Ebene Organisation

Tab. 4. Übersicht der Gestaltungsobjekte auf der Ebene Organisation

	Mensch	Struktur	Inhalte	Technik
Organisation	Change Management, Coaching des Wandels, Fördersystem	Leitplanken für interprofessionelle Behandlungspfade, ID-Prozess, Rollen, Verantwortlichkeiten	Leitplanken für Qualität	Architekturgrundsätze, Synchronisierungsprozesse

Mit der Bereitstellung der neuen, technisch-organisatorischen Errungenschaft „Master Patient Index" hat St. Gallen neue Möglichkeiten geschaffen, die fachlichen Prozesse zu optimieren. Es ist nun machbar, Arbeitsprozesse einzuführen, welche die Informationsbasis der Behandelnden wie auch des Patienten verbessern, Risiken reduzieren, Qualität erhöhen und Administration, Kommunikationsaufwände sowie Zeit sparen.

Mit der konsequenten Ausrichtung auf die IHE-Standards wurden klare Leitplanken für Prozessrollen, Verantwortlichkeiten und Datenqualität im Bereich der Patientenidentifikation eingeführt. Es wurden die Strukturen, Rollen und Verantwortlichkeiten für die Umsetzung der föderativen/verteilten Datenpflege mit zentraler Qualitätssicherung geschaffen. Sie bilden internationale Best Practices ab und sind gut dokumentiert. St. Gallen kann von externen Weiterentwicklungen profitieren.

Die technischen Architekturgrundsätze wurden klar beschrieben, in der Evaluation als Muss-Kriterien streng durchgesetzt und mit der beschafften Lösung konsequent umgesetzt. Dank dieses Vorgehens kann St. Gallen sehr zuversichtlich sein, dass die MPI-Komponente zu weiteren E-Health-Komponenten, die in Zukunft beschafft werden, ebenso passt wie auch zu Komponenten der E-Health-Architektur Schweiz.

6.3.3 Gestaltungsobjekte auf Ebene Integration

Tab. 5. Übersicht der Gestaltungsobjekte auf der Ebene Integration

	Mensch	Struktur	Inhalte	Technik
Integration	Interprofessionelle Zusammenarbeit/ Teams	Design interprofessio- neller Behandlungspfade und ID-Prozesse	Konkrete Standards für Infoaustausch, Daten- design, Datenpflege	Integrations- infrastruktur, Normen

St. Gallen profitierte von der gründlichen Kenntnis über Standards. Das Wissen, für welche Bereiche schon verlässliche Normen existieren, bewahrte das Projektteam davor, bereits existierende Lösungskonzepte erarbeiten zu müssen, zum Beispiel für Rollenkonzepte, Administration der Patientenidentifikationen, Vermeidung und Elimination von Dubletten, Zusammenarbeit mit Akteuren in anderen Domänen. Die konsequente Haltung, nur dort etwas selbst zu erfinden, wo noch keine Standards oder Best Practices existieren, ist sehr effektiv und nachhaltig.

Speziell erwähnenswert ist die in St. Gallen etablierte Zusammenarbeit zwischen E-Health und E-Government. Unter dem Dach „eSG" werden in interprofessioneller Zusammenarbeit gemeinsame Architektur-, Infrastruktur- und Kooperations-Organisations-Projekte vorangetrieben, die für beide Seiten Synergien bringen. Die Integrationsinfrastrukturen in Gesundheitswesen und Verwaltung werden so geplant, dass sie miteinander interagieren können.

Im inhaltlichen Bereich wurde das integrative Konzept des Referenzpatienten realisiert. Über die zentrale Patientennummer (MPI-ID) werden die Patientenstammdatensätze aus den verschiedenen Einrichtungen im MPI mit dem Referenzpatienten verknüpft. Dieses Vorgehen ermöglicht, bestehende heterogene Anwendungen sofort zusammenarbeiten zu lassen, ohne eine vorherige – viele Jahre dauernde – Anpassung der Patientenverwaltung in jedem System.

Zur eindeutigen Patientennummer gehört ein Satz von Identifikationsmerkmalen, mit denen der Patient ohne Nummer identifiziert und auch gesucht werden kann. Auch hier stützt sich St. Gallen so weit möglich auf verfügbare Normen; konkret auf die Daten der Versichertenkarte gemäss der Verordnung über die Versichertenkarte (VVK), die als Definition der Mindestmerkmale und Suchfelder genutzt wurde. Die eingeführte Lösung sieht die Arbeit mit der neuen 13-stelligen AHV-Versichertennummer vor, schliesst aber andere Identifikationsinstrumente wie z. B. Identitätsausweis, Pass oder Führerausweis ausdrücklich nicht aus.

Die aufgeführten Vorbereitungsarbeiten gewähren St. Gallen eine gute Ausgangslage für die domänenübergreifende Zusammenarbeit. Die „Hausaufgaben" sind erledigt. Sobald weitere Kantone und Krankenhäuser ihre Domäne ähnlich gut (entsprechend der E-Health-Architektur Schweiz) geordnet haben, werden weitere, grosse Prozessoptimierungen durch bessere Zusammenarbeit mit ausserkantonalen Krankenhäusern und anderen Geschäftspartnern möglich.

Zentrale zukünftige Herausforderung werden das interne Design und die Einführung der neu möglichen interprofessionellen Behandlungspfade, d. h. der optimierten Geschäftsprozesse, sein. Aus organisatorischer Sicht ist dazu primär die interprofessionelle Zusammenarbeit zur Gestaltung der Prozesse weiter zu etablieren. Im Technischen sind Integrationsinfrastrukturen einzuführen, die den verschiedenen Fachanwendungen ermöglichen, über einen standardisierten Kanal zu kooperieren.

6.3.4 Gestaltungsobjekte auf Ebene Software, System

Tab. 6. Übersicht der Gestaltungsobjekte auf der Ebene Software

	Mensch	Struktur	Inhalte	Technik
Software	Anreizsysteme, Ausbildung	Prozessautomatisierung	Datenlogistik, Datenhaltung	Basis-Services, Kommunikation, Integrationslösungen

Als erster Baustein der E-Health-Architektur wurde ein IHE-konformer MPI als wiederverwendbare Servicekomponente realisiert. Hier ist vom Vorgehen her wenig Spielraum: Bevor weitere Komponenten angedockt und genutzt werden, bevor interprofessionelle Prozesse etabliert werden und bevor patientenbezogene Informationen effizient ausgetauscht werden können, ist die stabile Verwaltung der wichtigsten Stammdaten vordringlich zu realisieren. In Projekten, die einen institutionenübergreifenden Austausch von Informationen entlang einer Behandlungskette realisieren möchten, muss die eindeutige Patientenidentifikation gegeben sein.

Vorgehenskritisch und vorsichtig zu planen war im inhaltlichen Bereich die Initialbefüllung der MPI-Datenbank. Die grosse Qualitätssicherungsaktion, bei der die Dubletten eliminiert wurden, musste fachmännisch vorbereitet werden: Datentests für Aufwandschätzungen, vorgängige Datenbereinigungen in den Zuliefersystemen, Organisation für manuelle Bereinigungen, Regeln für maschinelle Bereinigung und Zusammenführung etc. Weiterhin musste die künftige Datenpflege organisiert werden: Am Tag nach der Initialladung muss die neue Datenpflegelösung in Betrieb gehen.

Nachdem die Stammdatenbasis für Patienten gelegt ist, können für die Prozessoptimierung folgende Massnahmen auf der Softwareebene folgen:

Andocken der internen Fachanwendungen an die Integrationsinfrastruktur, sodass sie die MPI-Komponente nutzen können,

Realisieren weiterer, wiederverwendbarer zentraler Dienste für Stammdaten (z. B. Index der Behandelnden) und Bewegungsdaten (z. B. medizinische Falldaten),

Realisieren von Prozesssteuerungskomponenten (Workflow), welche die anwendungsübergreifende Steuerung und Automatisierung der Prozesse gewährleisten,

Prozessmonitoring- und Auswertungssysteme.

6.4 Schrittweises Vorgehen, Nutzen-Roadmap, Ausblick

Das Projekt MPI hat klar zur Steigerung des Reifegrades im Bereich prozessorientierte Patientenidentifikation beigetragen. Die Entwicklung im Zeitablauf ist in den folgenden Abbildungen schematisch dargestellt (vgl. Methode in Abschnitt 4.3), je dunkler die einzelnen Bereiche auf den jeweiligen Ebenen markiert sind, umso besser sind die entsprechenden Gestaltungsobjekte realisiert.

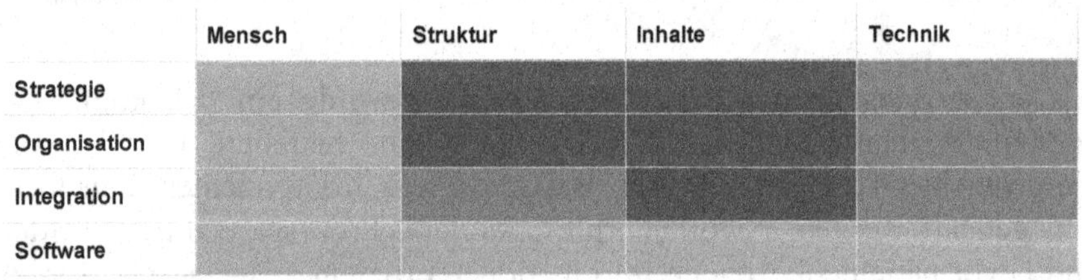

Abb. 6. Ausgangslage vor MPI-Projekt

In der Ausgangslage ist das Problem auf Führungsebene erkannt. Man formiert sich im Organisatorischen und fokussiert sich im Inhaltlichen zuerst auf die Bereinigung der Patientenstammdaten.

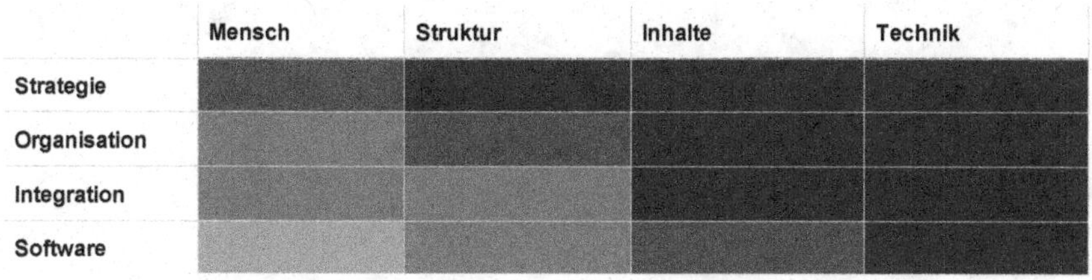

	Mensch	Struktur	Inhalte	Technik
Strategie				
Organisation				
Integration				
Software				

Abb. 7. Reifegradsteigerung mit dem MPI-Projekt

Nach der Durchführung des Projekts wird die Basistechnik zur Verfügung gestellt und die Patientenstammdaten werden bereinigt. Für Organisation, Prozesse und Veränderungen auf der Ebene Mensch wird wichtige Grundlagenarbeit geleistet.

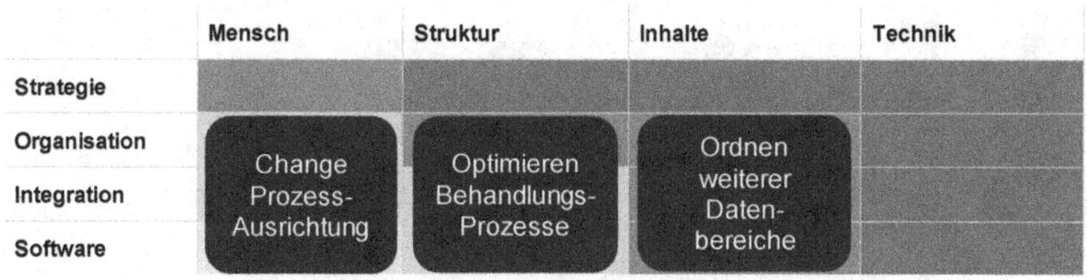

	Mensch	Struktur	Inhalte	Technik
Strategie				
Organisation	Change Prozess-Ausrichtung	Optimieren Behandlungs-Prozesse	Ordnen weiterer Datenbereiche	
Integration				
Software				

Abb. 8. Weitere Optimierungsschritte auf der geschaffenen Grundlage

Auf dieser Grundlage können nun in weiteren Projekten das sukzessive Optimieren der Behandlungsprozesse (sowohl intern wie auch in Kooperation mit externen Partnern) und das Ordnen weiterer Datenbereiche erfolgen. Die Change-Management-Aktivitäten im Bereich Mensch sind eine unerlässliche Unterstützungsmassnahme dazu.

8 Rahmenbedingungen, Ansätze und Nutzen der eindeutigen Patientenidentifikation in der Schweiz

Urs Stromer

Schweizerische Post

1 Einleitung und Motivation

Das Erbringen einer medizinischen Leistung ist massgeblich von einem gut funktionierenden Informationsmanagement abhängig. Sowohl in der ambulanten wie auch in der stationären Versorgung werden grosse Datenmengen generiert und verarbeitet. Viele Daten gilt es möglichst über den gesamten Versorgungsprozess konsistent verfügbar vorzuhalten und entsprechende Dokumente sind medienbruchfrei zu verarbeiten.

Mit zunehmender Fragmentierung und Spezialisierung, aber auch bedingt durch neue Finanzierungsmodelle ist eine Gesamtprozesssicht gefordert. Der Versorgungsprozess erstreckt sich immer häufiger über mehrere Akteure. Insbesondere Schnittstellen bilden im Prozessmanagement immer wieder eine grosse Herausforderung. Diese Schnittstellen sind genau zu definieren, um Missverständnisse, Fehler und damit Effizienz- und Qualitätsprobleme zu verhindern.

Das heutige Gesundheitswesen ist ein fallorientiertes, leistungserbringerzentriertes System. Die Institutionen arbeiten entsprechend häufig mit einer ausgeprägten Innensicht und fokussieren das Datenmanagement auf den jeweiligen spezialisierten Bereich (Abteilungsdenken). Vor- und nachgelagerte Versorgungseinrichtungen und Prozesspartner sind häufig nicht im Rahmen eines ganzheitlichen Informationsmanagements einbezogen. Informationstransfers sind daher oft mit einem Medienbruch verbunden. Informationen gehen über die verschiedenen Prozessschritte verloren. Einige dieser Beispiele werden in Abb. 1 exemplarisch dargestellt.

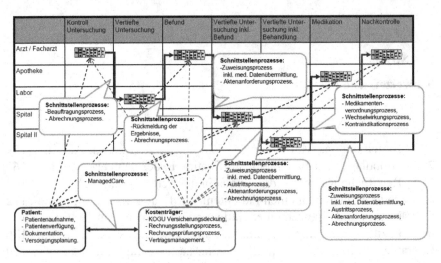

Abb. 1. Schnittstellen im Versorgungsprozess

Vor dem Hintergrund zunehmender Spezialisierung wird ein Paradigmenwechsel immer dringender. Der Patient soll in den Mittelpunkt des Prozesses gestellt werden. Das heisst, dass Veränderung nicht mehr nur bei einzelnen Akteuren erfolgen kann, sondern sich an der Patientenversorgung ausrichten muss. Hierzu gehört auch das Daten- und Informationsmanagement. Lokale Datensilos sollen durch eine patientenorientierte Verarbeitung von Information und deren nutzerorientierte Aufbereitung für alle am Patienten arbeitenden Akteure in hoher Qualität abgelöst werden.

Da es sich aber bei Gesundheitsdaten um besonders schützenswerte Personendaten handelt, müssen spezielle Vorkehrungen getroffen werden. Eine der Voraussetzungen ist eine verlässliche Zuordnung der in den verschiedenen Institutionen erhobenen Daten auf den jeweiligen Patienten. Diese Zuordnung muss unter Umständen ein Leben lang bestehen bleiben. Sowohl der Schutz der Daten gegen unbefugte Zugriffe wie auch der Schutz gegen Verlust stellen eine grosse Herausforderung dar. Wohl einer der wichtigsten Erfolgsfaktoren für ein patientenzentriertes

Datenmanagement wird sein, eine einfache und zuverlässige Feststellung der Patientenidentität zu ermöglichen.

Das vorliegende Kapitel schildert zunächst die wesentlichen Grundlagen und rechtlichen Rahmenbedingungen, die mit der Einführung einer eindeutigen Patientenidentifikation in der Schweiz verbunden sind. Anschliessend werden zwei Perspektiven und zwei existierende Lösungsansätze aus dem Bereich des Identitätsmanagements vorgestellt, die in diesem Kontext eine Rolle spielen. Abschnitt 5 beschreibt darauf aufbauend die Anforderungen an einen entsprechenden Patientenidentifikator. Anschliessend werden Nutzenpotenziale und Grenzen des Konzepts aufgezeigt. Im abschliessenden Fazit werden konkrete Empfehlungen für die Schaffung der zur Einführung der eindeutigen Patientenidentifikation notwendigen Voraussetzungen gegeben.

2 Grundlagen der Patientenidentifikation in der Schweiz

2.1 Strategie E-Health Schweiz

Der Bundesrat hat im Juni 2007 die Strategie E-Health Schweiz verabschiedet. Während in privatwirtschaftlichen Unternehmen zumeist eine Vision und Leitsätze definiert werden, aus denen konkrete Unternehmens- und IT-Strategien abgeleitet werden können, wurden durch das Schweizer Parlament keine strategischen gesundheitspolitischen Ziele spezifiziert. Allerdings wurden in der nationalen Strategie pragmatische, mittelfristig erreichbare Handlungsziele definiert (Bundesamt für Gesundheit (BAG) 2007). Eines dieser Handlungsziele ist das lebenslange Patientendossier.

2.2 Lebenslanges Patientendossier

Mit dem Patientendossier sollen medizinische Patienteninformationen unter Einwilligung des Patienten für klar definierte Akteure innerhalb des Versorgungsprozesses zugänglich gemacht werden. Dieses patientenzentrierte Datenmanagement bezweckt einen einfacheren Zugriff auf behandlungsrelevante Daten. Die Informations- und Behandlungsqualität kann damit verbessert werden. Der Datenzugriff muss allerdings für die Leistungserbringer einfach und effizient möglich sein.

Das Patientendossier ist freiwillig. Der Patient soll bestimmen können, wer auf welche Daten zugreifen darf. Damit aber ein patientenzentriertes Datenmanagement möglich ist, müssen die personenbezogenen Daten einem Patienten auch eindeutig zugeordnet werden können. Hierzu ist ein einfacher, zuverlässiger elektronischer Identifikator erforderlich.

2.3 Zugrundeliegender Architekturvorschlag

Im Rahmen der Umsetzung der nationalen Strategie E-Health Schweiz wurde das Koordinationsorgan eHealth Bund-Kantone „ehealthsuisse" geschaffen. Dieses wurde mit der Aufgabe betraut, mittels verschiedener Arbeitsgruppen die Umsetzung der Strategie zu begleiten. Die Umsetzung eines Patientendossiers soll den föderalen Strukturen entsprechend aufgebaut werden. Eine Zentralisierung der Patientendaten würde dem föderalen Bedürfnis nicht gerecht werden. Somit wird eine dezentrale Datenhaltung empfohlen. Bei der Verwendung von Daten sind diese somit aus verschiedenen Quellen zusammenzuführen. In diesem dezentralen Architekturvorschlag wird die Versichertenkarte als mögliches Identifikationsmittel für den Patienten erwähnt.

2.4 Implementierungskonzepte

Weiter wurde in der Arbeitsgruppe Standards und Architektur die Empfehlung erarbeitet, den Richtlinien und Empfehlungen des Konsortiums „Integrating the Healthcare Enterprise (IHE)"[12] zu folgen und das entsprechende Vorgehensmodell zur Einführung der Versichertenkarte zu verwenden. Das Grundprinzip ist in Abb. 2 beschrieben. Dieses Vorgehensmodell verdeutlicht die Komplexität entsprechender Einführungsprojekte.

2.5 Wichtige Begriffe

An der Schnittstelle von Gesundheitswesen und Identitätsmanagement werden verschiedene Fachbegriffe verwendet. Eine Übersicht relevanter Begriffe und Grundlagen wird im Kapitel 2 des Buches gegeben, auf die an dieser Stelle verwiesen werden soll.

---

[12]   http://www.ihe.net/.

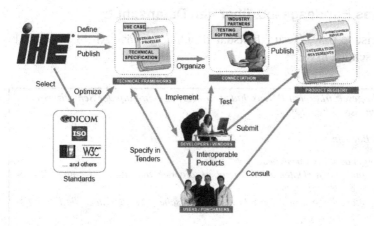

Abb. 2. Das IHE-Vorgehensmodell

3   Rechtliche Rahmenbedingungen in der Schweiz

Dem Gesetz nach ist die elektronische Datenverarbeitung der papiergebundenen gleichgestellt. Einzelne Kantone haben explizite Anforderungen definiert. Die im Zusammenhang mit dem Patientenidentifikator ermöglichte institutionenübergreifende Zusammenführung von Datenbeständen ist jedoch neu und in den meisten Kantonen nicht geregelt. Aus diesem Grund sind die rechtlichen Grundlagen genau zu prüfen. Nachfolgend werden deshalb wichtige Gesetzesgrundlagen erläutert, die für eine rechtliche Beurteilung herangezogen werden sollten.

3.1 Datenschutz und Informationssicherheit

Im Umgang mit Personendaten ist der Datenschutz besonders relevant. Folgende rechtliche Grundlagen sind dabei zu beachten:

Bundesgesetz über den Datenschutz (DSG) Verordnung zum Bundesgesetz über den Datenschutz (VDSG) und
Kantonale Datenschutzrichtlinien

Nachfolgend werden die wesentlichsten Punkte beleuchtet, wobei insbesondere die nachträgliche Zusammenführung personenbezogener Daten eine grosse Herausforderung darstellt.

3.1.1 Das Bundesgesetz über den Datenschutz

Medizinische bzw. Gesundheitsdaten gelten gemäss Art. 3 lit. c als besonders schützenswert:

Bundesgesetz über den Datenschutz (Bundesversammlung der Schweizerischen Eidgenossenschaft 1992):

Art. 3 Begriffe

Die folgenden Ausdrücke bedeuten:
a. Personendaten (Daten): alle Angaben, die sich auf eine bestimmte oder bestimmbare Person beziehen;
b. betroffene Personen: natürliche oder juristische Personen, über die Daten bearbeitet werden;
c. besonders schützenswerte Personendaten: Daten über:
  1. die religiösen, weltanschaulichen, politischen oder gewerkschaftlichen Ansichten oder Tätigkeiten,
  2. die Gesundheit, die Intimsphäre oder die Rassenzugehörigkeit,
  3. Massnahmen der sozialen Hilfe,
  4. administrative oder strafrechtliche Verfolgungen und Sanktionen;
  ...

Im Grundsatz gilt, dass der Umfang der zu erhebenden Daten zweckmässig sein muss. Die Daten sind gegen unbefugten Zugriff und Verlust zu sichern. Weiter ist der betroffenen Person auf Verlangen Einsicht in die Daten zu gewähren. Die Weitergabe von Daten ist ohne explizite Einwilligung der Person nicht erlaubt. Somit steht ein Verbinden von Altdatenbeständen ohne nachweisliche Einwilligung des Patienten im klaren Widerspruch zum DSG.

3.1.2 Verordnung zum Bundesgesetz über den Datenschutz

Aufgrund von Art. 8 Abs. 2 Verordnung zum Bundesgesetz über den Datenschutz müssen für die Risiken in Abs. 1 lit. a-e angemessene Massnahmen getroffen werden. Für besonders schützenswerte Personendaten, die in Verzeichnissen und auf Servern gespeichert werden, müssen die Massnahmen zur Reduzierung der Risiken einen durchgängig hohen Standard aufweisen. Betreiber von Einrichtungen zur Speicherung von besonders schützenwerten Daten müssen die technischen Grundlagen für die Einhaltung des Datenschutzes sicherstellen.

Abs. 2 gibt vor, dass die Massnahmen auf Basis der Risiken für die betroffenen Personen definiert werden müssen:

Verordnung zum Bundesgesetz über den Datenschutz (Schweizerischer Bundes-rat 1993)

Art. 8 Allgemeine Massnahmen
1 Wer als Privatperson Personendaten bearbeitet oder ein Datenkommunikations-netz zur Verfügung stellt, sorgt für die Vertraulichkeit, die Verfügbarkeit und die Richtigkeit der Daten, um einen angemessenen Datenschutz zu gewährleisten. Ins-besondere schützt er die Systeme gegen folgende Risiken:
> *a. unbefugte oder zufällige Vernichtung;*
> *b. zufälligen Verlust;*
> *c. technische Fehler;*
> *d. Fälschung, Diebstahl oder widerrechtliche Verwendung;*
> *e. unbefugtes Ändern, Kopieren, Zugreifen oder andere unbefugte*
> * Bearbeitungen.*

2 Die technischen und organisatorischen Massnahmen müssen angemessen sein. Insbesondere tragen sie folgenden Kriterien Rechnung:
> *a. Zweck der Datenbearbeitung;*
> *b. Art und Umfang der Datenbearbeitung;*
> *c. Einschätzung der möglichen Risiken für die betroffenen Personen;*
> *d. gegenwärtiger Stand der Technik.*

3 Diese Massnahmen sind periodisch zu überprüfen.

4 Der Beauftragte kann in diesem Bereich Empfehlungen in Form von Handbü-chern erlassen.

Unter die Kategorie „Automatisierte Bearbeitung" fallen alle IT-Sys-teme, das heisst, alle Massnahmen von Art. 9 Abs. 1 lit. a-h müssen im Falle des Betriebs von Datenservern berücksichtigt werden:

Verordnung zum Bundesgesetz über den Datenschutz (Schweizerischer Bundesrat 1993)

Art. 9 Besondere Massnahmen
1 Der Inhaber der Datensammlung trifft insbesondere bei der automatisierten Bearbeitung von Personendaten die technischen und organisatorischen Massnahmen, die geeignet sind, namentlich folgenden Zielen gerecht zu werden:

    a. Zugangskontrolle: unbefugten Personen ist der Zugang zu den Einrichtungen,
      in denen Personendaten bearbeitet werden, zu verwehren;

    b. Personendatenträgerkontrolle: unbefugten Personen ist das Lesen, Kopieren,
      Verändern oder Entfernen von Datenträgern zu verunmöglichen;

    c. Transportkontrolle: bei der Bekanntgabe von Personendaten sowie beim
      Transport von Datenträgern ist zu verhindern, dass die Daten unbefugt
      gelesen, kopiert, verändert oder gelöscht werden können;

    d. Bekanntgabekontrolle: Datenempfänger, denen Personendaten mittels
      Einrichtungen zur Datenübertragung bekannt gegeben werden, müssen
      identifiziert werden können;

    e. Speicherkontrolle: unbefugte Eingabe in den Speicher sowie unbefugte
      Einsichtnahme, Veränderung oder Löschung gespeicherter Personendaten
      sind zu verhindern;

    f. Benutzerkontrolle: die Benutzung von automatisierten
      Datenverarbeitungssystemen mittels Einrichtungen zur Datenübertragung
      durch unbefugte Personen ist zu verhindern;

    g. Zugriffskontrolle: der Zugriff der berechtigten Personen ist auf diejenigen
      Personendaten zu beschränken, die sie für die Erfüllung ihrer Aufgabe
      benötigen;

    h. Eingabekontrolle: in automatisierten Systemen muss nachträglich überprüft
      werden können, welche Personendaten zu welcher Zeit und von welcher
      Person eingegeben wurden.

2 Die Datensammlungen sind so zu gestalten, dass die betroffenen Personen ihr Auskunftsrecht und ihr Recht auf Berichtigung wahrnehmen können.

3.2 Krankenversicherungsgesetz (KVG)

Im Januar 2005 trat der Artikel 42a zum Bundesgesetz über die Krankenversicherung[13] in Kraft. In diesem Artikel werden die Krankenversicherungen verpflichtet, eine Versichertenkarte auszugeben. Die Einführung der Versichertenkarte stützt sich im Detail auf folgende in Tab. 1 dargestellte Bestimmungen:

---

[13]   KVG, SR 832.10 vom 18. März 1996.

Tab. 1. Rechtliche Grundlagen für die Versichertenkarte

Dokument	*Inhalt*
KVG Art. 42a *SR 832.10* *vom 18. März 1996*	*Grundsatzentscheid für eine Versicherten-karte. Umsetzung durch den Bundesrat*
VVK *SR 832.105* *vom 14. Februar 2007*	*Anforderungen an Inhalt, Verwendung und Sicherheit der Versichertenkarte. Rechte und Pflichten*
Erläuterung zur VVK *vom 14. Februar 2007*	*Kommentar und Inhalt der Verordnung VVK*
Erläuterungen zu den Änderungen *vom 26. November 2008*	*Inkrafttreten am 1. Januar 2009. Damit wur-de die Verlängerung der Einführungsfrist bis zum 1. Januar 2010 entschieden.*
VVK-EDI *SR 832.105.1* *vom 20. März 2008*	*Technische und grafische Anforderungen an die Versichertenkarte*
Erläuterungen zur VVK-EDI vom 20. März 2008	*Inkrafttreten am 1. April 2008. Erläuterun-gen zur Verordnung*
eCH-0064 *vom 4. Februar 2008*	*Spezifikationen für das System Versicherten-karte*
Kreisschreiben Nr. 7.7 des Bundes-amts für Gesundheit/BAG *vom 27. November 2008*	*Regelt die Einführung der Versichertenkarte für die obligatorischen Krankenpflegeversi-cherung nach KVG per 1. Januar 2010*

Das Gesetz besagt, dass die Krankenversicherungen eine Karte mit Benutzerschnittstelle ausgeben müssen, die für die Rechnungsstellung aus den Leistungen des KVG verwendet werden soll. Weiter muss die Karte die AHV-Nummer enthalten sowie die Möglichkeit bieten, persönliche Daten der versicherten Person für befugte Personen abrufbar zu speichern.

Die Verordnung regelt, dass die Karte mit einem Mikroprozessor aus-zurüsten ist. Weiter bestimmt sie den Umfang der administrativen und medizinischen Daten. Es wird geregelt, dass Versicherungen verpflichtet sind, die Kompatibilität der Karten sicherzustellen. Die Karten dürfen für kantonale Modellversuche verwendet werden, sofern der Kanton die ge-setzlichen Grundlagen schafft.

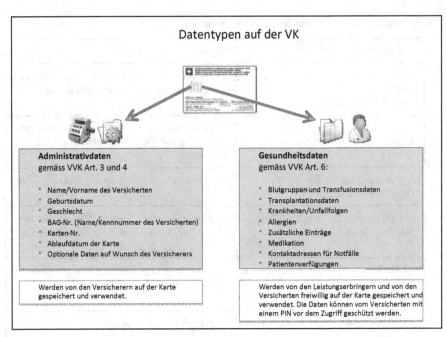

Abb. 3. Datentypen auf der Versichertenkarte gemäss Verordnung

3.3 Das AHV-Gesetz

Das AHVG regelt in Artikel 50c die Zuweisung einer Versichertennummer an jede Person, die ihren Wohnsitz oder gewöhnlichen Aufenthalt in der Schweiz hat. Weiter soll einer Person diese Nummer zugewiesen werden, wenn diese für die Durchführung der AHV sowie für den Verkehr mit einer Stelle oder Institution, die zur systematischen Verwendung der Nummer berechtigt sind, verwendet wird. Hieraus kann abgeleitet werden, dass auch Krankenversicherungen eine Prüfungspflicht trifft.

Ausserhalb des AHVG dürfen Stellen und Institutionen die Versichertennummer nur dann verwenden, wenn ein Bundesgesetz dies vorsieht. Es dürfen nur Stellen und Institutionen die Nummer systematisch verwenden, die mit Aufgaben der kantonalen Sozialversicherungen betraut sind. Die medizinischen Versorgungseinrichtungen sind weder in einem Bundesgesetz noch in einem weiteren Bereich definiert. Somit ist es verboten die Versicherungsnummer ausserhalb der Rechnungsstellung gemäss KVG Artikel 42 Absatz 2 zu verwenden.

3.4 Fazit der gesetzlichen Grundlagen

Die rechtlichen Grundlagen in Bezug auf das Bilden und Verwenden einer elektronischen Patientenidentität erweisen sich als vielfältig, zum Teil widersprüchlich und haben Berührungspunkte mit verschiedenen Rechtsgebieten. Aufgrund des Subsidiaritätsprinzips obliegt das Identitätsmanagement den Gemeinden (Einwohnerregister). Das Identitätsmanagement des administrativen Bereichs im Gesundheitswesen wird im Sozialversicherungsrecht (KVG und AHVG) geregelt. Für das Identitätsmanagement in der medizinischen Versorgung wären aufgrund der verfassungsrechtlichen Zuteilung der Gesundheitsversorgung die Kantone zuständig. Die wenigsten Kantone haben aber diesbezüglich gesetzliche Regelungen getroffen. Auch der Einsatz der neuen 13-stelligen AHV-Nummer (AHVN13) ist in den kantonalen Gesetzen für das Gesundheitswesen ausserhalb des KVG nicht geregelt.

3.5 Perspektiven und Ansätze des Identitätsmanagements

Bei einem leistungserbringerorientierten Datenmanagement erheben die einzelnen Leistungserbringer individuelle Falldaten lokal („Der Blinddarm auf Zimmer 300"). Hingegen ist beim patientenorientierten Datenmanagement die übergreifende Verwendung einer einheitlichen Patientenidentität von zentraler Bedeutung. Dabei müssen Daten aus unterschiedlichen Quellen einem Patienten eindeutig zugeordnet werden können. Dies bedeutet, dass Patientendaten mit Identitätsmerkmalen versehen werden müssen, die eine eindeutige, aber auch eine sichere Identitätszuordnung ermöglichen. Nachfolgend werden unterschiedliche Perspektiven und Ansätze für die eindeutige Patientenidentifikation diskutiert.

Beim Identitätsmanagement in der Gesundheitsversorgung können zwei Perspektiven unterschieden werden: das *betriebsinterne* und das *betriebsübergreifende* Identitätsmanagement. Nachfolgend werden die Charakteristika beider Perspektiven kurz vorgestellt.

3.5.1 Betriebsinternes Identitätsmanagement

Der Patient wird bei der Patientenaufnahme mit einer betriebsinternen Kennzeichnung (beispielsweise Kennzeichnung mit Name und Vorname am Krankenbett, Patientennummer als Barcode- oder RFID-Armband o.Ä.) ausgerüstet. Dieser Identifikator erleichtert die Zuordnung von Medikation, Dokumenten oder spezifischen Leistungen zu einem Patienten und erhöht damit die Qualität der Leistungserbringung. Bei einem Neueintritt desselben Patienten besteht jedoch die Gefahr, dass dieser einen neuen Identifikator erhält. Informationen aus einem vorangegangenen Aufenthalt stehen somit nicht automatisch zur Verfügung.

Betriebsinternes Identitätsmanagement reicht deshalb zwar für eine fallbezogene Versorgung aus, hat aber den Nachteil, dass eine Betrachtung des Behandlungsverlaufs über eine längere Dauer (Vorerkrankungen, Diagnosen, Reaktionen etc.) nicht gewährleistet ist.

3.5.2 Betriebsübergreifendes Identitätsmanagement

Insbesondere vor dem Hintergrund zunehmender Mobilität (freie Krankenhauswahl, höhere Patientenfluktuation) und steigender Anzahl betagter Patienten, die immer wieder unterschiedliche Leistungen der Gesundheitsversorgung beanspruchen müssen, ist ein betriebsinternes Identitätsmanagement zunehmend mit Aufwand verbunden und im Kontext der integrierten Versorgung nicht ausreichend. Ein automatisiertes Zuordnen der Patientenidentität zu bereits vorhandenen Dokumentationen ist in diesem Szenario meist nicht möglich und aufwendig.

Erschwerend kommt hinzu, dass verschiedene Institutionen jeweils eigene Patientenidentifikatoren führen, die nicht immer kompatibel sind. Daher kommt der Entwicklung von Konzepten für ein betriebsübergreifendes Identitätsmanagement besondere Bedeutung zu.

3.6 Ansätze zur betriebsübergreifenden Patientenidentifikation

Im vorangegangenen Abschnitt wurde die Bedeutung betriebsübergreifender Konzepte zur Patientenidentifikation herausgearbeitet. In den nachfolgenden Abschnitten werden zwei Ansätze des betriebsübergreifenden Identitätsmanagements kurz vorgestellt.

3.6.1 Unique Patient Identifier (UPI)

Bei einem lebenslang gleichbleibenden, eindeutigen und für alle Versorgungseinrichtungen zugänglichen Patientenidentifikator – dem UPI – wäre eine Voraussetzung erfüllt, um in konstanter Qualität und mit Informationssystemunterstützung die Patientenidentität eindeutig festzustellen. Es ist jedoch nicht ohne erheblichen Aufwand möglich, ab einem definierten Zeitpunkt alle Patienten mit einem UPI auszurüsten. Selbst wenn ein solches System zum Einsatz käme, wären Touristen, Grenzgänger, Asylsuchende und andere potenzielle Patienten ausgeschlossen. Für diese Gruppen müsste parallel eine andere Form der Identifikation

angeboten werden. Ausserdem müssten in diesem Szenario bereits existierende Identitätsmerkmale zusammengeführt werden, um schon vorhandene Daten mit dem Patienten zu verknüpfen.

3.6.2 Master Patient Index (MPI)

Ein anderer Lösungsansatz ist der Master Patient Index (MPI). Der MPI
ist ein Verzeichnis, das es erlaubt, verschiedene Identitätsmerkmale zusammenzuführen. Dabei werden durch ein Mapping-Verfahren verschiedene Identitätsmerkmale in Relation gesetzt. Der MPI hat den Vorteil,
dass verschiedene Algorithmen eine Zusammenführung dezentraler Patienteninformationen aufgrund von Attributen eines Identifikators ermöglichen. Anhand bestimmter Attributsausprägungen kann so erkannt werden, welche Informationen zu einem bestimmten Patienten gehören. Dieser Prozess ist allerdings mit Risiken behaftet. Insbesondere Verwechslungen können weitreichende Folgen haben.

Deshalb dient der MPI ausschliesslich dazu, die Patientenidentifikationen zwischen verschiedenen Systemen zu harmonisieren. Das oberste
Ziel des MPI ist es, zu erkennen, wenn Daten zur gleichen Person aus
verschiedenen Systemen eingeliefert werden. Die Verwendung der
AHVN13 für die Identifikation von Personen im medizinischen Kontext
in einem MPI ist gemäss Gesetz nicht gestattet.

3.6.3 Stärken und Schwächen der Ansätze

Der MPI wird manchmal als Lösung aller Identifikationsprobleme beschrieben. Dies stimmt nur bedingt. Ein MPI ermöglicht ein automatisiertes Zusammenführen von Identitäten unterschiedlicher Systeme.
Hierbei werden Merkmale zur Person (Name, Vorname, Geburtsdatum
etc.) verglichen. Als Vorteil kann vorgebracht werden, dass auch nicht
im Voraus identifizierte Personen in einem MPI-System aufgenommen
werden können (beispielsweise Ausländer, Neuzuzüger, Neugeborene
ohne elektronische Identität). Das System kann ohne zusätzliche Infrastruktur (Karten/Token, Leser, Public Key Infrastructures etc.) aufgebaut
werden. Ein zeitlich und räumlich nachhaltig stabiler UPI ist dabei nicht
erforderlich.

Nachteilig wirkt sich allerdings aus, dass die Qualität der im Rahmen
dezentraler Patientenregistrierungen erhobenen Daten im Nachhinein
nicht mehr nachvollziehbar ist bzw. gesichert werden kann. Ein MPI
funktioniert nur dann zuverlässig, wenn die Identitätsdaten sorgfältig erhoben wurden (Stammdatenqualität). Rechtlich relevant sind vor allem
das rückwirkende Verbinden von Identitäten und die Haftungsthematik
(Wer ist schuld, wenn falsche Identitäten/Daten verknüpft werden?).

Auch das Einsichtsrecht des Patienten in seine Daten (informationelle Selbstbestimmung) lässt sich mit einem MPI nicht ohne Weiteres realisieren. Mit einer einheitlichen digitalen Identität (UPI) kann der Patient seine Daten bei Verwendung entsprechender Infrastruktur (Kiosksystem, Kartenleser) selbst einsehen. Wird das MPI-Prinzip insofern angepasst, dass sich der Patient mit einem eindeutigen digitalen Identifikator gegenüber einem MPI-System authentisiert, könnte dieser Nachteil des MPI kompensiert werden. Nachteil dieses Ansatzes ist wiederum, dass jeder Patient eine elektronische Identität (UPI) besitzen muss.

4 Anforderungen an einen Patientenidentifikator

Die Qualität eines Identifikators hängt im Wesentlichen von drei bestimmenden Faktoren ab:

1. Die identitätsverwaltende Stelle (Certification Authority, CA) muss garantieren, dass die Identitäten über die gesamte Einsatzdauer gleich und darüber hinaus konsistent nachvollziehbar bleiben. Sie gibt Zertifikate (signierte Identitätsdatenbehälter) aus und sorgt dafür, dass diese einmalig sind. Sie erstellt kryptographisches Material, das es erlaubt, die Integrität des Zertifikats und die Vertrauenswürdigkeit der Ausgabestelle nachzuweisen (Prinzip der Public-Key-Infrastruktur, PKI)[14].

2. Der Registrationsprozess, also die Zuordnung der Zertifikate (Identifikationsmerkmale) zu Personen, muss in gleichbleibender, nachvollziehbarer Qualität erfolgen. Die zuverlässige Zuordnung von Zertifikaten zu Personen ist ein wesentlicher Erfolgsfaktor für das Funktionieren einer PKI.

3. Das Identifikationsmittel (Träger von Merkmalen zum Nachweis der Identität) muss ebenfalls definierten Qualitätsanforderungen genügen. Ein Zertifikat und die zum Identitätsnachweis benötigten privaten Schlüssel müssen in einem sicheren Datenbehälter abgelegt sein (Token). Für diesen Zweck kommen Kryptochipkarten zum Einsatz, die einen gesicherten Speicher für die privaten Schlüssel haben und über zertifizierte Verschlüsselungsalgorithmen verfügen. Nur zusammen mit den privaten Schlüsseln und einem PIN-Code kann mit dem Token der Identitätsnachweis erbracht werden.

---

[14] Vgl. dazu das Gesetz für die digitale Signatur (ZertES).

Den zuverlässigen Einsatz von Patientenidentifikatoren kann nur die gleichzeitige Sicherstellung aller genannten Sicherheitsmerkmale gewährleisten.

5 Nutzen und Grenzen einer eindeutigen Patientenidentifikation

Nachdem in den vorangegangenen Abschnitten die rechtlichen Rahmenbedingungen, Perspektiven und Ansätze sowie Anforderungen an die eindeutige Identifikation von Patienten diskutiert wurden, werden nachfolgend die wesentlichen Potenziale und Grenzen der eindeutigen Patientenidentifikation zusammengefasst.

5.1 Nutzen

5.1.1 Qualitätsgewinn

Daten, die in Form dezentral vorliegender Gesundheitsinformationen und die mit einem qualitativ hochwertigen Patientenidentifikator gekennzeichnet sind, lassen sich – bei vorliegender Einwilligung des Patienten – weitgehend automatisiert zu einem Dossier zusammenführen. Auf diese Weise liegen die meisten der für eine Behandlung und Therapie benötigten Informationen vor. Für Medizin, Pflege, Nachsorge usw. kann somit auf eine umfassende Datenbasis zurückgegriffen werden, die auch länger zurückliegende Besonderheiten (beispielsweise Vergleich mit früheren Untersuchungsergebnissen und Krankheitsverläufen, Berücksichtigung von Allergien bzw. Verträglichkeiten) und Daten unterschiedlicher Leistungserbringer einbezieht. Die Qualität der Behandlung kann auf diese Weise erheblich gesteigert und die Patientenversorgung über verschiedene Leistungserbringer des Patientenprozesses hinweg verbessert werden.

5.1.2 Effizienzgewinn

Auf klar bezeichnete Informationen kann schneller zugegriffen werden. Dies gilt auch für Patientendaten. Daten, die einer eindeutigen Patientenidentität zugeordnet werden können, sind einfacher und schneller abrufbar. Die Verfügbarkeit wichtiger Informationen zu einem Patienten ist hoch, wenn sich Informationen ohne langwierige Recherchen und Abklärungen beschaffen lassen. Die Effizienz der Informationsbeschaffung wird somit verbessert.

Ein qualitativ hochwertiger Patientenidentifikator erlaubt darüber hinaus eine durchgängige elektronische Archivierung von Daten. Medienbrüche durch Drucken, Scannen oder manuelles Erfassen lassen sich reduzieren. Informationen können schneller transferiert, Daten direkt in Krankenakten importiert werden. Somit wird auch die Effizienz der Informationsverarbeitung verbessert.

Ein nachgelagerter Effizienzgewinn zeigt sich dann, wenn die Daten auch strukturiert, also in maschineninterpretierbarer Form gespeichert, werden. Auf Grundlage anonymisierter Daten ist dann eine elektronische Recherche nach Krankheitsbildern und Verläufen oder auch Typisierungen effizient möglich. Auf diese Weise kann indirekt auch die Qualität gesteigert werden.

5.1.3 Kostenreduktion

Die geschilderten Effizienz- und Qualitätsgewinne wirken sich auf die Kosten der Informationsverarbeitung und damit der Patientenversorgung aus. Einige Aspekte sollen nachfolgend diskutiert werden.

Zunächst ist der Registrierungsprozess zum Erhalt eines persönlichen Identifikators für die Zuverlässigkeit der Patientenidentifikation von zentraler Bedeutung. Eine sorgfältige Registrierung ist jedoch aufwendig und muss von geschultem Personal durchgeführt werden. Ausserdem ist die Verwaltung der Identitätsmerkmale an hohe Anforderungen gebunden. So müssen die Verfügbarkeit, Nachvollziehbarkeit, Überprüfbarkeit und die Eindeutigkeit (analog zu den Anforderungen klassischer Identitätsnachweise) garantiert werden können. Mit elektronischen Identitätsträgern lassen sich diese Identifikationskosten „zentralisieren" und somit teilen.

Die Patientenaufnahme ist ein vielfach wiederholter Prozess. Jede Klinik, jeder niedergelassene Arzt, jeder medizinische, pflegerische oder sonstige Dienstleister muss die Patientenidentität feststellen. Kann dieser Prozess effizienter und qualitativ hochwertig gestaltet werden, lassen sich erhebliche Kosten hinsichtlich des Arbeitsaufwands oder der Qualitätssicherung vermeiden. Mit einem geeigneten Datenträger (z. B. Smart Card), der Identifikationsmerkmale speichert, kann die Identität des Patienten einfach und schnell festgestellt werden.

Die wohl grösste Kostenreduktion lässt sich durch die erzielbaren Qualitätsverbesserungen, wie beispielsweise das Vermeiden von Verwechslungen, erzielen. Auch Kosten, die durch redundante Untersuchungen und Behandlungen oder widersprüchliche Medikations- oder Dosierungsinformationen entstehen, können durch die umfassende Informationsverfügbarkeit reduziert werden.

5.1.4 Anonymisierbarkeit

Moderne Lösungskonzepte erlauben über kryptographische Funktionen eine Verschlüsselung der Identität-Daten-Beziehung. Dies ist von zentraler Bedeutung, da diese Identität-Daten-Beziehung nur dann hergestellt werden darf, wenn dies der Patient erlaubt. Dem Patienten muss auch die Möglichkeit gegeben werden, diese Identität-Daten-Beziehung wieder aufzulösen. Aus diesem Grund ist darauf zu achten, dass die Identität-Daten-Beziehung mit kryptographischen Instrumenten gesichert wird. Die Identität-Daten-Beziehung darf nur für bestimmte, kontrollierbare Kreise hergestellt werden. Zusätzlich ist vorzusehen, dass die Identität-Daten-Beziehungen im Bedarfsfall gänzlich aufgelöst werden können.

5.1.5 Grenzen

Die vielfach durchgeführten Prozesse zur Identitätsfeststellung sind noch immer vorwiegend papierbasiert und strukturell wie inhaltlich heterogen. Die Qualität der einzelnen Identifikationen variiert von gründlicher Befragung bis zu „man kennt sich ja". Aufgrund dieser Vielfalt ist nicht sichergestellt, dass alle Daten, die in der Vergangenheit zum Patienten erhoben wurden, auch wirklich im Kontext dieses Patienten gespeichert sind. Eine nachträgliche Zusammenführung von Daten, die nicht eindeutig einem Patienten zugeordnet werden können, sollte deshalb vor der Dossierbildung nochmals im Detail geprüft und validiert werden. Dies macht eine vollautomatische Zusammenführung patientenbezogener Daten schwierig, da bei jedem Dokument nachträglich die Qualität der Patientenzuordnung geprüft werden muss. Der Aufwand, historische Patientendaten zusammenzuführen, die nicht mit einem verlässlichen Patientenidentifikator gekennzeichnet sind, ist daher mit zusätzlichem Aufwand und entsprechenden Kosten verbunden, soll eine hohe Qualität gewährleistet bleiben.

Ein anderer Aspekt betrifft den Aufwand für Aufbau und Betrieb der erforderlichen Infrastrukturen (PKI, Softwareerweiterungen etc.). Diese lassen sich zwar bei Nutzung durch viele Akteure gut verteilen. Die sukzessive Ausbreitung entsprechender Technologien erfordert jedoch am Anfang (bei zu erwartend geringen Nutzerzahlen) eine höhere Investitionsbereitschaft des Einzelnen. Hingegen lassen sich die erwarteten Qualitätsvorteile erst dann realisieren, wenn entsprechende Technologien eine hohe Verbreitung erreicht haben. Dementsprechend sind geeignete Anreizsysteme zu entwickeln, die eine schnelle Verbreitung ermöglichen.

Bezüglich der inhaltlichen Ausgestaltung des Identifikators wird immer wieder die neue AHV-Nummer diskutiert. Ihre Verwendung ist aber sowohl aus rechtlicher wie auch aus Datenschutzsicht problematisch. Zum einen fehlen die rechtlichen Grundlagen für die Verwendung der AHVN13. Zum andern sind Daten, die mit der AHVN13 gekennzeichnet sind, in einer Identität-Daten-Beziehung fixiert, die nicht mehr ohne Weiteres aufgelöst werden kann. Die AHVN13 ist zudem einfach zugänglich, da diese Nummer über verschiedene Register und Dokumente abgerufen werden kann (beispielsweise bei Wohngemeinden, Arbeitgeber, Krankenversicherung, Versichertenkarte). Will ein Patient die gespeicherte Identität-Daten-Beziehung auflösen, müsste er bei der Zentralen Ausgleichsstelle (ZAS) eine neue AHVN13 beantragen. Es ist daher über alternative Gestaltungsmöglichkeiten für den Patientenidentifikator nachzudenken.

6   Fazit

Das in der E-Health-Strategie des Bundes geforderte Ziel eines Patientendossiers ist nur dann erreichbar, wenn ein verlässlicher Patientenidentifikator verfügbar ist. Bis dahin gilt es einige grosse Herausforderungen zu meistern. Oft wird die Komplexität unterschätzt und der Systemnutzen ergibt sich erst bei der Lösung verschiedenster komplexer Fragestellungen und einer hohen Verbreitung. Einige Empfehlungen sollen deshalb dieses Kapitel abschliessen.

6.1 Empfehlung 1: kantonale rechtliche Grundlagen schaffen

Wie bereits aufgezeigt, sind die rechtlichen Grundlagen lückenhaft oder überschneidend, wenn es um den Aufbau eines Patientenidentifikators geht. Mit dem Einführen eines Patientenidentifikators sind immer auch der Aufbau eines Patientenregisters und damit auch das potenzielle Verknüpfen von besonders schützenswerten Daten verbunden. Das Datenschutzgesetz verbietet eine Zusammenführung von Altdatenbeständen, sofern keine explizite Einwilligung des Patienten vorliegt. Im Weiteren ist zu klären, ob diese Zusammenführung und damit auch die Weitergabe zweckmässig sind.

Jeder Kanton regelt die Gesundheitsversorgung für sich und somit auch die Grundlagen, wie und in welcher Form dokumentiert werden soll. Den Umfang, den Zweck und die Zugriffsrechte auf die besonders schützenswerten Daten im Bereich der medizinischen Versorgung gilt es zu regeln. Dies ist wichtig, weil sonst die wesentliche Grundlage für eine Zusammenführung und damit der Nutzen eines patientenzentrierten elektronischen Informationsmanagements zur Gesundheitsversorgung nicht gegeben sind.

Die Verwendung der AHVN13 als Patientenidentifikator ist nicht erlaubt, solange es keine Rechtsgrundlage für deren Gebrauch im medizinischen Umfeld gibt. Sowohl die Verwendung der Versicherungskarte wie auch die Benutzung der AHVN13 bedürfen spezieller kantonaler Gesetze. Falls die Versichertenkarte über den Zweck der administrativen Funktionen verwendet werden soll, müssen entsprechende Grundlagen geschaffen werden. Diese Grundlagen können im Rahmen von kantonalen Modellversuchen erprobt werden. Diese sind jedoch zeitlich zu beschränken und möglichst umfassend zu dokumentieren und zu evaluieren.

6.2 Empfehlung 2: Definition einer schweizweiten E-Health-Governance

Damit der Austausch von Daten nicht an der Kantonsgrenze Halt macht, sind die Bedingungen, wie die Patienten identifiziert werden müssen, zu regeln (Qualität des Identifikators). Die Rechte, auf welche Daten zugegriffen werden kann (Governance), sind zu harmonisieren. Diese Harmonisierung kann mittels einer vertraglichen Vereinbarung unter den Kantonen erfolgen. Mittelfristig sind diese Regelungen in einem Konkordat festzuhalten.

Eine nationale E-Health-Governance regelt den generellen Schutz der Daten. Damit ein Schutz überhaupt möglich wird, muss ein übergreifendes Identity und Access Management (IAM) aufgebaut werden (vgl. Kapitel 6 des Buches). Hierbei sind alle auf die Daten zugreifenden Akteure einzubeziehen. Nur wenn für alle Parteien klar ist, wer, wie, auf welche besonders schützenswerten Daten zugreifen darf, wächst das Vertrauen und damit gegebenenfalls die Verbreitung.

Der Patient steht im Zentrum. Der Patient bestimmt, welche Daten in seinem Dossier zusammengeführt werden sollen. Hierzu braucht der Patient professionelle Unterstützung, die durch einen Leistungserbringer erbracht werden könnte (Aufklärungspflicht für eine durch den Patienten gewählte medizinische Vertrauensperson).

Die Governance muss eine Priorisierung im Umgang mit den Daten vornehmen, z. B.:

1. Datenverfügbarkeit hat höchste Priorität
2. Die Vertraulichkeit wird der Verfügbarkeit untergeordnet
3. Die Integrität der Daten wird der Vertraulichkeit untergeordnet

6.3 Empfehlung 3: Regelung der Verantwortlichkeiten und Pflichten

Da der Patientenidentifikator im Rahmen der medizinischen Dokumentation genutzt wird, macht es Sinn, diesen auch unter der Verantwortung der Leistungserbringer zu pflegen. Die Patientenaufnahme ist bereits heute ein Bestandteil der Gesundheitsversorgung. Des Weiteren liegt auch der Nutzen eines gut gepflegten Patientenidentifikators hauptsächlich bei den Leistungserbringern. Dies heisst aber nicht, dass die Leistungserbringer eine eigene Patientenkarte einführen müssen. Hierzu liesse sich auch eine Versichertenkarte durchaus als Träger eines Zertifikats nutzen, das unter der Aufsicht von Leistungserbringern oder der Kantone auf die Versichertenkarte aufgebracht wird.

Die Kantone müssen regeln, unter welchen Bedingungen die Bürger eine Patientenidentität erhalten/beziehen müssen. Diese Regelungen müssen transparent für alle Leistungserbringer offengelegt und nach Möglichkeit schweizweit identisch sein.

Der Kanton muss ausserdem regeln, wer die Informationspflicht wahrnimmt, um den Patienten im Umgang mit den Gesundheitsdaten aufzuklären. Der Patient ist *vor* einer Datenzusammenführung über den Umfang und die Datenverwendung, aber auch über die Vorteile des Patientenidentifikators zu informieren. Der Patient ist verantwortlich dafür, die Zugriffsrechte mit Unterstützung einer Fachperson (z. B. medizinische Vertrauensperson) zu regeln.

6.4 Empfehlung 4: UPI- und MPI-Konzept geeignet verbinden

Aus qualitativer Sicht ist es ungünstig, besonders schützenswerte Daten aus verschiedenen Quellen, die mit einem nicht klar definierten Registrationsprozess einer Person zugeordnet wurden, im Nachhinein zusammenzuführen. Die Qualität der Identität-Daten-Beziehung bildet einen entscheidenden Faktor, ob und wie Daten zum Patienten zusammengeführt werden können.

Datenschutzrechtliche Überlegungen verbieten den unkoordinierten und unkontrollierten organisationsübergreifenden Einsatz eines MPI-Konzepts. Der Patient muss in jedem Fall seine nachvollziehbare und dokumentierte Einwilligung geben, damit Daten zusammengeführt werden können.

Ein UPI-Ansatz löst diese datenschutzrechtlichen Probleme, da mit einem UPI die Identität-Daten-Beziehung klar definierbar ist. Der Patient kann durch Bekanntgabe seiner elektronischen Identität entscheiden, ob eine Identität-Daten-Beziehung aufgebaut werden soll.

Die Identität des Patienten ist mit hoher Qualität zu erheben. Dies kann aber nicht in der Notfallaufnahme geschehen. Eine Registrierung des Patienten hat vorgelagert zu erfolgen, wenn der Patient urteilsfähig ist.

Literatur

Bundesamt für Gesundheit (BAG): Strategie E-Health Schweiz,
  http://www.bag.admin.ch/ehealth/index.html?lang=de, 24.10.2009.
Bundesversammlung der Schweizerischen Eidgenossenschaft: Bundesgesetz über den Datenschutz, http://www.admin.ch/ch/d/sr/2/235.1.de.pdf, 24.10.2009.
Schweizerischer Bundesrat: Verordnung vom 14. Juni 1993 zum Bundesgesetz über den Datenschutz, http://www.admin.ch/ch/d/sr/2/235.11.de.pdf, 24.10.2009.
Bundesamt für Gesundheit (BAG): Krankenversicherungsgesetz KVG Art. 42a, SR 832.10,
  vom 18. März 1996, http://www.admin.ch/ch/d/sr/c832_10.html, 24.10.2009.
Bundesamt für Gesundheit (BAG): Verordnung über die Versichertenkarte für die obligatorische Krankenpflegeversicherung (VVK), SR 832.105, vom 14. Februar 2007,
  http://www.admin.ch/ch/d/sr/c832_105.html, 24.10.2009.
Bundesamt für Gesundheit (BAG): Verordnung über die technischen und grafischen Anforderungen an die Versichertenkarte für die obligatorische Krankenpflegeversicherung (VVK-
  EDI), SR 832.105.1, vom 20. März 2008, http://www.admin.ch/ch/d/as/2008/1555.pdf,
  24.10.2009.

9 Chancen und Herausforderungen einer vernetzten Patientenidentifikation

Michael Ziegler, Peter Steiner

H-NET AG

1 Einleitung

Ein weit verbreitetes Postulat ist, dass die *vernetzte* Patientenidentifikation eine zentrale Grundlage für den elektronischen Nachrichtenaustausch und für die Begründung organisationsübergreifender medizinischer und administrativer Prozesse darstellt (Mettler u. Rohner 2008a). Doch was genau ist mit *Identifikation* gemeint und welcher Nutzen resultiert daraus, wenn sie *vernetzt* bewerkstelligt wird?

1.1 Identifikation

Als Identifikation wird der Vorgang verstanden, der zum eindeutigen Erkennen einer Person oder eines Objekts dient. Entsprechend umfasst die Identifikation die Zuordnung respektive das Vorweisen von Merkmalen eines Objekts oder Individuums (vgl. Kapitel 2 des Buches). Üblicherweise wird ein Individuum durch demografische Attribute wie Name, Geburtsdatum und Geschlecht identifiziert. Diese Attribute sind zusammengenommen spezifisch genug, um einen eindeutigen Bezug zu einer Person zu ermöglichen (wie dies z. B. in einer schriftlichen Therapieverordnung, einem Medikamentenrezept oder einem Entlassungsbrief an den nachbehandelnden Arzt heute noch üblich ist).

Die Identifikation anhand der demografischen Attribuierung funktioniert im kleinen Rahmen (z. B. in einer Arztpraxis oder in einem Pflegeheim) in der Regel einwandfrei. Problematisch wird es allerdings, wenn die Grösse des Patientenkollektivs ein überschaubares Mass überschreitet. In einem Krankenhaus mit mehreren hundert Betten kann dieses Vorgehen recht schnell zu einer aufwendigen organisatorischen Aufgabe mutieren. Zudem nimmt die Fehlerwahrscheinlichkeit mit steigender Patientzahl überproportional zu (z. B. falsche Zuordnung patientenbezogener Informationen zu einem Patienten). Die computergestützte Identifikation von Patienten basiert aus technischer Sicht daher sinnvollerweise auf der Vergabe eines eineindeutigen Identifikators (z. B. die neue 13-stellige AHV-Nummer oder eine Kombination verschiedener demografischer Angaben). Diese Zuordnung muss nur einmal, nämlich bei der Ersterfassung eines Patienten, erfolgen. Sämtliche gespeicherten Behandlungsdaten lassen sich dann durch einen Verweis auf diesen Identifikator stets eindeutig diesem Patienten zuordnen. Das Risiko einer falschen Zuordnung lässt sich auf diese Weise also stark reduzieren. Dem gegenüberzustellen sind jedoch die Anforderungen an den Datenschutz und die Trennung / den Schutz der Beziehung zwischen Daten und Identität, wie dies im vorherigen Kapitel des Buches adressiert wurde.

1.2 Vernetzte Identifikation

Aufgrund zahlreicher sozialer und gesundheitspolitischer Entwicklungen in den letzten Jahren (z. B. steigende Mobilität der Patienten, Zusammenschluss mehrerer Krankenhäuser zu Krankenhausregionen etc.) ist der Fokus eines Leistungserbringers nicht mehr allein auf die eigene Organisation beschränkt. Daher muss heute auch die organisationsübergreifende Patientenidentifikation bedacht werden. Für die Zusammenführung von patientenbezogenen Daten mehrerer Krankenhäuser oder ganzer Regionen (z. B. zu einem gemeinsamen virtuellen Patientendossier innerhalb dieses Datenverbunds) sind allerdings weiter reichende Lösungskonzepte notwendig.

Aus organisatorischer Sicht wird der Identifikator einer digitalen Patientenidentität idealerweise durch ein überregionales Gremium vergeben, das damit die Verantwortung einer korrekten Zuordnung der Identität (ID) zu den demografischen Daten einer Person übernimmt. Falls die Verwendung dieser ID zur Datenverwaltung zulässig ist, braucht diese aus technischer Sicht nur in allen angeschlossenen Computersystemen eines Verbunds anstelle einer proprietären Patientenkennung als neuer Identifikator hinterlegt zu werden und schon können die Patientendaten aller dieser Systeme zusammengeführt werden.

Eine Ergänzung oder Alternative hierzu bildet ein regelbasiertes, zentrales Computersystem, ein sogenannter Master Patient Index (MPI), der die Verwaltung einer eineindeutigen digitalen Patientenidentität für alle angeschlossenen Systeme übernimmt (Lenson 1998). Dieser erlaubt, sowohl mit demografischen Abfragen wie auch mit den verschiedenen, von den angeschlossenen Systemen vergebenen Identifikatoren eine gemeinsame „Master-ID" des Patienten zu erfragen. Auf diese Weise lassen sich die dezentral verwalteten Patientendaten aller angeschlossenen Systeme zusammenführen.[15]

2   Status quo

Die wenigsten Krankenhäuser führen heute ein einheitliches und systematisches Identitätsmanagement (IDM) im Sinne einer vernetzten Verwaltung von Patientenidentifikatoren (vgl. International Standards Organization 2008; International Standards 2009; International Standards Organization 2009). Um einen einheitlichen Patientenbezug dennoch zu ermöglichen, wird üblicherweise ein Computersystem zum Mastersystem erklärt, das diese Identifikatoren *zentral* verwaltet und über Schnittstellen an weitere Systeme leitet. Weitere Schnittstellen zwischen anforderndem System und Mastersystem sind erforderlich, wenn eine *dezentrale* Patientenerfassung ermöglicht werden soll. Dadurch wird die Komplexität entscheidend erhöht. Mehrere Anforderungen und Entwicklungen der letzten Zeit deuten allerdings darauf hin, dass ein steigender Bedarf für den Austausch von Patientendaten zwischen den Stakeholdern des Gesundheitswesens besteht, was die Implementierung einer dezentralen Lösung rechtfertigt:

Die rasche Wissensvermehrung in der Medizin während der letzten Jahrzehnte (z. B. Schlüssellochchirurgie oder invasive Radiologie), die viele neue und technisch hoch spezialisierte Therapieoptionen mit sich brachte, führt in zunehmendem Mass dazu, dass Patienten vermehrt in-

---

[15]   Allerdings basiert auch das Regelwerk eines MPI letztlich auf berechneten Wahrscheinlichkeiten, sodass die Administration und Qualitätskontrolle im Produktivbetrieb sichergestellt sein sollten. Die Betreiber des MPI und aller angeschlossenen Systeme tragen ihren Anteil der Verantwortung für Datenqualität und Fehlervermeidung.

terdisziplinär behandelt werden. Der Einsatz von Informationstechnologie (IT) ist notwendig, damit der Informationsaustausch zwischen allen an der Behandlung eines Patienten beteiligten Parteien gradlinig und sicher erfolgt.

Der steigende Kostendruck im Gesundheitswesen bewirkt zum einen die weitere Spezialisierung der medizinischen Verfahren zur Untersuchung und Behandlung von Patienten (Evison 2006), zum anderen führt dies auch zum Zusammenschluss (z. B. Health-Maintenance-Organisationen[16]) respektive zu einer intensiveren Kooperation zwischen den einzelnen Akteuren (Mettler u. Rohner 2009). Dies führt ebenfalls zu einem vermehrten Austausch patientenbezogener, untersuchungsrelevanter Daten und somit auch zu einem gesteigerten Bedarf eindeutiger Patientenidentifikatoren.

Die erforderliche Technologie für das Erfassen, Speichern und Archivieren von elektronischen Patientendaten steht heute genauso zur Verfügung wie moderne Breitbanddatennetze, die den performanten Austausch auch grösserer Datenmengen (wie sie beispielsweise bei bildgebenden Untersuchungen anfallen) ermöglichen.

Diese Sachlage wurde von Bund und Kantonen erkannt. Seit Anfang 2008 ist das gemeinsame Koordinationsorgan eHealth Bund-Kantone „ehealthsuisse" operativ und soll durch die Definition von Rahmenvorgaben zur Entwicklung von elektronischen Gesundheitsdiensten beitragen (vgl. Kapitel 2 des Buches). Der Steuerungsausschuss von Bund und Kantonen zur Umsetzung der Strategie E-Health Schweiz hat im August 2008 die Aufträge für die Umsetzung verschiedener Teilprojekte vergeben. Etliche der dabei propagierten Modellversuche setzen eine eindeutige, vernetzte Patientenidentifikation voraus. Eine nationale Initiative zur Vergabe eines eindeutigen Patientenidentifikators für alle dem Krankenversicherungsgesetz unterstellten Personen ist gegenwärtig bei der nationalrätlichen Kommission in Ausarbeitung.

3 Digitale Identitäten als Enabler

Wie bereits eingangs beschrieben, stellen Identifikatoren bzw. ein sauberes IDM wichtige Katalysatoren bei der Realisierung von E-Health-Projekten dar. Beispielsweise können durch Wiederverwendung von existierenden Mechanismen zur Patientenidentifikation die einzelnen Projekte effektiv von Verwaltungsaufgaben entbunden werden, was letztlich nicht nur den

---

[16] http://www.bag.admin.ch/themen/krankenversicherung/00261/02156/.

organisationsübergreifenden Datenaustausch effizienter gestaltet, sondern auch zu einer Verbesserung der Datenqualität und einer Verringerung der Projektkosten der einzelnen Projekte führen kann (vgl. Abb. 3 in Kapitel 2 des Buches).

3.1 Digitale Identität auf Health Professional Card (HPC)

Selbstverständlich betrifft die Problematik der eindeutigen Identifikation nicht nur die Patienten selbst, sondern alle Akteure, die an einer Behandlung beteiligt sind. Auch für die Identifikation der Leistungserbringer kann dieselbe Technologie genutzt werden. In diesem Zusammenhang sind vor allem Identitäten nützlich, wenn sie in Form digitaler Zertifikate vorliegen. Damit lässt sich nicht nur die Identität des Zertifikatsinhabers eindeutig feststellen, überdies ist auch ersichtlich, welche Autorität für die Echtheit und Korrektheit dieser Identität bürgt. Schliesslich kann das Zertifikat auch dazu dienen, Dokumente digital zu signieren und damit deren Authentizität zu bestätigen.

Die Health Professional Card (HPC) der Verbindung Schweizerischer Ärztinnen und Ärzte (FMH) verwendet ein solches Zertifikat und eignet sich somit zur Zugangsautorisierung zu E-Health-Diensten sowie zur digitalen Signierung von Dokumenten und kann auch für die Erfassung und Fakturierung von Leistungen genutzt werden (vgl. Kapitel 2 des Buches).

Im Bereich der Bürger- oder Patientenidentifikation stehen zum gegenwärtigen Zeitpunkt keine verbreiteten zertifikatsgestützten Identifikatoren zur Verfügung. Immerhin wird mit der neuen, maschinenlesbaren Versichertenkarte eine Möglichkeit geschaffen, die demografischen Daten des Patienten zu verifizieren und auf diese Weise die Datenqualität im Bereich der Patientenverwaltungssysteme zu verbessern.

3.2 Weitere Anwendungsbereiche digitaler Identitäten

Hilfreich für den digitalen Austausch patientenbezogener Informationen sind im Weiteren auch Systematiken und Kataloge zur eindeutigen Identifikation von medizinischen Informationen wie Leistungen, Diagnosen, Therapien oder Laboranalysen, vor allem wenn diese öffentlich zugänglich sind, kostenlos genutzt werden dürfen und einem internationalen Standard entsprechen (wie z. B. die Diagnosen- und Behandlungskataloge ICD-10, ICD-9 oder Nomenklaturen wie LOINC oder SNOMED CT, vgl. Kapitel 11 des Buches).

Auch die in der (Medizin-)Informatik verbreiteten Standards (wie DICOM oder Health Level 7 (HL7) in der Version 3.0) setzen auf global eindeutige Identifikatoren für Adressen oder Objektklassen. Der auf HL7 V3.0 basierende Standard Clinical Document Architecture (CDA) zum Austausch klinischer Dokumente verwendet diese Identifikatoren konsequent und erreicht damit ein hohes Mass an Maschinenlesbarkeit und Interoperabilität der auf CDA basierenden Dokumente (vgl. Kapitel 11 des Buches).

Mit der Initiative „Integrating the Healthcare Enterprise" (IHE) wurden öffentlich verfügbare Profile, also Prozessdefinitionen und technische Implementierungsvorgaben, geschaffen, die nicht nur den Prozess der vernetzten Patientenidentifikation beschreiben, sondern in insgesamt zehn Domänen und technischen Frameworks sehr viele weitere E-Health-Prozesse modellieren und standardisieren. Diese IHE-Profile wurden international bereits mehrfach erfolgreich umgesetzt.

4   Herausforderungen

Die Etablierung einer vernetzten Patientenidentität schafft verschiedene Herausforderungen. Diese liegen allerdings grösstenteils nicht in der technischen Umsetzung.[17] Vielmehr besteht die Herausforderung in verschiedenen politischen, gesellschaftlichen und organisatorischen Aspekten.

Als besonders erfolgskritisch zu beurteilen ist die exakte Klärung der Verantwortlichkeiten für die Planung und den Betrieb von Systemen zur vernetzten Patientenidentifikation. Wenngleich die Fehlerwahrscheinlichkeit vergleichsweise gering sein dürfte, könnten Mängel bei der Verknüpfung von Patientenidentitäten im schlimmsten Fall hohen finanziellen Schaden verursachen und das Vertrauen in computergestützte Lösungen in der Medizin massiv negativ beeinflussen. Eine permanente Überwachung und Qualitätskontrolle der Identifikationsprozesse sind deswegen unabdingbar.

Eine vorhandene technische Herausforderung dürfte in der rückwirkenden Integration bereits vorhandener Patientenidentitäten aus den dezentralen angeschlossenen Systemen liegen. Da die Datenqualität der Patientenstammdaten der angeschlossenen Systeme die Qualität des zentralen Patientenindexes wesentlich mit beeinflusst, muss diese vor der Integration eines Systems in den Patientenindex allenfalls kontrolliert und nach Möglichkeit auch optimiert werden.

Die allergrösste Herausforderung besteht aber darin, die erforderliche Akzeptanz der politischen Behörden und der Bevölkerung für die Einfüh-

---

[17]   Es existieren z. B. basierend auf den oben beschriebenen IHE-Profilen bereits ausgereifte Lösungen.

rung digitaler Identitäten zu erreichen. Den Befürchtungen hinsichtlich der Verletzung des Datenschutzes und des „gläsernen Bürgers" (Bendrath 2007) kann – aus technischer Sicht – nur durch ein transparentes Zugriffs-konzept begegnet werden, das die Beanspruchung des vernetzten Patien-tenindexes detailliert regelt und auch praktisch in der Lage ist, jeglichen Missbrauch der Daten zu verhindern. Hierbei ist es gewiss eine gute Idee, dem Patienten als Eigentümer der über ihn existierenden Daten zu definie-ren und diesen, falls erwünscht, mit Zugriffsberechtigungen für die Admi-nistration auszustatten. Um eine kulturelle Akzeptanz zu schaffen, müssen alle relevanten Stakeholder frühzeitig involviert und eine offene und zeit-gerechte Information der Bürger gepflegt werden. Des Weiteren müssen selbstverständlich auch die Anreize und Geschäftsmodelle für die Finan-zierung eines solchen Projekts geklärt werden.

5   Entwicklungen in der Schweiz

Ausgelöst durch die positiven Anstrengungen des Kantons St. Gallen in Richtung E-Health und durch die Festlegung einer nationalen Strategie E-Health Schweiz durch das Bundesamt für Gesundheit ist in den letzten Monaten gesamtschweizerisch sehr viel geschehen:

Die HPC wird seit September 2009 ausgeliefert und damit erhalten alle FMH- und auch Nicht-FMH-Ärzte eine digitale Identität.
Die Apotheker haben seit Längerem mit ihrer HPC® eine klare digitale Identität[18].
Der Bürger bekommt ab Mai 2010 mit der SuisseID ebenfalls den fakulta-tiven Zugang zu einer digitalen Identität[19].

Aus der Tatsache, dass digitale Identitäten im Schweizer Gesundheits-wesen nun „plötzlich" vorhanden sind, resultiert auch ein Handlungsbedarf für die Leistungserbringer. Dieser ist eine Konsequenz aus verschiedenen Entwicklungen im Krankenhaus-IT-Umfeld und darf nicht zu 100% auf *E-Health* zurückgeführt werden. Beispielsweise haben gemeinsame Bestre-bungen von globalen IT-Unternehmen wie z. B. IBM, Oracle oder Siemens dazu geführt, dass erstmals eine Zielarchitektur für die Krankenhäuser vor-liegt, anhand derer ein Soll-Ist-Vergleich der IT-Architekturen durch-

---

[18]   http://www.ofac.ch/de/services/hpcSystem.htm.
[19]   http://www.kmu.admin.ch/suisseid/. Die Nutzung der neuen Versichertenkarte ab 2010 mit der neuen Sozialversicherungsnummer ist leider noch unklar res-pektive fraglich, da die rechtlichen Grundlagen zur Nutzung der neuen Sozial-versicherungsnummer im Gesundheitsbereich fehlen.

geführt werden kann. Des Weiteren hat die bereits erwähnte IHE-Initiative neben technischen auch organisatorische Vorgaben entwickelt, wie IT im Gesundheitswesen gewinnbringend eingesetzt werden kann.

5.1 Patientenidentifikation am Beispiel Swiss Medical Suite

Mit der schweizerischen Gesamtlösung *Swiss Medical Suite* werden konkrete Workflows (z. B. für Anmeldung, Austritt, „verteilte" Dossiereinsicht, Terminvergabe, Bildaustausch etc.) zwischen Ärzten, Krankenhäusern und weiteren Teilnehmern des Gesundheitssystems abgebildet[20]. Aktuell wird die Gesamtlösung in acht Regionen eingeführt, unter anderem im Modellversuch „E-Health Regio Basel Stadt", der auch die Grenzregion Lörrach mit einbezieht.

Die Lösung vereint Peer-to-Peer-Ansätze mit den klassischen eher zentralen IHE-Ansätzen. Diese Kombination passt ideal zu den föderalen Strukturen der Schweiz und damit wird ein absolutes Minimum an Informationen dezentral-zentral gespeichert. Im Peer-to-Peer-Bereich werden die Identifikatoren des Partnersystems dem jeweiligen Zielsystem mitgegeben und bei der Beantwortung integriert. Im IHE-Bereich geht es primär darum, mit dem Einsatz eines MPI ein hierarchisches, selbstvererbendes MPI-System einzusetzen, das automatisch einen Abgleich zwischen den betriebsinternen, regionalen, überregionalen (und auch internationalen) Ebenen realisiert.

Mit der Einführung einer Lösung wie z. B. der *Swiss Medical Suite* werden die grundlegenden technischen Herausforderungen der nächsten Jahre gelöst, es sind allerdings auch zahlreiche Handlungsfelder zu adressieren (vgl. Abb. 1):

Der Aufbau von Universaldossiers mit IHE Repository (Enterprise-Content-Management-System),

Die Klärung der Frage, ob ein separater MPI notwendig ist oder ob ein bestehendes Mastersystem diese Funktion nicht schon seit Jahren erfüllt,

Die grundsätzliche Lösung des Identity- und Access-Managements im Krankenhaus,

Die universale Lösung der Archivierung,

Die Einführung eines serviceorientierten Bussystems, das stark prozessorientiert arbeitet,

Der Aufbau eines sicheren Übergabepunktes (E-Health-Connector-/Security-Modul) zur Aussenwelt,

---

[20]   http://www.swissmedicalsuite.ch/.

Der Aufbau von Portallösungen zur benutzergerechten Präsentation der notwendigen Inhalte an diverse Zielgruppen.

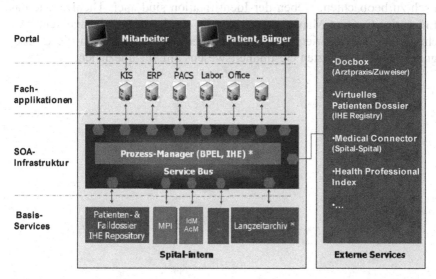

Abb. 1. IT-Architektur Swiss Medical Suite

Letztlich werden nicht nur die organisationsinternen Akteure von einer verfügbaren Patientenidentifikation profitieren – die resultierende Effizienzsteigerung und Verbesserung der Behandlungsqualität kommen dem ganzen vernetzten Gesundheitswesen zugute.

6   Fazit

Die Entwicklung der IT in der Medizin schreitet in der Schweiz rasch voran. Die Wichtigkeit von digitalen Identitäten und einer vernetzten Identifikation von Patienten und Leistungserbringern wurde von Politik und Wirtschaft erkannt und bereits in einzelnen Projekten ansatzweise umgesetzt. Erste Erfahrungen in diesem Bereich haben gezeigt, dass die Einführung von Mechanismen zur Identifikation der an der medizinischen und administrativen Leistungserbringung beteiligten Akteure durchaus als Enabler für die organisationsübergreifende Kommunikation gesehen werden kann.

Es besteht jedoch kein Grund zu panikbedingten Schnellschusslösungen, in jedem Krankenhaus oder jeder Region sich nur noch auf Technologien wie digitale Zertifikate, MPI etc. zu konzentrieren. Diese sind zwar wichtig, aber sie sind nicht die einzigen Gestaltungsobjekte einer vernetzten IT-

Architektur. In diesem Zusammenhang sind auch die Auswirkungen der neu eingeführten Identifikationsmechanismen wie der HPC der Apotheker und der FMH oder die SuisseID und Versichertenkarte für die Bürger kritisch zu beobachten. Neben der Identifikation sind auch Themen wie das Enterprise-Content-Management, Identity- und Access-Management, Archivierung, serviceorientierte Architekturen usw. ebenfalls in die Überlegungen eines vernetzten Gesundheitswesens mit einzubeziehen.

Literatur

Bendrath, R.: Der gläserne Bürger und der vorsorgliche Staat: Zum Verhältnis von Überwachung und Sicherheit in der Informationsgesellschaft, in: kommunikation@gesellschaft 8 (2007), S. 1-16.

Evison, M. G.: Zur ökonomischen Spezialisierung in der Medizin, in: Schweizerische Ärztezeitung 87 (2006) 15/16, S. 674-675.

International Standards Organization.: ISO TS 22600: Privilege Management and Access Control, International Standards Organization, Geneva, Switzerland 2009.

International Standards Organization: ISO TS 21298: Functional and Structural Roles, International Standards Organization, Geneva, Switzerland 2008.

International Standards Organization: ISO/IEC CD 24760: Information Technology – Security Techniques – A Framework for Identity Management, International Standards Organization, Geneva, Switzerland 2009.

Lenson, C. M.: Building a Successful Enterprise Master Patient Index: A Case Study, in: Topics in Health Information Management 19 (1998), S. 66-71.

Mettler, T.; Rohner, P.: Auf dem Weg zur prozessorientierten Patientenidentifikation, in: Swiss Medical Informatics (2008) 64, S. 25-28.

Mettler, T.; Rohner, P.: An Analysis of the Factors Influencing Networkability in the Healthcare Sector, in: Health Services Management Research 22 (2009) 4, S. 163-169.

10 Digitale Langzeitdatenhaltung und Patientenidentifikation

Alexander Rübensaal

ABC Systems AG

1 Ausgangslage

1.1 Beschleunigtes Datenwachstum und weitere Informationsinseln

Im Gegensatz zu den sonst üblichen IT-Lebenszyklen von rund fünf Jahren werden bei der Langzeitdatenhaltung Entscheidungen für Generationen über Jahrzehnte getroffen. Entsprechend verlangt ihre Vorbereitung noch mehr Sorgfalt, Abklärungen und eingehende Überlegungen. So ist es notwendig, aber auch lohnend, genügend Zeit in die Analyse zu stecken. Defizite sind im Nachhinein kaum mehr wettzumachen. Daher geht dieser Beitrag zunächst auf grundlegende Betrachtungen ein, in die dann neue Ideen einfliessen.

Die Zunahme der Daten, die elektronisch verwaltet werden, spielt sich auf zwei Ebenen ab. Einerseits findet bei den bestehenden Anwendungen durch neue Patienten und weitere Behandlungen ein quantitatives Wachstum statt. Dieses lässt sich mit der Erweiterung der Speicherkapazitäten einfach abdecken, wobei wir die Skalierbarkeit der Software voraussetzen.

Andererseits führt die vermehrt durch neue medizinaltechnische Geräte unterstützte Behandlung zu einem qualitativen Datenwachstum, indem sie neue Ergebnisse digital auf elektronische Medien speichern. Sie sind nachstehend als „digitale Assistenten" kategorisiert. Wie PACS (Picture Archiving and Communication System), MRI (Magnetic Resonance Imaging), Labor- und andere Diagnosegeräte produzieren diese digitalen Assistenten ihre eigenen Daten und Bilder, und zwar zunächst für sich auf neuen isolierten Inseln, wie in Abb. 1 dargestellt.

 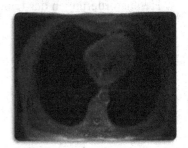

Digitale Assistenten   Visualisierung

Abb. 1. Daten und Inseln vermehren sich

Die mit den digitalen Assistenten einhergehenden Innovationen bringen sofort Nutzen für die primären Aufgaben im Gesundheitsbereich. Für die Einbindung in die IT-Landschaft stellen sie jedoch eine grosse Herausforderung dar. Denn eine der ureigenen Rechtfertigungen der IT beruht darauf, dieselben Daten wie z. B. eine Adresse logisch nur einmal verwalten zu müssen, um rationelles Arbeiten zu ermöglichen. Dazu käme wenigstens noch der Anspruch, die zentral verwalteten Daten unter verschiedenen Blickwinkeln mehrfach auswerten zu können. Die Konzeptideen beruhen auf den Auswirkungen von Integration und Konsolidierung.

Das physische Konsolidieren von Speichereinheiten unter dem Paradigma der „teuren" Anschaffung scheint sich leichter realisieren zu lassen. Sind doch heute praktisch alle Geräte über ihren Standard-Ethernet-Anschluss einfach vernetzbar. Dieser Kommunikationsweg ermöglicht es, auch zentrale Speicherkapazitäten und vor allem -reserven nutzen zu können.

Die ungleich bedeutendere logische Integration der Daten stellt ein wesentlich anspruchsvolleres Unterfangen dar, als physische Speichereinheiten in einer vernetzten Umgebung zu konsolidieren. Letzteres verbessert zwar die Nutzung der Ressourcen, doch das mittlerweile überholte Paradigma des „teuren" Storage, das nur noch auf vereinzelte Hersteller zutreffen mag, setzt Fragezeichen hinter die Dringlichkeit.

Die von den neuen digitalen Assistenten produzierten Nutzdaten und Bilder steigern zunehmend die Komplexität bei der zeitnahen Integration der laufend neu entstehenden Informationsinseln in die Datenverwaltung von KIS und anderen Systemen. So überholt das Primat des direkten Nutzens schnell Ziele der IT und der Organisation. Denn diese wollen die Wirtschaftlichkeit sichern, indem sie die Integration und Konsolidierung der Datenhaltung verwirklichen.

Die produzierten Daten neuer digitaler Assistenten lagern also unweigerlich in parallel entstehenden, eigenen Repositorien, die noch nicht einmal in logische Subpools zusammengeführt sind. Sie stehen somit isoliert zur Auswertung nach dem jeweiligen Fokus zur Verfügung. In unterschiedlichem Kontext werden so zumindest jeweils eigene Stammdaten mehrfach erfasst und gespeichert.

Zusätzlich zum Aufwand solcher Redundanzen steigt auch das Risiko, identische Grundlagen unterschiedlich zu erfassen und zu klassifizieren. So kann es schwierig oder zumindest sehr aufwendig werden, demselben Patienten mit abweichenden Stammdaten in verschiedenen Repositorien/Ablagen, alle seine persönlichen Daten eindeutig zuzuordnen. Dies ist aber unverzichtbar, um Missverständnisse mit ihren Konsequenzen auszuschliessen und die bereits erstellten Daten zweckgebunden und zeitnah zu nutzen.

Wie kann also die Zugehörigkeit aller an verschiedenen Orten entstandenen Daten zu ihrer Person zwingend, also automatisch, gewährleistet werden? Wie rasch lassen sich die benötigten Informationen für die Beurteilung des Patienten gezielt wiederfinden bzw. ad hoc bei Bedarf zusammenstellen?

Dieses Dilemma wird dadurch weiter verschärft, dass die Innovationen mit neuen digitalen Assistenten und den resultierenden Daten viel schneller voranschreiten als deren Integration und Konsolidierung in bestehende Systemlandschaften der IT und Organisation. Zudem kommen Innovationen in der Regel stets von verschiedenen Herstellern. So hängen die Integrationsmöglichkeiten oft auch von der Unterstützung der Hersteller wie auch den grundsätzlichen Möglichkeiten der jeweiligen Software ab.

Wie sich diese Einflussgrössen bei der Gestaltung einer integrierten Lösung auswirken, beleuchtet der folgende Abschnitt.

1.2 Bisher keine entsprechenden Lösungen in den Spitälern

Wie lassen sich das Zusammenleben und die Verzahnung der Anwendungen erreichen? Die Schwierigkeit besteht insbesondere darin, dass die Anzahl der Schnittstellen mit jeder neuen Informationsinsel überproportional und nicht nur linear wächst. Bei nur 4 Anwendungen entstehen bereits 12 wechselseitige Beziehungen zwischen allen Applikationen. Bei 8 Applikationen sind es schon 56, wie Abb. 2 zeigt.

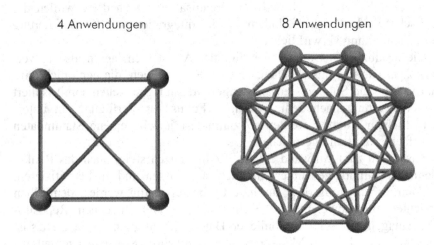

Abb. 2. Überproportionale Zunahme der Beziehungen

Die angestrebte Enterprise-Applikations-Integration lässt sich wirtschaftlich vertretbar nur dann verwirklichen, wenn sich diese Vielfalt reduzieren lässt. Daher fokussiert der traditionelle Ansatz darauf, einen alles verbindenden Super-Layer oder sogenannten Business Bus zu kreieren (vgl. Abb. 3). Bei 4 bzw. 8 Anwendungen resultieren dann jeweils nur noch 8 bzw. 16 wechselseitige Beziehungen.

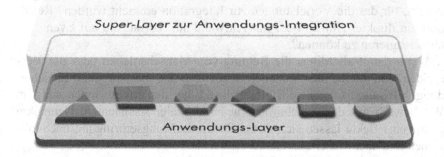

Abb. 3. Enterprise-Applikationsintegration

Um die Komplexität infolge der wechselseitigen Beziehungen zwischen den Anwendungen zu reduzieren, wird dieser separate Super-Layer zur zentralen Anlaufstelle entsprechend dem Mittelpunkt einer Sterntopologie ausgestaltet (vgl. Abb. 4).

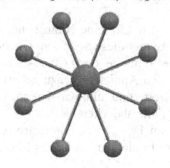

Abb. 4. Reduktion der Beziehungsvielfalt

Trotz verringerter Komplexität kommt selbst dieser Ansatz in der Praxis einem Sisyphus-Unterfangen gleich. Spätestens nach Implementierung der ersten Schnittstellen stehen diese infolge von Updates bald schon wieder zur Aufdatierung an. Als Leitlinien zu Integrationsbestrebungen über den Datenaustausch dienen die internationalen Standardisierungsinitiativen wie Health Level 7 (HL7) oder Integrating the Healthcare Enterprise (IHE).

Trotzdem resultieren daraus immer noch enorme laufende Kosten. Daher scheitern solche Vorhaben oft an den dafür verfügbaren finanziellen und personellen Ressourcen. Zudem kommen ganz pragmatische Befürchtungen hinzu. Wie gross ist die Wahrscheinlichkeit, dass das Ereignis eintritt, für das die Vorleistungen zur Integration erbracht wurden? Resultiert ein direkter Nutzen oder nur Aufwand auf Vorrat, um auf Eventualitäten reagieren zu können?

Wenn damit allerdings die Rettung von Menschenleben oder das Vermeiden von bleibenden Schäden verbunden ist, besteht kein Entscheidungsspielraum. Gleichwohl bleibt die IT bei den Investitionen stets im Wettbewerb mit der Anschaffung neuer digitaler Assistenten. Denn ihre positiven Effekte lassen sich direkt für die Leistungserbringung nachvollziehen und nachweisen.

Die Beurteilung, ob die Integrationsaufwendungen angemessen sind oder nicht, bedarf einer Klassifikation der Behandlungsszenarien. Denn je nach akuter oder chronischer Erkrankung, Aufenthalts- und Wohnort, Alter, Familie etc. ergeben sich unterschiedliche Anforderungen an die jederzeitige Gesamtsicht des Patienten. Wird beispielsweise eine Behandlung infolge einer Krankheit / eines Unfall am Ferienort ausgeführt und abgeschlossen, wird auch dort lokal das Patientendossier erstellt und geführt. Ein Tourist aus Übersee wird jedoch voraussichtlich nie mehr zurückkehren. Dasselbe kann auch für Patienten mit einem Wohnsitz in der Schweiz zutreffen.

Doch sind überhaupt Mittel für eine vorausgehende Analyse und Klassifikation verfügbar? So zwingt diese Situation, wie beschränkte Ressourcen überhaupt, zu mehr Kreativität bei der Lösungsfindung und einem offenen Ideenwettbewerb unter den Anbietern. Dazu gehört die Suche nach neuen Architekturen, die generelle und automatisierbare Lösungen erlauben und trotzdem praktisch alle Fälle abdecken.

Die Überlegungen zum Design der Enterprise-Applikations-Integration sind analog auch bei der Implementierung des Master Patient Index (MPI) anzustellen.

Der nächste Abschnitt grenzt den Weg ab, auf den sich dieser Beitrag zur digitalen Langzeitdatenhaltung ausrichtet.

1.3 Wahl des Betrachtungsansatzes

Die Aufgaben der elektronischen Datenhaltung lassen sich auf verschiedenen Ebenen/Layern angehen und lösen. Dieser Beitrag fokussiert den Weg über den Datenhaltungs-Layer (vgl. Abb. 5).

Über den Applikations-Layer lassen sich individualisierte, auf die einzelnen Anwendungen ausgerichtete Konzepte verwirklichen. Sowohl deren Erstellung wie auch Betrieb bedingen einen hohen Einsatz an Ressourcen, die zunehmend selektiver verfügbar sind.

Der Datenhaltungs-Layer fasst dagegen die einzelnen Objekte auf einem gemeinsamen Nenner zusammen. Die so generalisierte Sicht der Aufgabenstellung erlaubt, globale Regeln für die Lösung anzuwenden. Dieses Vorgehen führt dank der Mehrfacheffekte zu einer weitgehenden und wirkungsvollen Automatisierung benötigter Mechanismen. Das Lösungsdesign lässt sich stark vereinfachen und daher auch kostengünstig und schnell umsetzen.

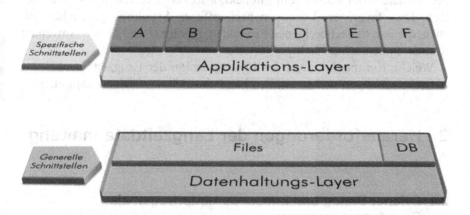

Abb. 5. Spezifische oder generelle Lösungsebene

Damit folgt dieser Weg konsequent dem ABC Approach (vgl. Abb. 6), zunächst 80% des Nutzens mit nur 20% des Aufwands zur Gesamtlösung der Aufgaben zu erreichen.

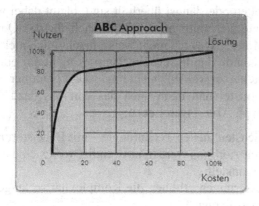

Abb. 6. ABC Approach

Die so schnell erzielbaren Ergebnisse zeigen auf, inwiefern noch tatsächliche Lösungsdefizite bestehen und welche Bedeutung ihnen zukommt. So ist unter Berücksichtigung der verfügbaren Ressourcen über die Reihenfolge zu entscheiden, in der noch nicht oder erst teilweise gelöste Aufgaben anzugehen sind.

Mehr Output mit weniger Ressourcen zu erreichen, braucht keine Utopie zu sein. Die erforderlichen kreativen Ideen verlagern den Wettbewerb der Anbieter vom Rabatt zum Intellekt, also zur Architektur und zum Design. Dies favorisiert Lösungen nach offenen Standards gegenüber solchen, die von herstellereigenen Produkten geprägt sind. Für den Anwender resultieren daraus nachhaltige Vorteile.

Welche Kernpunkte dazu das Lösungsdesign der Langzeitdatenhaltung zu berücksichtigen und zu erfüllen hat, behandelt das nächste Kapitel.

2   Herausforderungen der Langzeitdatenhaltung

2.1 Offener Dialog und kritisches Hinterfragen als Grundvoraussetzung

Die Spezialisierung innerhalb der IT schreitet weiter fort. Dem „Aussenstehenden" fällt die Entscheidung über das Angebotene zunehmend schwerer. Was ist nur Hype? Was ist rentable Innovation? Ein Verkäufer bietet primär das an, worüber er in Kenntnis gesetzt wurde. Ob die von der Industrie und von Haus aus vorgegebenen Paradigmen, wie z. B. Storage sei teuer, noch immer gelten oder längst überholt sind, bleibt dabei wohl ausgeklammert. Es könnte sich durchaus als hinderlich für das Quartalsziel erweisen nach dem Motto: „Was ich nicht weiss, macht mich nicht heiss".

Und wie geht der Kunde damit um? Erscheint es nicht am einfachsten, alles von einem Hersteller zu wählen? Geht man so auf Nummer sicher?

Dieses Verhaltensmuster hält denn auch das von uns dazu definierte ABC der IT-Zyklen (vgl. Abb. 7) am Leben:

A. Anwendung der nächsten, neuen Technologie – mit Begeisterung.

B. Behelfe in Form von Add-ons werden notwendig, weil sich der versprochene Nutzen nicht einstellt.

C. Unzählige Nachbesserungen erhöhen die Komplexität so lange, bis das System schliesslich kollabiert.

D. Dann trifft zum Glück die nächste Technologiegeneration ein und alles beginnt wieder von vorne mit A usw.

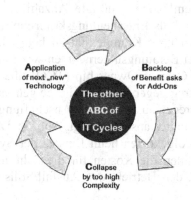

Abb. 7. Das andere ABC der IT-Zyklen

Der Leser mit IT-Hintergrund erkennt hier die ironische Note aus eigenen Erfahrungen. Fehlentscheide zu verhindern bedeutet, das Ganze immer wieder aus der Distanz zu betrachten und stets kritisch zu hinterfragen, wem was am meisten nützt.

Ohne diese Offenheit und das laufende Infragestellen der Anbieterpositionen zementiert sich Althergebrachtes. Echter Fortschritt und damit verbundene Rationalisierungseffekte bleiben aus oder sie haben wesentlich höhere Kosten zur Folge. Das Etappieren einer umfassenden Lösung über den Zeithorizont bedingt das mehrmalige Aufgreifen und Eindenken in dieselbe Problematik. So werden Budgets für wiederkehrende „Rüstkosten" verzehrt, statt sie für die produktive, laufende Lösungsrealisierung einsetzen zu können.

Fortschritt anzustreben ist stets auch ein Plädoyer, den Wert und Nutzen *offener IT-Architekturen* zu prüfen. Sie bieten grundsätzlich mehr Sicherheit, weil die oft auf einen Baustein spezialisierten Anbieter mit ihrem innovativen Beitrag nur dann überleben, wenn sie die Standards der Schnittstellen absolut einhalten. Sind Standards hingegen unter dem Titel „alles aus einer Hand" vom Hersteller koloriert, kann dies schnell zu kaum mehr überbrückbaren Abhängigkeiten führen. Solche Lock-in-Effekte rechtzeitig zu erkennen, setzt jedoch profunde Technologiekenntnisse und aktuelles Hintergrundwissen voraus.

Bleiben Zweifel an der Tauglichkeit einer Lösung, so empfiehlt sich eine unverbindliche Teststellung als Proof of Concept (POC). Ein grosser Vorteil eines POC liegt auch darin, dass sich über den damit verbundenen Aufwand sofort der Komplexitätsgrad einer Lösung offenbart. Einfache, aber leistungsfähige Konzepte erhalten zudem die Chance, auf diese Weise rasch zu überzeugen.

Die für eine Problemlösung benötigte Anzahl an Modulen und/oder Layern dient zunehmend als Entscheidungskriterium, um die Qualität des Lösungsdesigns anhand ihrer Komplexität zu beurteilen. Darüber hinaus haben IT-Hersteller bei Beratungsunternehmen wie Forrester, Gartner etc. Studien zu den Total Cost of Ownership (TCO) über den Lebenszyklus von Produkten in Auftrag gegeben. In der Folge geht auch die Speicherindustrie von der Faustregel aus, dass die Anschaffung selbst nur gerade 20% der TCO des Produktes ausmacht (vgl. Abb. 8). Die anderen 80% der TCO werden für die Folgekosten beim Einsatz der Systeme in Anspruch genommen. Hierzu zählen die Kosten für die Administration, die beanspruchten Ressourcen, den Betrieb, den Ausfall/Stillstand und das Backup/Restore.

Abb. 8. Total Cost of Ownership (TCO)

Die Hersteller verwenden dieses Modell, um zu argumentieren, wie sich mit ihrem Produkt die TCO senken lassen, weil sie beispielsweise weniger Strom oder Platz benötigen, viel einfacher zu verwalten sind etc. Für die vorliegenden Betrachtungen dient das 20-80-Kostenverhältnis dazu, die mit der Anschaffung eines weiteren Produktes bzw. Lösungsmoduls verbundenen Konsequenzen klarzumachen. Da jedes zusätzliche Modul zu einem weiteren Layer in der Lösungsarchitektur führt, steigt ihr Komplexitätsniveau nicht nur um einen, sondern unter Berücksichtigung aller Konsequenzen über den Lebenszyklus um fünf Zähler.

Natürlich kann der Anwender auch alle diese Hürden einfach umgehen. Denn im Sinne von „Make or Buy" kann er die Lösung nach Service-Level, d.h. vereinbarter Zielerfüllung, mieten und so sämtliche Technologierisiken wie auch den Grossteil der IT-Werkstatt beim Lieferanten belassen. Gleichzeitig hält er ihn damit permanent unter Spannung und nicht nur bis zur ersten Lieferung. Der enorme Zeitaufwand, sich über den optimalen Weg entscheidungsreif und umfassend ins Bild zu setzen, entfällt zudem völlig, ist jedoch in Bezug auf die Verfügbarkeit eigenen Wissens innerhalb der Organisation kritisch abzuwägen.

2.2 Compliance der Datenhaltung

Unter dem Titel „Compliance" sollen bewusst über den Teilaspekt der sogenannten „revisionssicheren" Datenhaltung hinaus umfassendere Betrachtungen angestellt werden. Denn nationale Compliances erstdefinierender Organisationen haben mittlerweile den Status internationaler Standards erreicht, wie z. B. DIN A4. Solchen Normen kann sich ein international ausgerichtetes und exportorientiertes Land wie auch die Schweiz bzw. ein Glied in einer stark arbeitsteiligen Logistikkette längst nicht mehr entziehen.

So lässt sich die uneingeschränkte Erfüllung der strengsten Anforderungen von FDA (U.S. Food and Drug Administration), HIPAA (Health Insurance Portability and Accountability Act), SEC (U.S Security and Exchange Commission), SOX (Sarbanes-Oxley Act) etc. nicht mehr als etwas Unverbindliches oder Fremdes abtun (vgl. Tab. 1).

Tab. 1. Checklist zu Compliance-Funktionen

Übereinstimmung mit und Erfüllung von ... Compliance-Funktionen	... internationalen, regulativen Normen			
	F D A U.S. Food and Drug Administration	H I P A A Health Insurance Portability and Accountability Act	S E C U.S. Securities and Exchange Commission	S O X Sabanes-Oxley Act
eDiscovery	Required	Required	Required	Required
Authentication of Data Integrity	Required	Required	Required	Required
Assignment of Record Retention Period	Required	Required	Required	Required
Audit Trail of User Access	Option	Required	Option	Option
Audit Trail of Asset serial Numbers	Option	Option	Required	Option
Audit Trail with 3rd Party digital Time & Data Stamp	Required	Option	Option	Option
Encryption of Data for Privacy	Option	Required	Option	Option
Complete Disposition of Data at the End of the Retention Period	Option	Required	Option	Option
Support offline mobile Computers	Option	Option	Option	Required
Automatic Data Verification	Option	Option	Required	Option
Replication	Option	Option	Required	Option

Bei genauerem Hinsehen zeigt sich vielmehr, dass damit auch lokalen Rechtsnormen entsprochen werden kann (vgl. Tab. 2).

Tab. 2. Compliance-Funktionen und Schweizer Recht

Übereinstimmung mit und Erfüllung von ... / Compliance-Funktionen	... gesetzlichen Normen in der Schweiz				
	OR / Obligationen-recht	GeBüV / Geschäfts-bücher-Verordnung	DBG / Gesetz Direkte Bundessteuer	MWSTG / Mehrwert-steuer-Gesetz	StGB / Strafgesetz-buch
eDiscovery	Art. 957, 963, 400, 1	Art. 2	Art. 126	Art. 86, 1.c	Art. 86, 1.c 325
Authentication of Data Integrity	Art. 957, 963, 400, 1	Art. 3, 10	Art. 126	Art. 58, 43	Art. 110
Assignment of Record Retention Period	Art. 962	Art. 4		Art. 58, 79, 80	
Audit Trail of User Access		Art. 2, 10			
Audit Trail of Asset serial Numbers	Art. 400, 1	Art. 4			Art. 166
Audit Trail with 3rd Party digital Time & Data Stamp		Art. 9.b			
Encryption of Data for Privacy					
Complete Disposition of Data at the End of the Retention Period	Art. 962	Art. 6		Art. 58, 79, 80	Art. 166
Support offline mobile Computers					
Automatic Data Verification	Art. 963, 400, 1	Art. 3, 10	Art. 126	Art. 58	Art. 166, 325
Replication		(Art. 6)			

Aufgrund der weitreichenden internationalen Handelsbeziehungen werden mittlerweile nationale Gesetze und Normen durch internationale Compliances überstimmt oder je nach Situation mangels eigener äquivalenter Bestimmungen ergänzt, bzw. substiuiert. Dies verdeutlicht der Fall:

Straumann kann wieder exportieren.

Der Zahnimplantate-Konzern kann seine Biora-Produkte wieder in die USA liefern. Die US-Gesundheitsbehörde FDA hat den Importstopp, der seit Anfang 2007 in Kraft war, nach einer Reinspektion des schwedischen Biora-Werks aufgehoben.

Tages-Anzeiger, Zürich, 6.8.08, S.20

Ein Schweizer Unternehmen untersteht so de facto in seinem schwedischen Werk den Normen der amerikanischen Lebens- und Arzneimittelaufsichtsbehörde FDA.

Bei der elektronischen Archivierung wird die Compliance-Thematik oft noch mit der Begründung „Wo kein Kläger, kein Richter" zurückgestellt. Dabei wird rasch verkannt, wie bedeutend der Selbstschutz des eigenen, konformen Handels sowie des erarbeiteten intellektuellen Vermögens sind. Compliances zu bagatellisieren kann sich äusserst geschäftsgefährdend auswirken. Denn niemand lebt mehr auf einer einsamen Insel und kann sich ohne weiteres internationalen Standards entziehen. So messen bereits exportierende Fertigungsunternehmen der präventiven Erfüllung internationaler Compliances dieselbe Bedeutung zu wie den Zertifizierungen nach der International Organization for Standardization (ISO).

Ziel der Compliances ist, dem korrekt wirtschaftenden Unternehmen Richtlinien aufzuzeigen, mit denen es sein Verhalten jederzeit und schnell belegen und beweisen kann (eDiscovery). Und daran kann es ja nur interessiert sein.

Daher ist auch ein Krankenhaus für die Zukunft nur dann ausreichend gewappnet, wenn es insbesondere die Langzeitdatenhaltung nach den strengsten Compliances ausrichtet. Berücksichtigt die elektronische Datenhaltung diese von Beginn an in Form optionaler Funktionen, so können sie bei Bedarf einfach „eingeschaltet" werden. Ein Zurück auf Feld eins bzw. neue oder entsprechende Add-ons evaluieren zu müssen erübrigt sich dann.

Bei der Sicherstellung der Authentizität der Daten hingegen lässt sich im Nachhinein nichts mehr korrigieren. Nur wer von Beginn an die adäquaten Massnahmen ergreift, vermeidet das Desaster von Nullwertlösungen. Bedarf es dazu doch kryptografischer Algorithmen wie SHA-1 (Secure Hash Algorithm), MDA-5 (Message-Digest Algorithm), welche die Files in eindeutige „Fingerabdrücke" umwandeln und sie für einen periodischen Abgleich redundant ablegen (vgl. Abb. 9).

Fehlen solche grundlegenden Funktionen, ist das ganze Unterfangen in Frage zu stellen. Eine Langzeitarchivierung nach dem Prinzip Hoffnung braucht erst gar nicht gestartet zu werden.

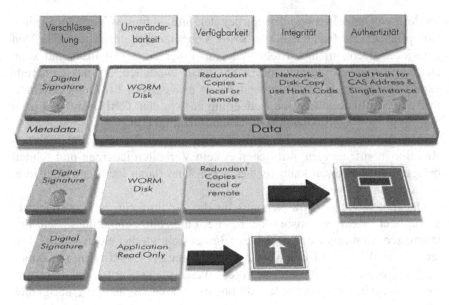

Abb. 9. Kernfunktionen als Massstab zur Langzeitdatenhaltung

Der in Abb. 9 auf oberster Stufe propagierte Massstab bewahrt den Anwender vor grossem und nur sehr teuer korrigierbarem Schaden.

Denn ohne

die Authentizität der Daten garantieren zu können, erübrigt sich jede Archivierung, ob kurz- oder langfristig;

kryptografische Hash-Algorithmen lässt sich Authentizität nicht gewährleisten;

dual Hash-Codes lassen sich Doubletten nicht vermeiden.

Daher führen nur soft- und hardwarebasierende Write-Once-Read-Many-(WORM-)Lösungen nicht zum Ziel. Auch wenn sie als revisionssicher eingestuft wurden.

So hilft es auch nicht, bei der Produktevaluation auf Zertifizierungen abzustellen. Ohne kritisches Hinterfragen sind sie riskant und rasch fehlleitend. Je nach ihrem Alter bestätigen sie nur, was dem Zertifizierenden (oft ein Technologiefremder, z. B. eine Revisionsgesellschaft) nach bestem Wissen mit den dazumal verfügbaren Technologien als erreichbar erschien. So werden beispielsweise Archivsysteme (Software und/oder Hardware) mit dem Siegel „revisionssicher" angeboten, obwohl sie infolge des nur halb zurückgelegten Weges (vgl. Abb. 9) immanent untauglich sind. Solche Verunsicherungen erschweren dem Anwender zusätzlich den Umgang mit der digitalen Langzeitarchivierung.

Der Ruf nach Zertifikaten beruht auf dem Verlangen nach Orientierungshilfen. Dabei geht oft vergessen, dass deren Verbindlichkeit im Streitfall fehlt oder deren Relevanz aufwendig nachgewiesen werden muss. Die Verantwortung, das Richtige für die eigene Organisation vorzukehren, lässt sich auf diesem Weg nur selten delegieren. Wie immer ist ein Minimum oder lieber ein Optimum an Eigenverständnis zu entwickeln, um sich eine einigermassen autonome Urteilsfähigkeit zu erhalten. Das mag mühsam erscheinen, ist aber unverzichtbar. Andernfalls besteht das Risiko, sich einer Fremdsteuerung, die ohne Versicherungsschutz kommt, auszuliefern.

Im Weiteren sind Zertifikate klar in ihrem situativen Kontext zu beurteilen und wie sie sich auf die Eigenverantwortung auswirken. Wer z. B. seine Briefe selbst auf der Post abholt, benötigt auch keine Postlizenz. Der Vorzug einer ganzheitlichen Betrachtung einer konformen Datenhaltung nach Compliances liegt in der umfassenden Berücksichtigung aller massgebenden Aspekte. So kann gleichzeitig nebst der Revisionssicherheit z. B. auch die Einhaltung von Datenschutzvorgaben ins Design der Datenhaltung miteinbezogen werden. Einen weiteren Eckpunkt beim Design der Langzeitdatenhaltung stellt die Sicherung der Verfügbarkeit der Daten dar. Wird diese nicht gewährleistet, sind auch alle anderen Bemühungen umsonst.

2.3 Hochverfügbarkeit und Ausfallsicherheit

Neue Daten werden mittlerweile schon fast ausnahmslos in elektronischer Form erstellt und gespeichert. Dies gilt im Gesundheitsbereich vor allem für die von den digitalen Assistenten generierten Daten. Um die geforderte fachliche Leistungsbereitschaft über 7 x 24 h zu gewährleisten, kommt der Verfügbarkeit der Informationen höchste Priorität zu.

In welchem Masse dabei Auswirkungen für ein Unternehmen verkraftbar sind, lässt sich über drei dazu eingeführte Zielgrössen definieren

Das Recovery Time Objective (RTO) legt fest, wie lange ein Unterbruch dauern darf, bis auf die Daten wieder zugegriffen werden kann, z. B. 6 h.

Das Recovery Point Objective (RPO) bestimmt, auf welchen Zeitpunkt in der Vergangenheit zurück eine intakte Datenversion verfügbar sein muss, z. B. auf die letzte vollständige Datensicherung von 05:00 Uhr.

Das Data Loss Objective (DLO) beschreibt, für welchen maximalen Zeitraum ein Datenverlust in Kauf genommen werden kann, z. B. während 12 h.

Dem Ziel, kleinste Werte oder gar null als Kenngrössen vorzugeben, stehen die Kosten der dazu notwendigen Massnahmen entgegen. Als Bezugsgrösse sollten daher die Kosten je Stunde eines Betriebsunterbruchs ermittelt werden. Dabei kann sich dann durchaus zeigen, dass diese je nach Situation und Konsequenzen nicht nur linear verlaufen. Je nach Vorfall erscheint z. B. der Ausfall des KIS als verkraftbar, während aufgrund dringend benötigter Behandlungsgrundlagen der Ausfall eines Laborinformationssystems als katastrophal eingeschätzt werden muss. Je nach zugrundeliegender Ausfallursache (vgl. Abb. 10) resultieren unterschiedliche Effekte.

Das Design adäquater Massnahmen muss die beiden Effekte graduell kompensieren können, und zwar je nach angestrebtem Kosten-Nutzen-Verhältnis.

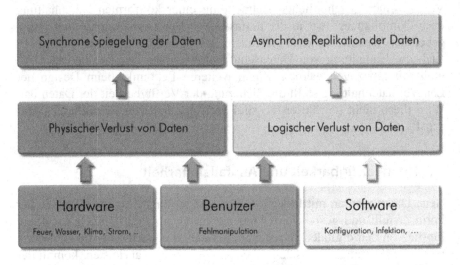

Abb. 10. Physische Verfügbarkeit: Ursachen – Effekte – Massnahmen

Wesentlich ist dabei, wie die jeweiligen Replikationsmechanismen funktionieren. Ihr Komplexitätsgrad wirkt sich unmittelbar auf den Nutzwert aus bzw. kann ihn rasch auf null absinken lassen oder sich in Bezug auf die Verfügbarkeit sogar gegenteilig auswirken. Auf solche Implementierungen zu verzichten, spart weit mehr als nur die damit verbundenen Ausgaben.

Der Schutz vor Desastereignissen führt auf der physischen Ebene zur räumlichen Trennung replizierter Daten. Die Grafik in Abb. 11 setzt dazu die Funktionen der Datenhaltung in Beziehung.

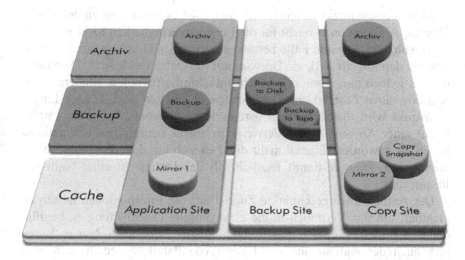

Abb. 11. Physische Organisation der Datenhaltung

Der logische Zugriff auf die Daten bedingt ein modulares Design der Langzeitdatenhaltung in klar abgrenzbare, autonome Layer. Konsequenterweise sind dazu die Daten in ihrer ursprünglichen, originären Weise ohne Transformationen zu verwalten. Bei einer Langzeithaltung der Daten ist dies ein zwingender Schutz vor Verlust physisch noch vorhandener Daten.

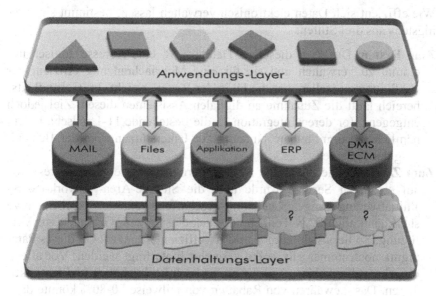

Abb. 12. Logische Langzeitverfügbarkeit: Dual Ported Access

Anders ausgedrückt bedeutet dies, nur ein Vordereingang zu den Daten über die Applikationen reicht für die Langzeitverfügbarkeit nicht mehr aus (vgl. Abb. 12). Für alle Fälle bedarf es auch eines Hintereingangs, der alternativ den Zugriff z. B. via Browser auf die Daten ermöglicht. Dies funktioniert jedoch nur, wenn diese nicht transformiert wurden, sondern in ihrem originären Zustand noch erkennbar und erhalten sind. Je nach Layer-Konstrukt wird dies allerdings bereits ausgeschlossen. So ist die Architektur einer Anwendung mittlerweile zu einem vorrangigen Evaluationskriterium geworden. Einmal mehr dreht es sich um das „Wie" der Implementierung. Dies bestimmt letztlich, ob das Design zu einer Nullwertlösung führt.

Der zeitlich uneingeschränkte Zugriff auf die Informationen ist unverzichtbar, um das Vertrauen in die elektronische Datenhaltung zu begründen und in der Folge den angestrebten Nutzen zu erzielen. Nur so lassen sich auch der Aufbau und das Führen von Parallelsystemen nachhaltig verhindern. Sie werden sonst als Rückversicherung angelegt, um dem persönlichen Verantwortungsgefühl zu entsprechen.

Die digitale Langzeitdatenhaltung verlangt zudem, sich eingehend mit den Verwaltungsmechanismen auseinanderzusetzen.

2.4 Datenverwaltung

Wie effizient sich Daten elektronisch verwalten lassen, bestimmt sich wenigstens aus drei Stufen:

Zum Ersten: Das Ziel, dieselben Daten, z. B. eine Adresse, logisch nur einmal zu verwalten und sie für eine Mehrfachnutzung effizient zur Verfügung zu stellen, hat die IT in der Regel erreicht. Im Gesundheitsbereich läuft die Zunahme an digitalen Assistenten diesem Ziel jedoch entgegen. Vor deren Integration in die bestehende IT-Landschaft steht nämlich die unmittelbare Nutzung zur Unterstützung bei der Behandlung der Patienten.

Zum Zweiten: Die physische Konsolidierung isolierter Speicherreserven auf einzelnen Servern wurde über die Storage-Area-Network-(SAN-)Initiative angegangen. Die somit geschaffene zentrale Speicherreserve steht dann allen SAN-Teilnehmern gemeinsam zum Gebrauch zur Verfügung. So liess sich teure Hardware effizienter nutzen. Ob dieses Paradigma noch immer gilt, sollte vermehrt hinterfragt werden. Vor allem, ob primär die Anbieter versuchen, es noch hochzuhalten und zu praktizieren. Das Gewähren von Rabatten von teilweise 70-80% könnte dazu ein Hinweis sein. Das Problem liegt darin, dass entsprechend Design und Implementierung notgedrungen unter falschen Prämissen und wohl überteuert erfolgen.

Aufgrund der heute standardmässig vorhandenen Vernetzung der Geräte lassen sich die Informationsinseln der einzelnen Anwendungen zumindest auf einem Speichernetzwerk konsolidieren. Ohne jedoch gleichzeitig die Daten logisch zu vereinen, könnte das SAN- oder Network-Attached-Storage- (NAS) System mittlerweile teurer zu stehen kommen als die günstigen Reserven der einzelnen Informationsinseln nicht anderen Systemen zum Gebrauch zur Verfügung stellen zu können.

Zum Dritten: Unbehelligt davon werden zudem unter dem Postulat der Verfügbarkeit identische Daten physikalisch bis zu neunmal oder mehr gespeichert, und zwar wie in Abb. 13 dargestellt:

aktive Arbeitsversion auf dem primären Disk System oder SAN/NAS

synchroner Datenspiegel, um bei physischen Ausfallursachen (Hardware, Desaster) die Geschäftskontinuität zu gewährleisten

asynchrone Datenkopien (Snapshots, Full Copies, etc.) um bei logischen Ausfallursachen (korrupte Daten) die rasche Wiederherstellung der Konsistenz und Nutzung zu sichern

Backup-Daten auf Disk für eine schnelle Wiederherstellung

Backup-Daten auf Band zur örtlich getrennten Aufbewahrung

Archivdaten, um das Unternehmens-Know-how zu dokumentieren und verfügbar zu halten sowie gesetzliche Anforderungen wie beispielsweise die integere und vollständige Langzeitaufbewahrung zu erfüllen

Die so mehrfach redundant geführten Daten sind anschliessend „notwendigerweise" wieder zu de-duplizieren (vgl. auch Abb. 7).

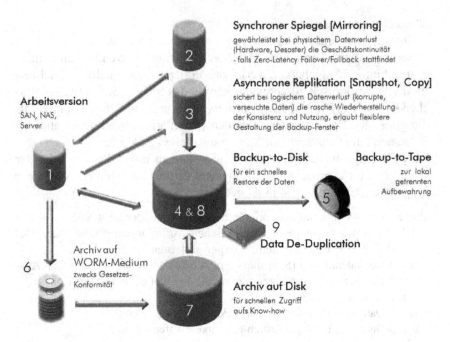

Abb. 13. Traditionelle Datenhaltung: quantitativ, komplex, aufwendig

So entsteht ein überwältigender Hardware-Zoo (vgl. Abb. 14), auch deshalb, weil die Erfüllung gesetzlicher Anforderungen das Speichern der Daten auf unveränderbare Medien bedingt.

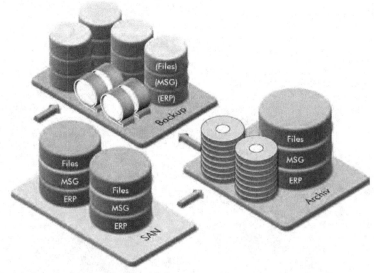

Abb. 14. Quantitativ orientierte Datenhaltung

Da der Datenzugriff auf die dafür verwendeten Medien wie MO-Disks, DVDs, CD-ROMs etc. in einer Jukebox zu lange dauert, werden sie für einen schnellen Zugriff wieder auf Disk übertragen. Aufgrund des nun wieder veränderbaren Mediums und Datenumfangs erfolgt die Datensicherung auf Bändern. Die unveränderbaren Medien werden offline, meist zusätzlich zu den Papieroriginalen, physisch archiviert.

So werden dieselben Daten immer wieder aufs Neue auf verschiedenen Datenträgern gespeichert. Das nützt zwar auch dem Anwender, wenn auch mit sehr viel Aufwand. Die eigentlichen Nutzniesser dieses quantitativ orientierten und so mehrfach umsatzgenerierenden Konzepts dürften vor allem die Lieferanten und Hersteller der IT-Ausrüstungen sein.

Bevor die in diesem Kapitel diskutierten Anforderungen in ein Design einfliessen, sind die anzuwendenden Verfahrenskriterien zu gewichten.

3 Fragestellung

3.1 Priorisierung

Wie unter Abschnitt 1.3 beschrieben, soll der ABC Approach – 80% des Nutzens mit 20% des Gesamtaufwands zu erreichen (vgl. Abb. 6) – stets als Zielüberlegung präsent sein. Er hilft, sich auf das Wesentliche zu fokussieren und sich nicht in oft nebensächlichen Details zu verlieren. Knappe Ressourcen verstärken die Notwendigkeit.

Im Weiteren soll nach der aus der Produktionsplanung bekannten „Engpassplanung" vorgegangen werden (vgl. Abb. 15). Diese verlangt bei der Datenhaltung, sich auf diejenigen Lösungseigenschaften zu konzentrieren, die am schwierigsten zu erfüllen oder noch nicht ohne weiteres erhältlich sind. Das mangelnde Angebot an einer adäquaten Lösung definiert den Engpass. Die Schwierigkeit besteht allerdings darin, den Engpass erkennen zu können, setzt dies doch ein Filtern und Hinterfragen der Herstellerangaben voraus. Der Hersteller/Lieferant verlässt sich zu häufig allein auf die Merkmale und Leistungen der eigenen Produkte und bestimmt so das Mass seines Lösungsdesigns.

Ein seit vielen Jahren klassisches Beispiel dazu liefern Konzepte der synchronen Speicherspiegelung in einem SAN. Die geforderte Funktion, das „Was", erscheint auf einem Layoutschema des Anbieters wie vom Interessenten erwartet. Aufgrund der Darstellung impliziert der Interessent, wenn ein Speichersystem ausfällt, übernimmt automatisch das andere, und zwar ohne Betriebsunterbruch. Da nur ein solches Verfahren den Aufwand eines zweiten Systems rechtfertigen kann, ist eine andere Funktionsweise nicht vorstellbar. In der Folge hinterfragt der Interessent das „Wie" oftmals nicht. Bei der Inbetriebnahme stellt sich dann heraus, dass ein Failover und Fallback, d.h. Übernahme des Ersatzspeichersystems, jeweils mit einem Betriebsunterbruch verbunden ist, weil von einem primären auf ein sekundäres Speichersystem repliziert wird. Beim Ausfall des primären muss nämlich das sekundäre immer zuerst noch zum ersatz-primären umkonfiguriert werden. Dies wäre halb so schlimm, wenn aufgrund des Unterbruchs der Datenverfügbarkeit nicht bereits alle Server mit ihren virtuellen Maschinen konsolidiert abgestürzt wären.

Wieso können sich solche, eigentlichen Nullwertlösungen über Jahre am Markt halten, quasi noch als „Standard"? Das lässt sich wohl damit erklären, dass das Eingeständnis erheblicher Fehleinschätzungen und -entscheide für den Verantwortlichen oft einen zu grossen Schritt darstellt. Zumal er auch als unnötig erscheinen mag, weil eine Korrektur weder sofort noch überhaupt oder kaum mehr möglich ist. Dies trifft vor allem zu, wenn die Nullwertlösung zu ersetzen wäre.

Nebst einem synchronen Datenspiegeln für die Sicherung der Geschäftskontinuität mittels verzögerungsfreien Failover/Fallback stellt inzwischen die Erfüllung von Compliances bei der Datenhaltung einen weiteren Engpass dar (vgl. Abb. 15). Während Speichersysteme in vielfachen Prägungen erhältlich sind, gibt es noch kaum Angebote, die im gleichen Zug, also ohne unzählige, weitere Add-ons verschiedener anderer Hersteller, die gesetzeskonforme Datenhaltung ermöglichen.

FDA, HIPAA, SEC, SOX ...
konforme Datenhaltung

Abb. 15. Engpassplanung

Einen weiteren Engpass stellen verfügbare Lösungen unter dem Stichwort „Single Instance" dar, die von Beginn an im Sinne der Steuerung dieselben Daten physisch möglichst nur einmal speichern. Die Deduplizierung von Datenbeständen im Nachhinein im Sinne eines Regelkreises ist hingegen seit geraumer Zeit der von der Speicherindustrie primär lancierte Hype.

Beim Thema Information Lifecycle Management (ILM) herrscht nach einer ersten Euphorie ziemliche Funkstille seitens der Anbieter, sicherlich weil die ersten Lösungen auch zu komplex konzipiert waren. Dabei ist die Bestimmung der Lebensdauer einer Information bei der fortschreitenden Datenexplosion längst unverzichtbar geworden. Nur so lässt sich das unkontrollierte Anwachsen der Datenmenge in den Griff bekommen. Es bedarf dazu aus Gründen der Automatisierbarkeit einfacher Mechanismen, die beispielsweise bei der Entstehung einer neuen Information mit einem hinterlegten Regelwerk gleich das Verfallsdatum ihres Inhaltes bestimmen.

Einen weiteren Engpass stellt die einfache und in die Datenhaltung integrierte Auslagerung der aktuell nicht benötigten, jedoch bei Bedarf rasch abrufbaren Daten dar. Denn wer käme schon auf die Idee, die früher gesammelten, schönen Steine ständig im Rucksack mit sich herumzutragen und sich so freiwillig mit unnötigem Ballast auf seinen Wanderungen zu beladen? Dies zu vermeiden, propagierte die Speicherindustrie unter dem Titel Hierarchical Storage Management (HSM). Aufwendige Implementierungen mit umfangreichen Schnittstellen und zusätzlichem Equipment liessen jedoch das Erfordernis einer geradlinigen, integrierten Lösung ohne diverse zusätzliche Layer zu einem weiteren Angebotsengpass werden.

Zusammenfassend lassen sich so folgende aktuell wichtige Engpässe bei einer optimalen Lösungsfindung ausmachen:

Unterbruchsfreiheit (Zero Latency) fürs Failover/Fallback synchron gespiegelter Speichersysteme.

Compliance der Datenhaltung von vornherein und nicht erst über nachträgliche Zusätze; damit geht bei einer ganzheitlichen Lösung auch die Erfüllung von Datenschutzanforderungen einher.

Single-Instance-Speicherung von Daten, also nur ein- statt n-mal.

ILM: Automatisierte Datenhaltung über den festgelegten Lebenszyklus der Daten und ihrer definitiven Löschung am Verfallsdatum.

HSM: Auslagerung der nur noch gelegentlich benötigten Daten, was zu einer Entlastung des primären Speichersystems führt und gar einen Ausbau erübrigen kann.

Die jederzeitige Verfügbarkeit verlangt nach zwei physisch getrennten, gespiegelten Speichersystemen.

Im Hinblick auf eine Langzeitverfügbarkeit der Daten über Jahrzehnte ist auch der logische Zugriff auf die Daten zu sichern. Die Daten sollten einerseits mindestens über zwei alternative Wege erreichbar sein und genutzt werden können. Andererseits ist es notwendig, dass sie jederzeit in ihrem Original auf ein anderes Speichersystem kopiert und von dort direkt in ihrer ursprünglichen Form und auch ohne Anwendungsschnittstelle gelesen werden können.

Im Hinblick auf die optimale Lösungsfindung ist vorteilhaft, die zu umgehenden und zu vermeidenden Risiken zu kennen.

3.2 Risikobewertung

Zielsetzung ist, die Systemkomplexität zu reduzieren und sie nicht einfach als solche unabdingbar hinzunehmen sowie die Aufgaben effizient zu erfüllen. Dieser Optimierungsprozess stellt höchste Anforderungen an das Lösungsdesign, insbesondere seine Architektur. Dazu gehört auch, das Eingehen unnötiger Risiken zu verhindern.

Die Zentralisierungs- und Konsolidierungsbestrebungen in der IT führen einerseits zur besseren Ressourcennutzung und -auslastung. Diese Denkweise geht vor allem von einem hohen Preis für die Lösungskomponenten aus. Andererseits entstehen mit jedem weiteren Lösungsmodul überproportional mehr neue Abhängigkeiten zwischen den Subsystemen (vgl. Abb. 2), was laufend die Komplexität und damit die Anfälligkeit des Systems erhöht.

In einer so dynamischen Innovationslandschaft wie der IT sind zugrundegelegte Designparadigmen laufend zu verifizieren und zu falsifizieren. Das Gute von gestern kann rasch schon anderntags überholt sein. Die automatische, ungeprüfte Übernahme bestehender Paradigmen kann daher direkt zu automatischen Fehlentscheidungen führen.

Wie sinnvoll ist es z. B. nur schon 50 Disk-Laufwerke mit nur zwei RAID-Kontrollern (ein Redundant Array of Independent Disks fasst einzelne Disks zu einem logischen Laufwerk zusammen) zu verwalten? Bei der Verwaltung von Terabytes (TB) an Daten ist der Mehrpreis für zwei weitere RAID-Kontroller weder signifikant noch im Ganzen überhaupt wahrnehmbar. Das zunächst unterstellte Hochpreisparadigma ist ohnehin überholt, auch wenn da und dort noch darauf beharrt wird.

Mit den Prinzipien der Segmentierung und verteilten Architektur lassen sich die Komplexität eines Systems, seine Beschaffungs- und Folgekosten und damit auch die Risiken drastisch reduzieren (vgl. Abb. 16).

Mit der Segmentierung und der verteilten Architektur werden Beziehungen auf ihren direkt relevanten Kontext beschränkt. Das Design verzichtet auf unnötige Abhängigkeiten und Komplexität aufgrund überholter Paradigmen, deren Gültigkeit längst erloschen ist oder welche die IT-Industrie noch hochhält mangels brauch- oder verfügbarer Innovationen.

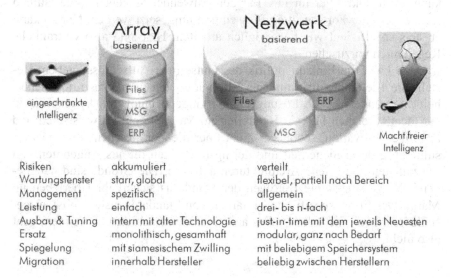

Abb. 16. Segmentierung am Beispiel der Speichervirtualisierung

Eine effiziente Massnahme zur Risikominimierung ist das Try and Buy. Zum Ersten liefert es unmittelbar ein POC zur Lösungsqualität und zum erreichten und nicht nur erwarteten Erfüllungsgrad. Zum Zweiten gibt die Durchführbarkeit Aufschluss über die Tragfähigkeit des Konzepts.

Eine andere risikominimierende Massnahme richtet sich nach dem Make or Buy. Das Buy erlaubt, auf den eigenen Betrieb einer IT-Infrastruktur zu verzichten und sie dafür nach Service Level mit Pönalen zu mieten. Gleichzeitig werden primär die Ziele fokussiert und der Druck aus der Diskussion über den „richtigen" Weg genommen. Die gesamten Technologierisiken verbleiben beim Anbieter und liefern automatisch ein weiteres POC. Auch beim Buy kann die Infrastruktur sowohl inhouse wie auch extern in einem Rechenzentrum betrieben werden. Unabhängig davon wiederum kann ebenfalls bei beiden Varianten ein Outsourcing erfolgen.

3.3 Inhouse/Outsourcing

Es obliegt jeder Organisation, laufend die Leistungen und Versprechen der IT zu evaluieren und zu verifizieren. Nur so lässt sich die Entscheidungsmündigkeit erhalten. Andernfalls wird sie eher über kurz als lang über ein Outsourcing bevormundet und zunehmend an Wettbewerbsfähigkeit verlieren. Je länger der Outsourcer die ursprüngliche Lösung abschreiben kann, desto lukrativer für ihn. Für den Anwender hingegen sollte laufend technologischer Fortschritt einfliessen und umgesetzt werden. Nur so kann er stets so effizient wie nur möglich arbeiten. Hier sind also vertragliche Regelungen vorzusehen.

Dazu kann die Einkaufspolitik des Outsourcer Aufschlüsse geben. Besteht die Lieferantenliste nur aus Big Names und wird dies mit „Sicherheit" begründet, ist die Lösung nicht zwingend innovativ. Erstens hat in der facettenreichen IT kein Hersteller ein Monopol auf Allwissenheit und alleinige Innovation, schon gar nicht über die Zeit gesehen. Zweitens resultieren grösste Sicherheit und geringste Risiken oft aus Angeboten von Spezialisten, die offene Architekturen anbieten. Die Gründe sind naheliegend: Nur das absolute Befolgen der Standards sichert ihr Überleben im Markt. Das firmenspezifische Einfärben von Standardbausteinen ist ausgeschlossen. Mit „Sicherheit" alles aus einer Hand anbieten zu können, geht also nicht.

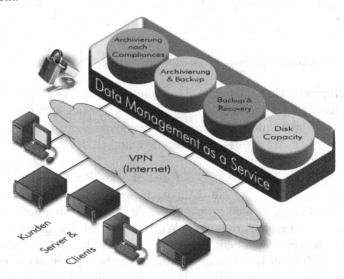

Abb. 17. Managed Services für die Datenhaltung

Die Freiheit des Denkens und Handelns kann durch nichts ersetzt und schon gar nicht delegiert werden. Ein Ruhekissen lässt sich kaum erkaufen, sondern muss immer wieder aufs Neue erarbeitet werden. Langfristig läuft der Wettbewerb über bessere Ideen zum gleichen oder lieber noch günstigeren Preis gegenüber Traditionellem.

Jede Organisation muss zudem für sich entscheiden, ob zwischen der angestrebten Sicherheit und der einen Zusatznutzen generierenden Innovation ein Widerspruch besteht, und vor allem muss die Frage gestellt werden, ob auf Vereinfachungen und Einsparungen verzichtet werden kann.

Abb. 17 zeigt, welche Leistungen für ein Outsourcing der Datenhaltung möglich sind – mit intern oder extern platzierten Komponenten. Unabhängig davon sind eigene Vorstellungen zum Design der digitalen Langzeitdatenhaltung zu entwickeln. Die Verantwortung über die erzielten oder nicht erreichten Ergebnisse verbleibt in allen Fällen beim Unternehmen. Da sich die Entscheide über Generationen und Jahrzehnte auswirken, sind dazu Kenntnisse über den zugrundeliegenden Ansatz der Lösung zu erwerben. Der folgende Abschnitt beschreibt die Architekturkriterien und soll das Verstehen der Lösung in ihren Grundzügen unterstützen.

4 Ansatz

4.1 Datenhaltungskonzept

Bereits heute werden praktisch alle neu entstehenden Informationen in elektronischem Format erstellt. Auch die noch nicht digitalisierten Patientendaten werden heute vielerorts gescannt, um sie digital aufzubereiten und ein zeitnahes Auffinden der Informationen zu ermöglichen.

Einerseits ist damit die reibungslose Leistungserbringung zu sichern, wozu die relevanten Daten 7 x 24 h verfügbar sein müssen. Andererseits gilt es, das bereits erworbene, digital gespeicherte Know-how langfristig zu erhalten und zu schützen. Nur so lässt es sich zuverlässig nutzen. Im Weiteren sind die Behandlungen aus rechtlichen Gründen zu dokumentieren.

In Anbetracht der Aufwendungen für eine adäquate IT-Infrastruktur, um steigende Datenvolumen über einen bisher in der IT noch nie so lang gespannten Zeithorizont von Dekaden verfügbar zu halten, führt an der Erfüllung der Kernvorgaben, wie in Abb. 18 aufgelistet, kein Weg vorbei. Wird nur eines der Kriterien nicht erfüllt, so werden unmittelbar der Nutzen des gesamten Systems sowie die Investitionen und laufenden Kosten in Frage gestellt.

Um sich auf die digitale Langzeitdatenhaltung zu 100% verlassen zu können, sind die Kriterien in Abb. 18 ohne Kompromisse zu erfüllen.

Abb. 18. Anforderungen an die digitale Datenhaltung

Dieser Massstab mag hart erscheinen, doch im Hinblick auf die konforme Langzeitverfügbarkeit der Daten über zwanzig oder mehr Jahre scheiden partielle Lösungsansätze notgedrungen aus.

Es ist naheliegend, dass Authentizität, Integrität, Verfügbarkeit, Vollständigkeit und Unveränderbarkeit der Informationen grundsätzlich garantiert sein müssen. Wenn beispielsweise alternative Zugriffspfade auf die Daten fehlen und die sie exklusiv verwaltende Anwendung nach fünf oder zwanzig Jahren nicht mehr verfügbar ist oder weiterentwickelt wurde, dann sind nicht nur alle Daten logisch verloren, sondern werden all die langjährigen Aufwendungen zunichtegemacht. Wenn sich Originale über die Zeit verändern lassen oder können (Bitfehler), kann auf den gesamten Aufwand, sie über Jahrzehnte verfügbar zu halten, von Beginn an verzichtet werden.

Diesbezüglich Massnahmen nur nach Best Effort zu ergreifen, genügt nicht. Nur die vollständige Erfüllung der Anforderungen schafft Sicherheit. Im Sinne einer Engpassplanung gesellen sich beim Design der Datenhaltung zu diesen unverzichtbaren Anforderungen noch die in Abschnitt 3.1 genannten weiteren Anforderungen hinzu.

Der Erfüllung dieser Anforderungen stehen limitierte Ressourcen gegenüber, was somit nach einer umfassenden Optimierung des Datenhaltungsdesigns ruft. Der Versuch, die gestellten Anforderungen über das Hinzufügen unzähliger Module und Layer zu lösen, ist mit sehr viel Aufwand und daraus resultierender Komplexität verbunden. Das Ergebnis eines solchen Unterfangens wird mehr Folgeprobleme generieren und Fragezeichen aufwerfen als zu einer wirtschaftlich vertretbaren Lösung führen. Ebenso wenig aussichtsreich ist das Abwarten, ob ein Hersteller dazu ein erlösendes Universalprodukt lanciert.

Nach mehrjährigem Suchen nach einer angemessenen Lösung hat die ABC Systems AG eine neue Architektur zur effizienten Datenhaltung entwickelt. 2009 haben wir dazu den Begriff des Data Pooling eingeführt und verwenden ihn auch zur Positionierung gegenüber der klassischen Datenhaltung. Während diese wie schon aufgezeigt (Abb. 13, 14) primär auf das Konsolidieren der physischen Medien ausgerichtet und beschränkt ist, umfasst das Data Pooling auch das logische Zusammenführen von Daten. Das Data Pooling ist eine neue, offene Architektur, die erstmals auf der logischen Ebene Archiv-, Backup- und Copy-Daten vereint. Als Kern dient ein schnelles Online-Archiv. Es reduziert den primären Speicher auf die aktuell benötigten Daten. Das Backup von Files und E-Mails erübrigt sich ebenso wie deren Restore durch die IT. Compliance kommt zum Nulltarif dazu.

Da unverzichtbare Funktionen wie Authentizität, Vollständigkeit, Unveränderbarkeit und logische Langzeitverfügbarkeit im primären Speicherbereich (SAN, NAS, Server) nicht realisiert werden können, drängt sich deren Erfüllung durch ein geeignetes Archivierungssystem auf. Dazu haben wir Kernbausteine in offener Architektur evaluiert, mit denen sich das Data Pooling verwirklichen lässt und die darüber hinaus Zusatznutzen generieren. Hierbei konnte bereits in der Praxis mit einer grösseren Installation im Umfang mehrerer 100 TB von Daten die Funktionstauglichkeit der Architektur nachgewiesen werden.

Auch wenn das Data-Pooling-Design völlig neu ist, ist es schon wegen seiner geringen Modulanzahl immanent risikoarm. Hinzu kommt, dass sich die gewählten Kernbausteine längst über Jahre in der Praxis international bewährt haben (Release 6).

Vor allem das Erfordernis, die Integrität sowie Authentizität der Daten langfristig zu garantieren, führte zur digitalen Archivierung. Bedarf es dazu doch kryptografischer Algorithmen, welche die Files in eindeutige „Fingerabdrücke" umwandeln. Zwecks eines periodischen Abgleichs erfolgt deren Speicherung redundant. Um verschiedene Inhalte nicht mit identischen Hashcodes abzulegen, werden SHA-1 und MDA-5 kombiniert verwendet.

Dank solcher Funktionen drängt es sich geradezu auf, dem unvermeidbaren Endlager der Daten – dem Archiv – von Beginn an eine primäre Rolle der Datenhaltung einzuräumen. Damit lassen sich von vornherein weitere, parallel geführte und laufend auszubauende Speichertöpfe vermeiden.

Beim Data Pooling erfolgt ein unmittelbares Auslagern der Daten ins Archiv, womit der Rucksack für das Tagesgeschäft sofort im Sinne von HSM von Ballast befreit und die Arbeit effizienter wird. Voraussetzung für automatisierbares Handeln ist zudem, im Moment der Datenentstehung gleichzeitig auch ihren „Verfall" festzulegen. Nur so lässt sich ein automatisches ILM verwirklichen. Wie einfach das Data Pooling die Ziele umsetzt, fasst Abb. 19 zusammen:

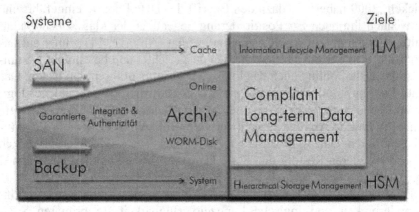

Abb. 19. Architektur des Data Pooling

Da das elektronische Archiv ohnehin als unverzichtbares Endlager aller Daten vorzusehen ist, kann es bei entsprechender Eignung von Beginn an auch Funktionen des primären Speichers (SAN, NAS, File-Server) übernehmen und ihn durch HSM-Auslagerungen transparent entlasten. Dazu muss das Archiv jedoch schnell, also Disk-basierend sein.

Es macht weder Sinn noch ist es notwendig, nach wie vor dieselben Daten immer wieder aufs Neue auf eigenen Medien zu speichern – bis zu neun Mal oder noch häufiger – und sie dann anschliessend wieder zu deduplizieren (vgl. Abb. 20).

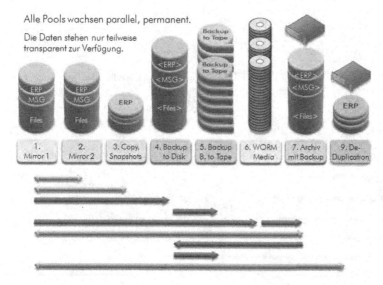

Abb. 20. Traditionelle Datenhaltung mit bis zu neun Repositorien

So erscheinen das Archiv-, Backup- und Copy-Data Pooling offensichtlich als naheliegendes Design, nach dem früher oder später jeder Anwender verlangen wird. Als revolutionär mag einzig anmuten, wenn es ein Anbieter propagiert, da sein möglicher Lieferumsatz kurzfristig auf einen Bruchteil des sonst Üblichen zusammenbricht.

Da identische Daten in einem Pool fusioniert werden, wächst nur noch er (vgl. Abb. 21) und nicht parallel bis zu neun in sich aufgespaltene Repositorien. Dazu kommt, dass den Anwendern nun die Daten transparent jederzeit zur Verfügung stehen, wie es die in zwei Richtungen zeigenden Pfeile in Abb. 20 und 21 veranschaulichen. Beim Backup hingegen können die Daten erst nach einem Wiederherstellungsprozess wieder genutzt werden, weshalb die Pfeile nur in eine Richtung zeigen.

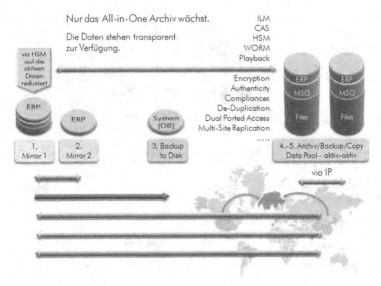

Abb. 21. Data Pooling reduziert auf vier bis fünf Pools, eliminiert Speichermedien

Zudem können die über beliebige Standorte hinweg redundant gespeicherten Daten nicht mehr verloren gehen. Der Zugriff wird über die HSM-Funktionalität automatisch auf das Archiv umgeleitet. Dieses enthält 100% der in Files gespeicherten Daten. Auf dem primären Speicher (SAN, NAS, Files-Server) befinden sich nur noch die rund 20% der jeweils aktuell benötigten Daten. Da die anderen Daten laufend und automatisch nach HSM-Regeln ins Archiv verschoben werden, erübrigen sich die aufwendigen und laufend vorzunehmenden Erweiterungen der primären Speicherkapazität.

Die Architektur überzeugt vor allem durch ihre vorbildliche Einfachheit bei umfassender Funktionalität (vgl. Abb. 22). Aufgrund der garantierten Vollständigkeit des Archivs sowie seiner Redundanz kann es gar bisher praktizierte Replikationsmechanismen überflüssig werden lassen. Stehen doch die Daten sowohl bei geplantem wie bei ungeplantem Stillstand des primären Speichers transparent zur Verfügung. Wie sich so die gesamte Datenhaltung vereinfacht, zeigt der Vergleich zwischen Abb. 22 und 13.

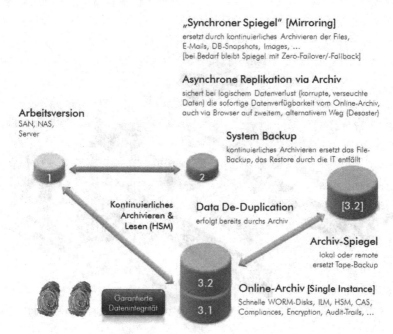

Abb. 22. Data Pooling mit vier Pools

Das Design einer Architektur ist umso besser, desto geringer die Anzahl der zur Lösung der Aufgaben notwendigen Layer/Module bleibt. Wie unter Abschnitt 2.1 ausgeführt, lässt sich in Anlehnung an das TCO-Modell (vgl. Abb. 8) ein einfacher Gradmesser definieren, mit dem sich die Lösungsqualität unterschiedlicher Architekturen vergleichen lässt. Dieser berücksichtigt die Konsequenzen, die aus einem zusätzlich notwendigen Lösungs-Layer resultieren, indem dieser das Komplexitätsniveau nicht nur um eins, sondern um fünf erhöht. Damit sind die Folgekosten über den Lebenszyklus der Lösung mit berücksichtigt und bringen den Unterschied zwischen verschiedenen Designs wie auch der traditionellen Datenhaltung und dem Data Pooling einfacher zum Ausdruck.

Die bekannten, synchronen Spiegel sind praktisch ausschliesslich so implementiert, dass sie vom primären auf den sekundären Speicher replizieren (vgl. Abb. 23). Fällt nun der primäre Speicher aus, so bleibt wie zuvor ausgeführt allen Servern aufgrund des eintretenden Betriebsunterbruchs nur noch der konsolidierte Absturz.

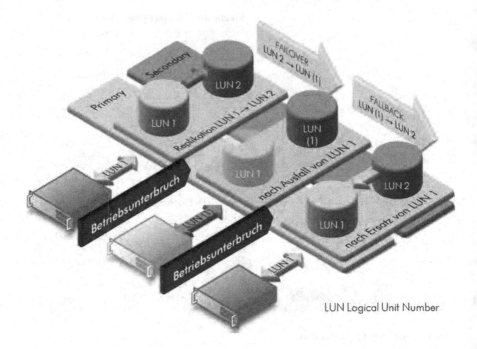

LUN Logical Unit Number

Abb. 23. Übliche Spiegelung von Speichersystemen

Aufgrund des mit hohen Kosten erzielten geringen Nutzens kann es sich kaum lohnen, solche Lösungen noch mit wertvollen Ressourcen „vorzubereiten". Die Mittel sind besser in das ohnehin benötigte Archiv investiert, liefert der vom Online-Archiv automatisch und kontinuierlich erstellte Spiegel doch einen unmittelbaren Nutzen. Da er asynchron läuft und minimal zeitverzögert gesteuert werden kann, schützt er sowohl vor logischem wie physischem Datenverlust (vgl. Abb. 10). Zusätzlich garantiert das Online-Archiv die inhaltliche Langzeitintegrität der Daten, nämlich bis zu deren Verfallsdatum. Da die Datenspiegelung durch den Primärspeicher stets ohne kryptografische Hashcodes erfolgt, kann die Authentizität nicht gewährleistet werden. Daher erhöht sich der Vergleichswert zugunsten des Archivs weiter.

Die Sicherung der Geschäftskontinuität verlangt notwendigerweise auch im Healthcare-Bereich nach einem synchronen Datenspiegel. Dieser muss jedoch mittels Zero-Latency ein Failover/Fallback garantieren, um unterbruchfrei die Daten jederzeit im Zugriff zu halten. Dazu sind kostengünstige SAN-Appliance-Lösungen verfügbar, die sich bereits seit vielen Jahren in 7x24-h-Umgebungen bewährt haben. Abb. 24 erläutert die Implementierung.

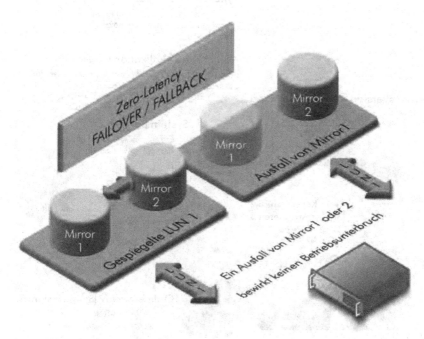

Abb. 24. SAN Appliance für Speichervirtualisierung und -spiegelung

Die physische Spiegelung erfolgt hinter der Logical Unit Number (LUN), dem Datenvolumen. Selbst wenn nun ein Speichersystem ausfällt, können die Server ohne Unterbruch auf ihre Daten zugreifen.

Dank diesem Design kann abwechslungsweise jeweils für eine Hälfte der Infrastruktur auch während des laufenden Betriebs flexibel ein Wartungsfenster gefahren werden.

Unter der Voraussetzung, dass die synchrone Spiegelung unterbrechungsfrei den Ausfall eines Speichersystems wegstecken kann, umfasst das nachstehende Layout (vgl. Abb. 25) bereits den maximalen Umfang an Komponenten einer wesentlich vereinfachten Datenhaltung. Dank Data Pooling sind die primären Speichersysteme auf den Bestand der aktuell vorzuhaltenden Daten geschrumpft und damit entlastet worden.

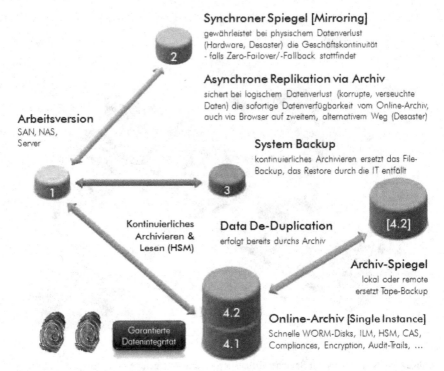

Synchroner Spiegel [Mirroring]
gewährleistet bei physischem Datenverlust
(Hardware, Desaster) die Geschäftskontinuität
- falls Zero-Failover/-Fallback stattfindet

Asynchrone Replikation via Archiv
sichert bei logischem Datenverlust (korrupte, verseuchte
Daten) die sofortige Datenverfügbarkeit vom Online-Archiv,
auch via Browser auf zweitem, alternativem Weg (Desaster)

Arbeitsversion
SAN, NAS,
Server

System Backup
kontinuierliches Archivieren ersetzt das File-
Backup, das Restore durch die IT entfällt

Kontinuierliches
Archivieren &
Lesen (HSM)

Data De-Duplication
erfolgt bereits durchs Archiv

[4.2]

Archiv-Spiegel
lokal oder remote
ersetzt Tape-Backup

Garantierte
Datenintegrität

Online-Archiv [Single Instance]
Schnelle WORM-Disks, ILM, HSM, CAS,
Compliances, Encryption, Audit-Trails, ...

Abb. 25. Data Pooling mit fünf Pools und synchron gespiegeltem Primärspeicher

Damit lassen sich im Vergleich zwischen dem noch üblichen Design (vgl. Abb. 13, 14, 20) und dem des Data Pooling (vgl. Abb. 21, 22, 25) bis zu fünf Lösungs-Layer/-Module einsparen. Daraus resultiert inklusive aller Konsequenzen über den Lebenszyklus der beiden Architekturen eine Reduktion des Komplexitätslevels der gesamten Datenhaltung um insgesamt 25 Ebenen! Mit dieser Verlagerung von quantitativer hin zu qualitativer Ausrichtung des Lösungsdesigns verschiebt sich auch der Hauptnutzen vom Lieferanten zum Anwender. Abb. 26 veranschaulicht dies in einem Vergleich. Für die Konzeption eines innovativen Lösungsdesigns ist es unerlässlich, sich von den Paradigmen und den Vorgaben der Speicherindustrie zunächst einmal zu lösen bzw. sie gar über Bord zu werfen. Wer diese Chancen konsequent nutzt, verschafft sich gleichzeitig bei reduzierten Kosten quasi noch gratis Wettbewerbsvorteile.

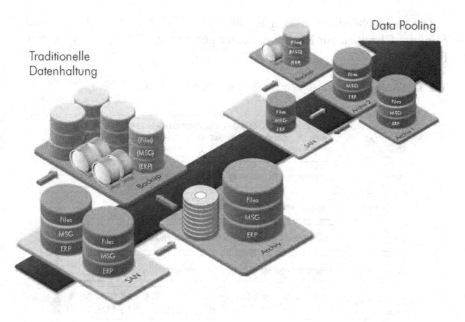

Abb. 26. Vergleich der Architekturen

Die Wahl der IT-Bausteine ist dabei allerdings entscheidend für die erzielbaren Ergebnisse. Der Unterschied liegt darin, ob Produkte Eigenschaften erworben haben oder sie diesen, dem Trend folgend, einfach zugeschrieben werden. Auf Neues aufspringen und Nutzen versprechen birgt für den Anwender weitreichende Risiken. Da ist es besser, auf bereits in der Praxis bewährte Data-Pooling-Implementierungen zurückzugreifen.

Eine der wichtigen Produkteigenschaften, um beim Data Pooling mit nur so wenigen Layern auszukommen, ist der Leistungsumfang des Online-Archivs, insbesondere was die Vorgaben internationaler Normen wie FDA, HIPAA, SEC, SOX etc. anbetrifft. Wenn dank Erfüllung solch massgebender Compliances über schon vorhandene „Schalter" auf einen Schlag auch den einschlägigen Schweizer Gesetzen wie BGA (Bundesgesetz über die Archivierung), DBG (Bundesgesetz über die direkte Bundessteuer), DSG (Bundesgesetz über den Datenschutz), GeBüV (Geschäftsbücherverordnung), MWSTG (Bundesgesetz über die Mehrwertsteuer), OR (Schweizerisches Obligationenrecht), StGB (Schweizerisches Strafgesetzbuch) etc. entsprochen werden kann, kommen sie quasi zum Nulltarif dazu. Denn der gesamte Funktionsumfang des Universalarchivs lässt sich bereits durch die erzielbaren Entlastungen und Einsparungen beim primären Speicher und der Backup-/Restore-Funktionalität finanzieren.

Die nachstehenden Leistungsmerkmale in Tab. 3 dienen daher auch als Minimal-Checklist zur Evaluation einer geeigneten Lösung fürs Data Pooling.

Tab. 3. Checklist der Leistungsmerkmale fürs Data Pooling

CAS / Fingerprint	Erstellung einer eindeutigen, alphanumerischen Identifikation, um mittels "Fingerabdruck" die Authentizität jeder archivierten Datei zu garantieren
Versioning	Verwaltung verschiederner Versionen derselben Datei
Encryption	Verschlüsselung der Daten mit AES 256 Bit
Security	Überwachte Kontrolle der Zugriffe aufs Archiv inklusive Audit Trails
WEB Interface	Passwort geschützter des Zugriff aufs Archiv über Browser
Dual Ported Access	Zugriff auf archivierte Daten kann wahlweise über 2 getrennte Pfade erfolgen: (1) Anwendung, (2) direkt im Archiv (Rechte vorausgesetzt)
ILM	ILM Information Lifecyde Management (Aufbewahrungsdauer der Daten)
HSM / Backup	Automatisches Verlagern von Daten vom Server und Client ins Archiv nach vordefinierten Regelwerken
Reacquisition	Schneller Online-Aufruf archivierter Dateien im Originalformat
Reporting	Nachweis über den zeitlichen Verlauf des Datenzugriffs, Vollständigkeit des Archivs, rechtsverbindliche Löschung nach der Aufbewahrungsfrist
Classification	Datenklassifikation in Übereinstimmung mit den Unternehmensvorgaben
Time Stamp	Unabhänigige, externe Datums-/Zeitzertifizierung zwecks rechtlicher Beweiskraft der Dateierstellung
Playback	Archivierte Daten lassen sich in Originalform und -bezeichnung auf ein Standard-Disksystem zurückkopieren
Database	Speicherung und Indexierung der Informationen in einer internen Datenbank
Disaster Prevention	Aktiv-Aktiv Replikation der Daten zwischen entfernten Standorten

Das Zusammenlegen verschiedener Bereiche der Datenhaltung verlangt aber noch mehr. Denn je weniger Layer/Module zur Lösung eines Problems erforderlich sind, desto besser und gleichzeitig einfacher ist das Lösungsdesign. Tab. 4 beschreibt ein Vergleichsbeispiel der Architekturen.

Tab. 4. Komplexität der Datenhaltungsarchitektur im Vergleich

Konzept / Funktionen		SAN plus n verschiedene Add-ons	SAN mit Achive / Backup / Copy / Data Pooling
Replication	Snapshot · Files		
	Copy · local		
	Copy · remote		
	Mirror · asynchron über		
	Mirror · synchron über FC		
COMPLIANCE (LEGAL / SECURITY)	eDiscovery		
	Authentication of Data Integrity		
	Assignment of Record Retention		
	Audit Trail of User Access		
	Audit Trail of Asset serial Numbers		
	Audit Trail with 3rd Party digital Time & Data Stamp		
	Encryption of Data for Privacy		
	Complete Disposition of Data at the End of the Retention Period		
	Support offline mobile Computers		
	Automatic Data Verification		
	Independent Storagesystems for Production and Backup/Archive		
	I L M		
SPACE USAGE	De-Duplication · Files		
	De-Duplication · Block/Bit Level		
	Compression		
	Thin Provisioning		
	H S M		
Backup / Restore	System		
	Data		
Archiv / Reacquisition	local		
	remote		
Anzahl Lösungs-Module		min. 15	max. 3
Komplexitäts-Level nach TCO		min. 75	max. 15

Bei einem Bruchteil der Kosten des traditionellen Designs kann gleichzeitig eine Reduktion des Komplexitätslevels der Datenhaltung um den Faktor 4-5 realisiert werden. Dies gilt unabhängig von der Wahl der Produkte für die traditionelle Datenhaltung. Diese haben nur beispielhaften Charakter. Für diesen Vergleich ist einzig die erzielbare Anzahl der eliminierten Layer massgebend, während verschiedene traditionelle Produkte lediglich zu unterschiedlichen Kosten führen. Auf das Ergebnis des Designs üben sie nur marginalen Einfluss aus. Die jeweiligen Eigenschaften allein können die Nachteile der traditionellen Architektur nicht überwinden.

Tab. 5. Data Pooling vereinfacht SAN/NAS und Backup/Restore

Vielfältige Aufgaben …	Archive / Backup / Copy Data Pooling löst alle in Einem …
SAN stösst an Kapazitätsgrenze	mit HSM werden selten, kaum mehr genutzte Daten ins Online-Archiv verschoben
	Daten werden im Archiv auf File-Ebene automatisch dedupliziert
SAN ist zu ersetzen	Ersatz kann nur noch als Cache dimensioniert werden, weil das Online-Archiv so schnell wie's SAN ist
	zudem sind Daten stets im Archiv redundant verfügbar und erst noch mit garantierter Integrität
SAN ist nicht gespiegelt	Daten werden im Archiv redundant nachgeführt, kontinuierlich, quasi synchron
SAN-Unterhalt ist zu hoch	SAN redimensionieren auf Disk-Cache, da Daten im Online-Archiv schnell abrufbar
SAN (noch) nicht vorhanden	Verzicht zugunsten von Servern, da kontinuierliche Verschiebung ins Archiv mit redundanter Speicherung
SAN Ausfall bei Desaster	Zugriff auf Daten im Archiv kann bei SAN-Ausfall direkt über Browser erfolgen, was einem zweiten, unabhängigen Zugang zu den Daten entspricht
Backup stösst an Kapazitätsgrenze	Ausbau erübrigt sich fürs File-Backup, nur noch System- und DB-Backup
Backup ist zu ersetzen	Ersatz erübrigt sich fürs File-Backup, nur noch System- und DB-Backup
Backup-Zuverlässigkeit	kontinuierliches Speichern im Archiv, das selbstheilend korrupte Daten wieder herstellt
Remote-Backup der Aussenstellen	einfache Zentralisierung des File-Backups durch Automatisierung
Backup Operating ist aufwendig	entfällt fürs File-Backup
Backup-to-Disk/-Tape	Disk- und Cartridge-Kapazitäten werden fürs File-Backup nicht mehr benötigt
Daten-Deduplizierung	erfolgt automatisch im Archiv auf File-Ebene
Restore ist aufwendig	entfällt für File-Restore, Anwender kann Daten nicht verändern

(Die linke Randbeschriftung: *SAN Entlastung & Redimensionierung* für den oberen Block, *Ersatz von File-Backup & Restore durch IT* für den unteren Block.)

Dazu zählt insbesondere auch, vielfältige Aufgaben gleich auf einen Schlag gemeinsam erledigen zu können. Als Massstab dient dazu ein bereits im 6. Release verfügbares universelles Online-Archiv, das für den primären Speicher und das Backup/Restore (inklusive E-Mail, SharePoint etc.) als „A / B / C Data Pool" wesentliche Vereinfachungen und Einsparungen zur Folge hat (vgl. Tab. 5).

Im Online-Archiv steht ein Explorer zur Verfügung, der die archivierten Daten in ihrem ursprünglichen Kontext anzeigt. Zudem kann als Option eine Volltextsuche zum Archiv implementiert werden. Wie diese Mög-

lichkeiten genutzt werden können und mit der Patienten-ID zusammen-
spielen, beschreibt der nachstehende Abschnitt.

4.2 Einbezug der Patienten-ID in die Datenhaltung

Wie dieses Buch im Gesamten darlegt, ist die Fähigkeit, Daten eindeutig
und korrekt dem betreffenden Patienten zuzuordnen, Grundvoraussetzung
für eine erfolgreiche Behandlung. Dazu zählt auch, dass alle ermittelten
Daten zeitnah und ohne Unterbruch zur Verfügung stehen. Hierzu bedarf
es einer einfachen Identifikation an allen Stationen, wo Daten erhoben, erstellt und ausgewertet werden. Das Vorhandensein der Zuweisung der eindeutigen Identifikation zu einer Person wird für diese Betrachtungen bereits vorausgesetzt.

Es geht also darum, dass alle Informationen eindeutig und möglichst
einheitlich „etikettiert", also ausgezeichnet, sind. Dabei ist es zunächst un-
erheblich, ob z. B. dazu eine interne Identifikationsnummer der behandelnden Organisation, die Personalversicherungsnummer oder bei Verfügbarkeit der MPI verwendet werden.

Bedeutungsvoller ist, wo die Identifikation der Information angebracht
ist. Befindet sie sich ausserhalb oder innerhalb des Datenpakets, der „Ver-
packung"? Lässt sie sich also bereits aus der File-Bezeichnung erkennen
oder ist dazu stets zwingend ein verbindendes Inhaltsverzeichnis, z. B. eine
Anwendung, ein Document Management System (DMS) etc., zu konsultie-
ren. Im Regelfall dürfte der Zugriff auf die Detaildaten über eine Applikation erfolgen. Dies lässt denn auch die Integration aller Informationen in
eine Gesamtsicht über alle und neu entstehenden „Informationsinseln" zu
einer grossen Herausforderung werden, wie bereits unter Abschnitt 1.2
ausgeführt.

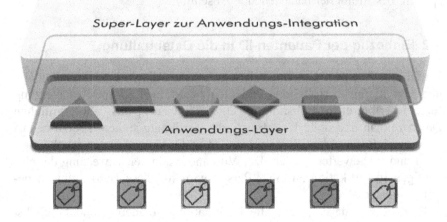

Abb. 27. Zuweisung und Transparenz der Identifikation

Die externe Etikettierung der Daten (vgl. Abb. 27), also das unmittelbare Erkennen der Identifikation an den Metadaten stellt bereits eine Vereinfachung für alle Integrationsbemühungen dar. Aus der Sicht des Datenhaltungs-Layers eröffnen sich zudem generelle Möglichkeiten, die je nach Design ohne Zusatzaufwendungen als Standard zur Verfügung stehen.

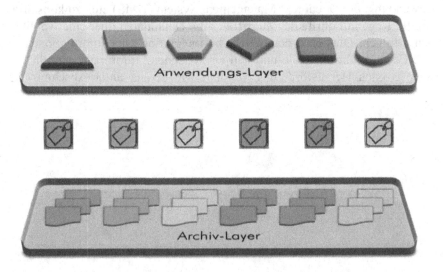

Abb. 28. Datenzugriff auf dem Archiv-Layer

Werden also alle auf dem Archiv-Layer gesammelten Daten mit ihrer ursprünglichen File-Bezeichnung gespeichert, lässt sich diese auch für das autonome Auffinden über den Archiv-Explorer verwenden (vgl. Abb. 28). Der Einbezug der Identifikation in die externe Etikettierung eröffnet somit einen einfachen Weg zur Informationsintegration.

Der somit zum „Vordereingang" zu den Daten, der Anwendung, parallel geschaffene „Hintereingang" über das Universalarchiv stellt gleichzeitig die Rückversicherung für die logische Langzeitverfügbarkeit der Daten dar. Verlängert diese Architektur doch den Datenzugriff über die Anwendungsverfügbarkeit hinaus, was bereits bei Aufbewahrungsfristen ab fünf oder mehr Jahren unverzichtbar wird. Damit untermauert das Data-Pooling-Design einer offenen Datenhaltung mit „Dual Ported Access" (Abb. 12) seine dominierende Primärbedeutung, und zwar unabhängig von den Integrationseffekten.

Beim Data Pooling von Archiv-, Backup- und Copy-Daten übernimmt das Online-Archiv primäre Funktionen der Datenhaltung (Abb. 19), d. h., das klassische SAN/NAS wird in die Rolle des Disk Cache mit den aktuellen Daten überführt. Über HSM kann das Universalarchiv automatisch in zwei Richtungen aktiv genutzt werden: die laufenden Dateneinlagerungen ins Archiv sowie deren Abruf aus dem Archiv bei Bedarf.

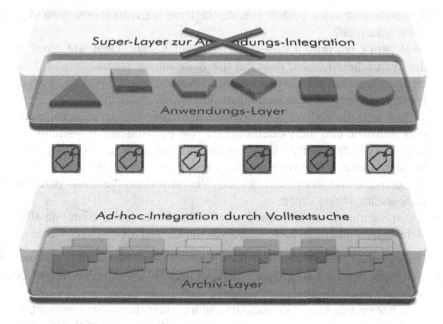

Abb. 29. Logische Integration über Data Pooling

Aufgrund der damit verbundenen Offenheit und Leistungsfähigkeit des Universalarchivs ergeben sich weitere, einfachere Möglichkeiten zur Informationsintegration.

So kann überlegt werden, ob auf den aufwendig zu erstellenden und zu unterhaltenden Super-Layer zur Anwendungsintegration verzichtet werden soll (vgl. Abb. 29). Denn das Universalarchiv lässt sich bereits über den Datenhaltungs-Layer direkt nutzen und bei Bedarf um eine Volltextsuche ergänzen und schafft so einfache und kostengünstige Alternativen für die Datenintegration und ein generelles Business Re-Engineering.

Die so erzielbare Integration der Daten kann direkt erfolgen und/oder durch eine Workflow-Engine unterstützt und systematisiert werden. Die Möglichkeit der Ad-hoc-Integration vermeidet, dass im Voraus unnötigerweise Aufwand betrieben wird, der sich zudem aufgrund der notwendigen laufenden Aktualisierung noch multipliziert. Im Weiteren erfüllt das Online-Archiv die Funktion des ILM auf einer generellen Ebene und ist daher einfach zu automatisieren.

Die spezifische Einzelklassifikation von Dokumenten und Informationen innerhalb der verschiedenen Anwendungen ist demgegenüber nicht nur mit einem exponentiell höheren Arbeitsaufwand verbunden. Sie birgt auch enorme Risiken, die den Erfolg des gesamten Unterfangens unmittelbar in Frage stellen. So sind zumindest folgende Punkte zu prüfen:

Auf wie viele Stunden beläuft sich der tägliche Klassifikationsaufwand je Mitarbeitenden?

Zu welchem Grad erfolgt dieser Aufwand auf Vorrat? Oder wie gross ist die Wahrscheinlichkeit, dass auf die mühsam klassifizierten und dann archivierten Daten erneut zugegriffen werden muss? Welche Verhaltensregeln oder Vorausscheidungen sind daraus abzuleiten?

Wie lässt sich die lückenlose Klassifikation der Daten garantieren, wenn dies fallweise und individuell erfolgt? Nur ein vollständiges Archiv erfüllt die gesetzlichen Anforderungen und Compliances. Nur der vollständige Umfang des Archivs schafft das notwendige Vertrauen in seine Nutzbarkeit und verhindert so aus Verantwortung geführte parallele „Lagerstätten" von Daten.

Wie viel Schulung ist vorzusehen, damit Klassifikationskriterien von allen Beteiligten einheitlich bzw. gleich verstanden und angewendet werden?

Die externe Etikettierung oder Identifikation der Daten wird in Zukunft im Hinblick auf die Langzeitdatenhaltung und die logische Verfügbarkeit zunehmend an Bedeutung gewinnen.

Gleichzeitig begünstigt sie die Anwendung von offenen Standardverfahren beispielsweise bei der Informationssuche. Diese bieten sich alternativ zur Klassifikation der Daten über ein Enterprise-Content-Management-

System (ECM), DMS etc. an. So kann just-in-time nach Bedarf eine Ad-
hoc-Integration der Daten über ein nach dem Data-Pooling-Design konzi-
piertes Online-Archiv erfolgen. Dieser vergleichsweise äusserst kostengünstigen Lösungsarchitektur steht der immense Aufwand gegenüber, der
mit der Schaffung eines Super-Layers zur Anwendungsintegration verbunden ist.

Die Anwendung des Data Pooling, das Archiv-, Backup- und Copy-
Daten in einem Pool vereint und darüber hinaus die aufgezeigten Anforderungen mit erfüllt, wird sich aus Gründen der nachhaltigen Wirtschaftlichkeit und zurückgewonnenen Einfachheit durchsetzen. Es lohnt daher, die
Möglichkeiten auszuloten, um umgehend davon profitieren zu können.

Die auf Langfristigkeit ausgerichteten Bestrebungen offener Architekturen werden auch vom Bund unterstützt. So stellt dieser seit kurzem gratis
ein Softwaretool zur Verfügung, mit dem sich auch relationale Datenbanken (Oracle, MS SQL) in eine Langzeitarchivierung einbinden lassen.

Die Darstellungen zur neuen, offenen Architektur des Data Pooling
werden nachfolgend noch mit einem Praxisbeispiel untermauert.

5   Fallstudie als Proof of Concept

Die Data-Pooling-Architektur konnte sich mit einer konkreten Lösung bereits in einer öffentlichen Ausschreibung gegen 31 interessierte Mitbewerber durchsetzen.

5.1 Aufgabenstellung

Gegenstand des Projekts war der Ersatz der bestehenden Datensiche-
rungslösung für die aktuellen Daten, in die auch rund 120 TB Offline-
Bänder zu integrieren sind. Sie müssen über zehn Jahre für den Zugriff
verfügbar gehalten werden. Wie bis anhin hat die Datensicherung der rund
100 entfernten Geschäftsstellen in die beiden zentralen, gespiegelten Rechenzentren zu erfolgen.

5.2 Lösung

Als Kernelement der Data-Pooling-Architektur dient ein schnelles, rein
Disk-basiertes Online-Archiv. Es spiegelt die Daten über Ethernet zwi-
schen den beiden Rechenzentren, unveränderbar mit kryptografischen
Hashcodes (Abb. 12, oberste Stufe). Damit ist die Langzeitauthentizität der

Daten gewährleistet, was weder der primäre Speicher noch die Backup-Umgebung erreicht.

Da somit die Daten redundant und erst noch in besserer Qualität jederzeit zur Verfügung stehen, entfällt auch das Weiterführen des File-Backups (Abb. 24).

Je nach verfügbarer Kommunikationsbandbreite zu den Aussenstellen erfolgt nachts eine zeitgesteuerte oder eine permanente, kontinuierliche Archivierung (vgl. Abb. 30). Letztere erübrigt gleichzeitig das Erstellen von Snapshots wie auch deren aufwendiges, zentrales Management – sind die Daten doch unveränderbar gespeichert.

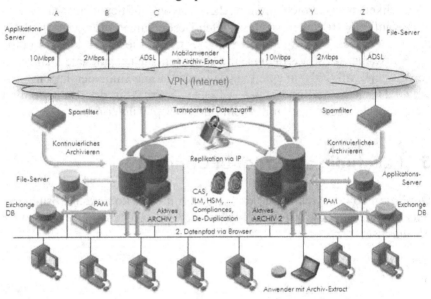

Abb. 30. Praxisbeispiel einer Data-Pooling-Architektur

Zudem lassen sich alle Server nach HSM-Regeln bewirtschaften. So werden z. B. bei maximal definierter, verfügbarer Kapazität automatisch die ältesten Files gelöscht und durch Verknüpfungen ersetzt. Oder nach Alter der Daten oder letztem Zugriff auf die Daten (z. B. < 12 Monate) werden sie auf dem primären Speicher gelöscht und je nach Regelwerk durch Verknüpfungen ersetzt. Alle Daten stehen den Anwendern transparent zur direkten Nutzung bereit, womit sich ein mühsames Wiederherstellen auf den primären Speicher durch die IT erübrigt. Im E-Mail-Bereich resultiert daraus eine enorme Vereinfachung und Arbeitsreduktion.

Der Abruf der Daten über Applikationen, wie z. B. Exchange, File-Server etc. kommt dem zuvor beschriebenen Vordereingang zu den Daten gleich (vgl. Abb. 12). Der Zugriff mittels Browser direkt im Archiv, Rechte vorausgesetzt, stellt den Hintereingang zu den gespeicherten Daten dar und kann so die Geschäftskontinuität bei Desasterereignissen sichern.

Zudem verfügt das Archiv über eine Playback-Funktion, d.h., die Daten können jederzeit vollständig oder teilweise auf einen Disk-Speicher zurückgespielt werden. Das Vorgehen ist allerdings aufgrund der Veränderbarkeit der Daten den Compliances entsprechend zu dokumentieren.

Bei der Ablage der Files ins Archiv erfolgt automatisch eine De-duplikation der Daten. Das Archiv erkennt beim Einlagern automatisch identische Files und speichert diese nur einmal, jedoch mit unterschiedlichen Metafiles. Diese beinhalten unter Umständen je nach Anwender unterschiedlich definierte ILM-Regeln über die Aufbewahrungsdauer. Nach Ablauf des File-Verfallsdatums werden diese über einen Job, den der Administrator startet, durch spezielle Routinen gelöscht.

Da das Online-Archiv zunehmend primäre Speicherfunktionen der Daten übernimmt, gewinnt der schnelle Zugriff auf sie an Bedeutung. Daher wurden High Speed Links (20 Gbps Infiniband) zwischen den Servern und dem Archiv implementiert. Diese Technologie steht äusserst günstig zur Verfügung: ein 20 Gbps HCA Host Channel Adpater kostete Mitte 2009 rund 600 CHF, ein 24 x 20 Gbps non-blocking Switch etwa 7'000 CHF, womit sie erheblich unter der 10-Gbps-Ethernet-Technologie liegen.

5.3 Ergebnis

Obwohl alles rein Disk-basiert über Hunderte von TB und über fünf Jahre inklusive der TCO konzipiert wurde, erwies sich die Lösung im Anbieterwettbewerb als die wirtschaftlichste, auch im Vergleich mit Bandbibliotheken. Dabei waren noch nicht einmal die Bandkassetten, das Wegfallen des Bandhandlings und die Migration des Bandkassettenformats mit den zugehörigen Bandlaufwerken nach fünf Jahren (für die Langzeitaufbewahrung) berücksichtigt worden.

Für die Datenhaltung zeigte sich, dass die Anwendung des Data-Pooling-Designs einem Quantensprung für die Vereinfachung und Kostenreduktion gleichkommt.

5.4 Ausblick

Aufgrund der ersten Erfahrungen und des enormen Rationalisierungspotenzials sowohl an Kosten wie auch an Komplexität (vgl. Abb. 31) wird sich das Data Pooling auf breiter Basis behaupten. Weiterhin Ressourcen in laufend parallel wachsende Repositorien und nur in die physische Konsolidierung zu stecken, wird schon einem ersten Vergleich mit dem Data-Pooling-Design kaum mehr standhalten.

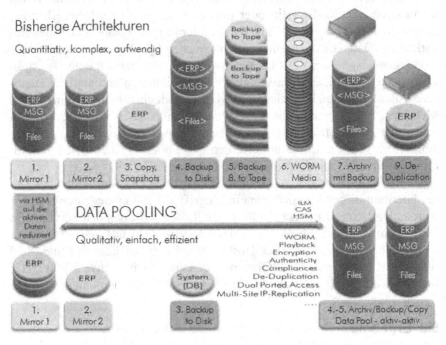

Abb. 31. Data Pooling als Voraussetzung für die Langzeitdatenhaltung

Mit der Data-Pooling-Architektur lässt sich das logische Vereinen der Daten mit der physischen Konsolidierung der Speichersysteme verbinden. Dies kann auch schrittweise erfolgen, indem bestehende Speichersysteme mit einem geeigneten, schnellen Online-Archiv ergänzt werden. So kann dann beispielsweise auch auf den Ausbau des SAN/NAS wie auch des Backup verzichtet werden. Die digitale Datenhaltung lässt sich so bis um den Faktor vier bis fünf vereinfachen und in vielen Aspekten qualitativ verbessern. Dazu auf das Originaldesign und bewährte Bausteine zu setzen, lohnt sich in vielfacher Hinsicht.

Die wirtschaftlichen Vorzüge des Data Pooling können bei den rasant wachsenden Datenvolumen und insbesondere der anforderungsreichen Langzeitdatenhaltung zur willkommenen Designalternative werden, um bei gleichzeitig limitierten Mitteln die Ziele zu erreichen oder gar in einem Zug zu übertreffen. Dazu dokumentiert Tab. 6 den Vergleich eines Beispiels, das sich auf die wesentlichen Komponenten der alternativen Architekturen beschränkt.

Tab. 6. Einfacher Kosten- und Komplexitätsvergleich

Hauptkomponenten - Enterprise Class - / Lösungsansatz		Traditionelle Datenhaltung	A / B / C Data Pooling
Archiv	Archivierungs-Software 100 User *	35'000	unlimitiert
	Archivspeicher 4TB	7'000	
	LTO-WORM Tapes (5 Jahre)	21'000	
Backup	Ausbau des Backup-to-Disk um 4TB	7'000	
	Ersatz der Tape-Library 1x LTO4, 12 Slots	4'700	
	Wartung der Tape-Library (5 Jahre)	2'800	
	File-Backup Operating 0.5h x 5T g (5 Jahre)	37'500	
	File-Restore Operating durch IT (5 Jahre)	7'500	
	LTO4 Band-Kassetten (5 Jahre), exkl. Reinigungsbänder für Band-Laufwerke	7'500	
	Software & Operating für Bandverifikation 5 J	...	alle
Storage	SAN-, NAS-Erweiterung um 2x 4TB	14'000	Funktionen
	Daten-Spiegelung mit Zero-Latency Failover/Fallback	22'000	
	Copy- und Snapshot-Funktionen *	15'000	abgedeckt
	Copy- und Snapshot-Operating (5 Jahre)	25'000	
	Deduplizierungs-Appliance inkl. 5 Jahre Wartung	49'800	
Software	ILM Information Lifecycle Management *	20'000	
	HSM Hierarchical Storage Management *	20'000	
	Dual Hash-Algorithmen für eindeutige Langzeit-Authentizität und -Integrität *	20'000	
	CH, FDA, HIPPA, SEC, SOX, ... Compliance Funktionen *	20'000	
Höhere Betriebskosten: Strom, Klima, Raum, ... (5 Jahre)		43'800	
Summe Hauptkomponenten CHF		**379'600**	**37'825**
Vergleich	**Kostenverhältnis**	**10**	**1**
	Komplexitätslevel (Anzahl Lösungs-Layer * 5)	**75**	**5**

* vorsichtig geschätzte Investition ohne jährliche Wartung (2.2010, ohne Gewähr)

Im Weiteren kann davon ausgegangen werden, dass bereits in rund zwei Jahren der primäre Speicher, der nur noch die aktuell benötigten Daten als Cache hält, mit erprobten und zuverlässigen Solid State Drives (SSD) ausgestattet werden kann. Die Diskdrives werden jedoch noch längere Zeit im Online-Archiv verbleiben.

Mit den 2010 verfügbaren Speichersystemen wird der Stromverbrauch weiter drastisch gesenkt werden. Wurden bis anhin auf vier Rack-Höheneinheiten 84 TB mit rund 350 Watt resident gehalten, so werden es neu

204 TB mit 340 Watt sein. Dies setzt allerdings voraus, dass der Wechsel zu Speichergehäusen mit hoher Disk-Packungsdichte erfolgt. Das im Fallbeispiel verwendete Online-Archiv nutzt bereits den neuen Formfaktor. Es kann mittlerweile den primären Stromverbrauch nicht nur um 60%, sondern neu um bis zu 80% reduzieren. Die damit gesamthaft erzielte Senkung des Energiekonsums liegt noch um den Faktor 2 bis 2,5 höher, denn es sind ja noch die Klimatisierung sowie die Umgebung mit der Erschliessung zu berücksichtigen. Das Thema Energieverfügbarkeit wird oft noch unterschätzt. So geht die IT-Industrie davon aus, dass ohne laufende Energiesparmassnahmen in den nächsten drei Jahren für zwei Drittel aller Rechenzentren nicht mehr genügend Strom für den Betrieb und die Kühlung bereitgestellt werden könnte.

Data Pooling bedeutet zusammenfassend, gleiche Daten zu fusionieren (vgl. Abb. 32), statt sie mehrfach auf verschiedene Systeme aufzuspalten.

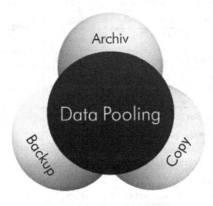

Abb. 32. Data Pooling: Daten fusionieren

11 Überblick technischer und konzeptioneller Grundlagen einer prozessorientierten Patientenidentifikation

René Fitterer, Peter Rohner

Universität St. Gallen

Kurt Och

Shared Service Center für die Informatik der Spitalverbunde und der Geriatrischen Klinik, St. Gallen

1 Übersicht

Die vorherigen Artikel beleuchten im Detail verschiedene, primär fachliche Aspekte sowie solche Fragestellungen, die an der Schnittstelle zwischen Fach und IT (engl. IT/Business Alignment) stehen. Wie bereits die Diskussion der Implikationen für die Systemlandschaft verdeutlicht, ergeben sich jedoch auch aus Sicht der IT-Architektur, d.h. der Gesamtheit bestehender Software- und Hardwarekomponenten sowie deren Vernetzung und Integration, relevante Herausforderungen. Das Ziel der folgenden Ausführungen ist es, die Grundlage für das Verständnis technischer Herausforderungen zu legen. Deshalb geben die folgenden Abschnitte eine

Übersicht technischer Standards und Empfehlungen sowie Verweise auf entsprechende Quellen, deren Kenntnis für die Fragestellung der prozessorientierten Patientenidentifikation als wichtig erachtet wird.

Den Ausführungen in Kapitel 2 und 4-6 des Buches folgend, besteht ein enger Zusammenhang zwischen der medizinischen Dokumentation, der eindeutigen Zuordnung dieser Dokumentation zu Patienten und der Fähigkeit zum Austausch der Informationen. Entsprechend stehen diese drei Aspekte im Fokus der folgenden Ausführungen. Darüber hinaus bedarf die Etablierung der Prozessorientierung bestimmter Basisfähigkeiten des Prozessmanagement. Entsprechend adressiert der abschliessende Abschnitt dieses Kapitels bestehende Ansätze und Techniken zum Prozessmanagement.

2 Medizinische Dokumentation

Eine Dokumentation aller krankheitsbezogenen Diagnosen und Handlungen im Rahmen von Versorgungseinrichtungen des Gesundheitswesens bildet die Grundlage nachvollziehbaren Handels des medizinischen und pflegerischen Personals. Entsprechend ist die medizinische Dokumentation weithin als geschuldete Leistung der Ärzte respektive der pflegerischen Leistungserbringer angesehen (vgl. Haas 2005, S. 115 f.). Eine vollständige medizinische Dokumentation dient im Kontext der Einführung von DRG (vgl. Kapitel 2 des Buches) jedoch nicht ausschliesslich der Qualitätssicherung (vgl. „Leitbild ärztliche Qualität" in Peltenburg et al. 2005), sondern ist ebenfalls die Grundvoraussetzung für eine korrekte Abrechnung der Fallpauschalen für stationäre Leistungen.

Bestehende Anforderungen an die Ordnungsmässigkeit einer papierbasierten medizinischen Dokumentation sind ebenso an deren elektronische Dokumentation zu stellen. Entsprechende Standards und Empfehlungen haben sich etabliert, die neben der korrekten Dokumentation sowohl eine effektivere Informationsverarbeitung (beispielsweise für anonymisierte Forschungszwecke) wie auch einen effizienteren Austausch von Informationen innerhalb und über Organisationsgrenzen hinweg ermöglichen.

Die bestehenden Standards und Empfehlungen definieren sogenannte Ordnungssysteme, d. h. sie definieren standardisierte, meist strukturierte Vokabulare für verschiedene Bereiche der medizinischen Dokumentation. Ein Überblick verschiedener Einsatzzwecke der Standards der WHO[21] so-

---

[21] International Classification of Diseases (ICD), International Classification of Functioning, Disability and Health (ICF), International Classification of Health Interventions (ICHI), vgl. http://www.who.int/classifications/en/.

wie verschiedener weiterer Initiativen zur Standardisierung des Vokabulars der Leistungserbringung im Gesundheitswesen wie beispielsweise der systematisierten Nomenklatur der Medizin (SNOMED)[22] findet sich beispielsweise in (Haas 2005, S. 221-250). Es ist hierbei insbesondere darauf zu achten, dass eine Integration zwischen medizinischer Dokumentation (zu den oben genannten Zwecken) und der Abrechnung zwar aus Effizienzgründen anzustreben ist, dass jedoch viele der verfügbaren Standards und Empfehlungen primär abrechnungsbezogene Aspekte adressieren. Darüber hinaus können nicht alle Aspekte der medizinischen Dokumentation im Rahmen eines streng kontrollierten Vokabulars abgebildet werden. Somit besteht bei der Umsetzung elektronischer Kranken-/Fallakten, im Sinne der Realisierung einer möglichst durchgängigen und weitestgehend strukturierten Dokumentation, der Bedarf, verschiedene bestehende Ordnungssysteme und gegebenenfalls vorhandene interne Begriffssysteme zu integrieren.

3 Standards zum Austausch von medizinischen Daten

Im Kontext der wachsenden organisationsinternen Prozessorientierung der medizinischen und pflegerischen Leistungserstellung sowie der organisationsübergreifenden Kollaboration im Rahmen der integrierten Versorgung besteht ein steigender Bedarf für den Austausch medizinischer Daten zwischen Organisationen oder Organisationseinheiten (vgl. Kapitel 2 und 9 des Buches). Neben der semantischen (d. h. inhaltlichen, fachbezogenen) Strukturierung und Vereinheitlichung, wie diese durch die im vorherigen Abschnitt beschriebenen Ordnungssysteme der medizinischen Dokumentation realisiert werden kann, besteht somit der Bedarf zur informationstechnischen Vereinheitlichung medizinischer, personenbezogener Daten im Sinne von Datenstrukturen, Kommunikationsprotokollen etc.

Die Entwicklung klinischer Informationssysteme hat zur Etablierung verschiedener Standards geführt, die mittlerweile weit verbreitet sind. Die durch das ANSI akkreditierte Organisation Health Level 7[23] stellt hierbei in der Version 3 eine umfassende Spezifikation des syntaktischen Aufbaus wie auch der inhaltlichen Festlegung verschiedener Nachrichtentypen für das Gesundheitswesen bereit. Die Basis von HL7 bildet ein Referenzinformationsmodell (RIM), das sämtliche für das Gesundheitswesen rele-

---

[22] http://www.ihtsdo.org/.
[23] http://www.hl7.org.

vanten Klassen und deren Attribute/Datentypen definiert und in einem umfassenden Schema zusammenfasst. Unter Berücksichtigung verschiedener Vokabularrichtlinien und festgelegter Grundstrukturen von HL7-Nachrichten werden auf Basis des RIM diverse, spezialisierte Nachrichtentypen definiert. Die Nachrichtentypen werden in verschiedene Domänen klassifiziert (z. B. technische Nachrichtentypen, welche die Übertragung gewährleisten, administrative Nachrichtentypen, die beispielsweise die Übermittlung von Abrechnungsdaten ermöglichen, oder medizinische Nachrichtentypen zum Austausch personenbezogener oder statistischer medizinischer Daten).

Die sehr allgemein gehaltene Struktur des RIM hat dabei zur Folge, dass für die Anwendung innerhalb von Softwaresystemen sowie für den übergreifenden Austausch von Nachrichten, beispielsweise auf nationaler Ebene, spezialisierte Nachrichtentypen abgeleitet werden müssen. Die Grundsätze des HL7 verlangen hierbei eine Nutzung bereits vorhandener Definitionen und Modelle, um die Kompatibilität über alle Domänenmodelle zu wahren. Dennoch steht es den Anwendern offen, individuelle Domänen order Nachrichtentypen abzuleiten (Haas 2006, S. 323 ff.). Ein kompakter Überblick der HL7-Kommunikationsstandards für das Gesundheitswesen findet sich neben der zuvor genannten Quelle in (Blobel et al. 2009).

In der Schweiz wurde der Verein „HL7-Benutzergruppe Schweiz" zum Zweck der Förderung, Verbreitung und Weiterentwicklung des HL7-Standards im schweizerischen Gesundheitswesen gegründet[24]. Eine erste Spezifikation zum elektronischen Austausch von medizinischen Dokumenten in der Schweiz auf Basis des Clinical Document Architecture (CDA), einem durch HL7 spezifizierten allgemeinen Dokumentenformat für klinische Dokumente, das auf XML basiert (vgl. Haas 2006, S. 331 ff.), wurde durch diese Gruppe erarbeitet. Diese Spezifikation wurde dem Verein eCH, der sich mit der Entwicklung und Verabschiedung von E-Government-Standards beschäftigt, zur Vernehmlassung vorgelegt und als Standard eCH-0089 genehmigt (HL7-Benutzergruppe Schweiz 2009). Die Standards des eCH haben den Status von Empfehlungen. Deren Einsatz kann auf Stufe Bund, Kantone oder Städten und Gemeinden für verbindlich erklärt werden.

Neben den HL7-basierten Standards zum Austausch medizinischer Daten dominiert im Gesundheitswesen eine zweite Gruppe von Standards den Bereich Bildformate, Workflows, Sicherheit und Dokumentenformate im Kontext der elektronischen bildgebenden Diagnostik. Der Standard der Digital Imaging and Communications in Medicine (DICOM) findet mitt-

---

[24] http://www.hl7.ch.

lerweile breite Anwendung in Medizingeräten und Softwareapplikationen und definiert neben den entsprechenden Datenstrukturen auch technische Operationen/Kommandos (Zugriff auf Bildmaterial, Speicherung von Bildmaterial etc.). Für eine ausführliche Dokumentation des Standards wird auf die entsprechende Website verwiesen[25].

4   Standards und Empfehlungen für die Patientenidentifikation

4.1 Empfehlung der Initiative Integrating the Healthcare Enterprise

Integrating the Healthcare Enterprise (IHE) ist eine internationale Initiative zur Verbesserung des technischen Datenaustausches von IT-Systemen im Gesundheitswesen. Bei IHE geht es nicht darum neue Standards zu entwickeln, sondern existierende Standards wie DICOM (Digital Imaging and Communications in Medicine) oder HL7 (Health Level 7, in Anlehnung an das ISO-OSI-Referenzmodell) zu fördern. Dazu wurden verschiedene IHE Technical Frameworks erarbeitet, die beschreiben, wie existierende Kommunikationsstandards eingesetzt werden sollen, um einen fehlerfreien Datenaustausch zu ermöglichen. In einem IHE Technical Framework werden in Form von Integrationsprofilen verschiedene Anwendungsszenarien beschrieben, in denen Interaktionen zwischen mehreren Computersystemen erforderlich sind.

Die Initiative von IHE wurde im Jahr 1998 in den USA von den Organisationen HIMSS (Healthcare Information and Management System Society) und RSNA (Radiology Society of North America) gegründet. Die Initiative von IHE entstand aus dem Bedürfnis heraus, die immer wiederkehrenden Integrationsprobleme beim Vernetzen von Computersystemen zu vermindern. Mittlerweile ist IHE zu einer weltweiten Initiative mit mehreren Länderorganisationen geworden. In der Schweiz sind derzeit die Arbeiten für eine Gründung einer IHE-Länderorganisation in Arbeit.

Am Anfang der IHE wurden Anwendungen aus der Radiologie beschrieben. Die Basis bildet das Integrationsprofil Scheduled Workflow. In diesem Szenario geht es um die Beschreibung des elektronischen Datenaustausches, um eine radiologische Untersuchung durchführen zu können. Es beginnt mit der Beschreibung der Patientenadministration über die Auf-

---

[25]   http://medical.nema.org/dicom/.

tragserteilung an die Radiologie bis zur Befunderstellung. Später sind nun Anwendungen aus der allgemeinen Medizininformatik, dem Labor und der Kardiologie hinzugekommen.

Die IHE hat die Technical Frameworks in einzelne Anwendungsgebiete der Gesundheitsinformatik aufgeteilt (IHE Domains). Momentan sind Informationen zu folgenden IHE-Domänen öffentlich zugänglich:

Kardiologie
Ophthalmologie
IT-Infrastruktur
Labor
Patient-Care-Koordination
Patient-Care-Geräte
Qualität, Forschung und Public Health
Radioonkologie
Radiologie

Die von der Arbeitsgruppe Standards und Architektur empfohlenen IHE-Integrationsprofile XDS (Cross-Enterprise Document Sharing) und PIX (Patient Identifier Cross Referencing) entstammen dem IHE Technical Framework für die IT-Infrastruktur.

4.2 IHE-Prozess

IHE folgt bei der Erarbeitung der Implementierungsleitfäden einem definierten, koordinierten Prozess. Die Schritte dieses Prozesses wiederholen sich jährlich, womit die notwendigen kontinuierlichen Verbesserungen im Bereich der Integration regelmässig umgesetzt werden können. Der IHE-Prozess ist seit 2007 ISO- (TC215) sowie ANSI-akkreditiert und erlaubt den Anwendern eine wesentliche Vereinfachung der Evaluationsprozesse, indem in Ausschreibungen auf die gewünschten IHE-Integrationsprofile verwiesen werden kann. Er besteht aus vier Schritten:

1. Identifizierung von Interoperabilitätsproblemen
2. Erarbeitung von Integrationsprofilen
3. Systemtests am Connectathon
4. Veröffentlichung der Testresultate für die Verwendung in Ausschreibungen

Die folgenden Abschnitte beschreiben einige für die Patientenidentifikation besonders relevante IHE-Integrationsprofile.

4.2.1 Scheduled Workflow

Im IHE-Integrationsprofil Scheduled Workflow wird der Prozess einer radiologischen Untersuchung beschrieben. Von der Patientenregistration bis zur Rückübermittlung des Untersuchungsberichts werden die einzelnen Aktivitäten in Form von Akteurbeschreibungen als Ablauf dargestellt. In Tab. 1 wird eine Übersicht der relevanten Akteure beschrieben.

Tab. 1. Übersicht Akteure (Quelle SSC IT)

Akteur	Beschreibung
Patient Registration	Bei der Patient Registration erfolgt die administrative Falleröffnung einer Patientenbehandlung. Dazu werden die Patienten- und Fallstammdaten registriert und an die MPI-Plattform und die IT-Systeme der Institution gemeldet.
Order Placer	Beim Order Placer findet eine erste Anamnese des Patienten statt und es werden Aufträge an andere medizinische Fachbereiche (z. B. Labor oder Radiologie) erteilt. Mit der Resultatübermittlung aus verschiedenen Fachbereichen wird die Basis für eine Verlaufsdokumentation der gesamten Behandlung erstellt.
Order Filler	Beim Order Filler werden die Aufträge vom Order Placer entgegengenommen und den entsprechenden Untersuchungseinheiten zugeordnet.
Acquisition Modality	Mit Acquisition Modality wird die eigentliche Untersuchungseinheit bezeichnet – sei das ein CT, ein Ultraschallgerät oder ein Endoskopiesystem.
Image Manager and Archive	Die bei der Acquisition Modality erstellt Bild- und Messdaten werden an den Image Manager gesendet. Der Image Manager sorgt für die Verfügbarkeit dieser Informationen im Behandlungsprozess.
Image Display Report Creator	Am Arbeitsplatz einer Diagnosestation werden zwei Akteure vereint. Einerseits stellt das Image Display die Darstellung der Informationen im Image Manager sicher und anderseits wird mittels Report Creator der eigentliche Dokumentationsprozess gewährleistet. Sämtliche Änderungen, die für die Darstellung am Image Display vorgenommen werden, werden an den Image Manager zurückgemeldet. Der Report Creator übermittelt seine Resultate sowohl an den Auftraggeber (Order Placer) als auch an die Dokumentenablage, das Report Repository.
Report Repository	Das Report Repository verwaltet alle erstellten Untersuchungsberichte.

4.2.2 Patient Identifier Cross Referencing (PIX)

Das Integrationsprofil PIX beschreibt den Umgang mit Patientenidentifikationen in grossen Gesundheitsinstitutionen (vgl. Abb. 1). In diesen Gesundheitsinstitutionen besteht die Möglichkeit, dass ein Patient in mehreren Informationssystemen registriert wurde, ohne dass ein zentrales System eine eindeutige Patientenidentifikation vergab. So kann es zum Beispiel vorkommen, dass das Informationssystem eine Patientenidentifikation vergibt, bevor die Patientenadministration den Patienten erfassen konnte. Kleinere Krankenhäuser versuchen das zu umgehen, indem erst eine Untersuchung beauftragt wird, wenn der Patient im Patientenadministrationssystem erfasst wurde. Andere Krankenhäuser haben ein zweites Registrationsbüro der Patientenadministration direkt bei der Notfallpforte eingerichtet. In den meisten Fällen haben aber Informationssysteme die Möglichkeit, Patienten anzulegen, ohne die Stammdaten der Patientenadministration abzurufen. Das Integrationsprofil PIX beschreibt, wie trotz solch unterschiedlicher Patientenidentifikationen keine Behandlungsinformationen verloren gehen. Dazu wird ein Akteur mit dem Namen „Patient Identifier Cross Reference Manager" definiert. Mit diesem neuen Akteur und den bestehenden Informationssystemen sollen die folgenden zwei Interaktionen ermöglicht werden:

Registration einer neuen Patientenidentifikation: Ein Informationssystem (z. B. das Laborinformationssystem – LIS – oder ein Krankenhausinformationssystem – KIS) hat einen Patienten neu eröffnet. Die neu erstellten Informationen sollen beim Patient Identifier Cross Reference Manager registriert werden, damit diese Informationen auch anderen Informationssystemen zur Verfügung stehen.

Zur Verfügung stellen von Patientenidentifikationen: Der Patient Identifier Cross Reference Manager stellt die gespeicherten Identifikationen bereit. Diese Identifikationen können über eine Abfrage oder durch eine Aktualisierung zur Verfügung stehen.

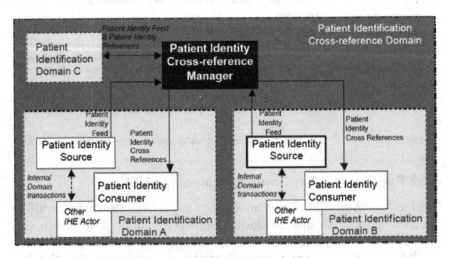

Abb. 1. Patient Identification Cross Reference Domain (IHE 2008a)

Im Grundsatz wurde das IHE-Integrationsprofil PIX mit dem Fokus der Verwaltung von unterschiedlichen Patientenidentifikationen innerhalb eines Instituts oder von zwei Instituten beschrieben. Die Anwendung des IHE-Integrationsprofils PIX für einen MPI ist eine spezifische Anwendung in Verbindung mit mehreren Instituten. Dazu beschreibt das Technical Framework zwei mögliche Ansätze.

Einerseits werden die einzelnen Identifikationsdomänen in einer Domäne zusammengefasst, die eine Verwaltung eines MPI ermöglicht. Diese Informationen werden an den Patient Identity Cross Reference Manager weitergleitet. Andererseits können unabhängige Identifikationsdomänen definiert werden, die über einen Cross Reference Manager verbunden werden. Eine der so verbundenen Domänen übernimmt die Aufgabe der Verwaltung eines MPI. In beiden Varianten ist der Cross Reference Manager ausserhalb der einzelnen Identifikationsdomänen (vgl. Abb. 2).

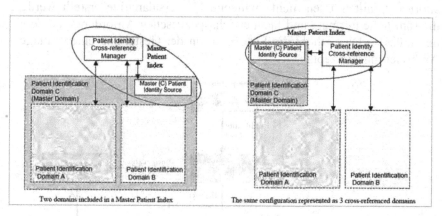

Abb. 2. PIX-Integrationsprofil in Beziehung zu einem MPI (IHE 2008a)

Eine weitergehende konzeptionelle Ausgestaltung der Patientenidentifikation wurde im Rahmen der Initiative „Intersektorale Kommunikation" des Verbands der Hersteller von IT-Lösungen (VHitG)[26] für das Gesundheitswesen erarbeitet. Dieser beschreibt basierend auf dem IHE-PIX-Profil und HL7 Version 3 (vgl. Abschnitt 3) die Kommunikation zwischen den datenhaltenden Systemen und einem MPI (Verband der Hersteller von IT-Lösungen 2006).

4.2.3 Cross-Enterprise Document Sharing (XDS)

Mit dem IHE-Integrationsprofil „Cross-Enterprise Document Sharing" (XDS) wird beschrieben, wie Dokumente über Institutionsgrenzen hinweg

---

[26] http://www.vhitg.de.

ausgetauscht werden können. Es wird ein Austausch von unterschiedlichen
Formaten beschrieben. So wurde ein XDS-MS (MS = Medical Summaries,
Austrittsberichte), ein XDS-I (I = Imaging) oder ein XDS-SD (SD = Scan-
ned Documents) beschrieben.

Das XDS-Integrationsprofil beschreibt im Wesentlichen zwei Akteure.
Neben dem Document Repository (z. B. Report Repository aus dem Integrationsprofil Scheduled Workflow) wird der Akteur Document Registry
definiert (vgl. Abb. 3). Sämtliche Dokumente, die von einer Dokumenten-
quelle in einem Repository gespeichert werden, sollen beim Document
Registry referenziert werden. Der Akteur Document Registry ermöglicht
dadurch eine Übersicht aller vorhandenen Dokumente zu einem Patienten
oder zu einem Behandlungsfall herzustellen. Der effektive Bezug des Do-
kuments erfolgt wieder direkt über den Akteur Document Repository. Dieses Konzept ermöglicht ein Ablagekonzept mit mehreren Document Repositories. Somit müssen nicht zwingend Universalarchive erstellt werden,
die sämtliche Formate und fachbereichsspezifischen Anforderungen vereinen müssen. Dies erhöht die Flexibilität in der Gestaltung eines Ablage-/
Archivierungskonzepts.

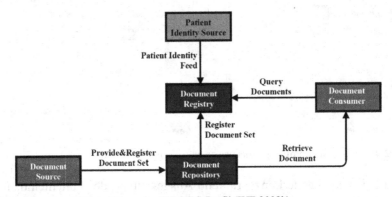

Abb. 3. Akteure und Transaktionen im IHE-XDS-Profil (IHE 2008b)

5 Prozessmanagement

Ein strukturiertes Prozessmanagement sorgt durch die Festlegung von Abläufen (bestehend aus Aktivitäten mit zugehöriger Verantwortung) dafür,
dass sich das Zusammenwirken der an der Leistungserstellung beteiligten
Rollenträger (denen die Verantwortung für einzelne Aktivitäten oder Aufgaben zufällt) nicht an funktional-organisatorischen Festlegungen oder be-
rufsgruppenspezifischen Grenzen, sondern am zu erzielenden Resultat ori-

entiert (vgl. beispielsweise (Gaitanides 2007)). In Behandlungsprozessen im Krankenhaus wird hierbei nicht nur ein rein quantitativ messbarer Output generiert, sondern ein qualitativ zu bemessendes Outcome (beispielsweise Heilung oder Besserung) für einen Patienten realisiert. Der anvisierte Nutzen der Gestaltung von Prozessen liegt im Krankenhaus in der Effektivität („das Richtige tun", beispielsweise hinsichtlich des medizinischen Ergebnisses einer Behandlung), der Effizienz („es richtig tun", beispielsweise bezüglich der Durchlaufzeit oder der Kosten eines Falls) und der Qualität („es gleichbleibend tun können", beispielsweise Anteil erfolgreicher Behandlungen, Anzahl unerwünschter Ereignisse oder subjektive Zufriedenheit der Patienten; vgl. grundlegend (Donabedian 1966)).

Als Mittel der Prozessgestaltung werden in der Regel Modellierungssprachen und -tools eingesetzt, die zur Entwicklung, Analyse und Veränderung von Prozessbeschreibungen dienen. Prozessbeschreibungen sind Vorgaben, wie die Arbeitsabläufe innerhalb des Krankenhauses oder zwischen diesem und weiteren Leistungserbringern oder Unterstützern ablaufen sollen. Unter Prozessmanagement wird ein ganzheitlicher Ansatz für die Gestaltung, Einführung, Lenkung und Fortentwicklung aller Prozessklassen verstanden. Im Krankenhaus kann grob zwischen den folgenden Prozessklassen unterschieden werden (vgl. beispielsweise (Zapp 2002)):

Leistungsprozesse (oft auch als Kernprozesse oder primäre Prozesse bezeichnet; beispielsweise OP-Vorbereitung),

Unterstützungsprozesse (vielfach auch als Supportprozesse oder sekundäre Prozesse beschrieben; beispielsweise Beschaffung von Implantaten) und

Führungsprozesse (häufig auch Managementprozesse genannt; beispielsweise Verhandlung mit Kostenträgern).

Das Prozessmanagement kümmert sich gleichfalls um die Koordination zwischen allen Prozessen aller Prozessklassen und kann in vier Phasen gegliedert werden (vgl. (Bucher u. Winter 2007)):

1. die Identifikation, Definition und Modellierung von Prozessen,
2. die Implementierung und Ausführung von Prozessen,
3. die Überwachung und Steuerung von Prozessen und
4. die Weiterentwicklung von Prozessen.

Der in Kapitel 2 des Buches kurz vorgestellte Ansatz zur Operationalisierung von Leistungsprozessen in Krankenhäusern auf Basis von Behandlungspfaden und zu deren kontinuierlicher Weiterentwicklung mittels einer regelmässigen Varianzanalyse zur Erkennung von Veränderungsbedarf aufgrund erkannter Hindernisse in den Prozessen selbst oder bei der Zuweisung von Ressourcen (Palm u. Paula 2008) bildet diese Phasen ab. Die Umsetzung eines Prozessmanagements in Krankenhäusern dient dabei nicht nur der langfristigen Wahrung und Steigerung der zuvor genannten direkten Nutzenwirkungen in den Bereichen Effektivität, Effizienz und Qualität durch stetige Prozessoptimierung. Eine transparente Dokumentation der Leistungserstellungsprozesse bildet auch die Grundlage für die operative Planung, Steuerung und Dokumentation einzelner Behandlungsfälle und leistet somit einen Beitrag zum optimierten Einsatz und zur Koordination der im Kontext der alternden Gesellschaft und des steigenden Wettbewerbs im Gesundheitswesen stetig knapper werdenden Ressourcen. So setzen eine Steuerung der Leistungserstellung bezüglich Effizienzkriterien wie Behandlungszeiten, Wartezeiten, aber auch Ansätze der Prozesskostenrechnung eine klare Dokumentation und Abgrenzung der Aktivitäten der Leistungserstellung voraus. Ein Überblick verschiedener Ansatzpunkte zur Umsetzung dieser Veränderungen findet sich beispielsweise in (Töpfer u. Albrecht 2006).

Literatur

Blobel, B.; Gobrecht, K.-H.; Heitmann, K. U.; Norgall, T.; Oemig, F.; Scholz, P.; Thun, S.: HL7 Kommunikationsstandards für das Gesundheitswesen – Ein Überblick, HL7-Benutzergruppe in Deutschland e. V., Köln 2009.

Bucher, T.; Winter, R.: Realisierungsformen des Geschäftsprozessmanagements – Eine explorative Klassifikationsanalyse, in: Oberweis, A. et al. (Hrsg.): eOrganisation: Service-, Prozess-, Market-Engineering, Universitätsverlag Karlsruhe, Karlsruhe 2007, S. 695-712.

Donabedian, A.: Evaluating the Quality of Medical Care, in: The Milband Memorial Fund Quarterly 44 (1966) 3, S. 166-203.

Gaitanides, M.: Prozessorganisation – Entwicklung, Ansätze und Programme des Managements von Geschäftsprozessen, 2. Aufl., Verlag Franz Vahlen, München 2007.

Haas, P.: Medizinische Informationssysteme und Elektronische Krankenakten, Springer, Berlin et al. 2005.

Haas, P.: Gesundheitstelematik – Grundlagen, Anwendungen, Potenziale, Springer, Berlin, Heidelberg 2006.

HL7-Benutzergruppe Schweiz: Spezifikation zum elektronischen Austausch von medizinischen Dokumenten in der Schweiz, Version 1.2, Verein eCH, 2009.

IHE: IHE IT Infrastructure Technical Framework Volume 1 (ITI TF-1) Integration Profiles Revision 5.0 IHE, 2008a.

IHE: IHE IT Infrastructure Technical Framework White Paper - Cross Community Information Exchange, IHE, 2008b.

Palm, J.; Paula, H.: Die Varianzanalyse, ein Instrument zur Ableitung von Verbesserungspotentialen auf der Grundlage Klinischer Behandlungspfade, in: Professional Process 1 (2008) November, S. 25-20.

Peltenburg, M.; Kernen, H.; Schneider, P.; von Below, G. C.; Waldis, G.; Vogel, H. A.; Rochese, J.-C.; Schoope, W.: Qualität – ein Zusammenspiel aller Kräfte im ärztlichen Umfeld, in: Schweizerische Ärztezeitung 86 (2005) 18, S. 1055-1059.

Töpfer, A.; Albrecht, D. M.: Erfolgreiches Changemanagement im Krankenhaus, Springer Medizin Verlag, Heidelberg 2006.

Verband der Hersteller von IT-Lösungen: Konzept zur Patientenidentifikation, Version 0.9, http://download.vhitg.de/Leitfaden_VHitG_PID_v09.pdf, 15.01.2010.

Zapp, W. (Hrsg.): Prozessgestaltung im Krankenhaus, Economica Verlag, Heidelberg 2002.